16	3	2	13
5	10	11	8
9	6	7	12
4	15	14	1

Sérgio Ferro

ARQUITETURA
E TRABALHO LIVRE I

O *canteiro e o desenho* e seus desdobramentos

Organização e apresentação
Pedro Fiori Arantes

editora 34

EDITORA 34

Editora 34 Ltda.
Rua Hungria, 592 Jardim Europa CEP 01455-000
São Paulo - SP Brasil Tel/Fax (11) 3811-6777 www.editora34.com.br

Copyright © Editora 34 Ltda., 2024
Arquitetura e trabalho livre I: O canteiro e o desenho *e seus desdobramentos*
© Sérgio Ferro, 2024

A FOTOCÓPIA DE QUALQUER FOLHA DESTE LIVRO É ILEGAL E CONFIGURA UMA
APROPRIAÇÃO INDEVIDA DOS DIREITOS INTELECTUAIS E PATRIMONIAIS DO AUTOR.

Imagem da capa:
Marcel Gautherot, Cúpula da Câmara dos Deputados em construção,
Brasília, 1959, Acervo Instituto Moreira Salles

Capa, projeto gráfico e editoração eletrônica:
Franciosi & Malta Produção Gráfica

Preparação:
Milton Ohata

Revisão:
Beatriz de Freitas Moreira

1ª Edição - 2024

CIP - Brasil. Catalogação-na-Fonte
(Sindicato Nacional dos Editores de Livros, RJ, Brasil)

Ferro, Sérgio, 1938

F386a   Arquitetura e trabalho livre I: *O canteiro
e o desenho* e seus desdobramentos / Sérgio Ferro;
organização e apresentação de Pedro Fiori Arantes
— São Paulo: Editora 34, 2024 (1ª Edição).
296 p.

ISBN 978-65-5525-212-5

1. Arquitetura - História e crítica.
2. Trabalho e teoria do valor. 3. O canteiro
e o desenho (1976). I. Arantes, Pedro Fiori.
II. Título.

CDD - 720.01

ARQUITETURA
E TRABALHO LIVRE I
O canteiro e o desenho e seus desdobramentos

Apresentação, *Pedro Fiori Arantes* 7

Nota sobre O *canteiro e o desenho* (2023) 21

O CANTEIRO E O DESENHO (1976) 47

Sobre O *canteiro e o desenho* (2003) 165

Para ler O *canteiro e o desenho*
    a) Apresentação à edição brasileira de 2004, *Paulo Bicca* 251
    b) Prefácio à edição francesa de 2005, *Vincent Michel* 266
    c) Apresentação a *Dessin/Chantier* de 2019,
       Pierre Bernard 273

Sobre o autor 294

Apresentação

Pedro Fiori Arantes

Este é o primeiro de uma série sob o título geral *Arquitetura e trabalho livre* pela Editora 34, reeditando sob outra forma o "livrão" homônimo publicado em 2006 pela Cosac Naify. Nesta reedição, mantivemos os principais textos, incluímos inéditos e realizamos algumas supressões e ajustes, a pedido do próprio Sérgio Ferro, sobre os quais o leitor sempre será informado. Desde a interrupção das atividades da editora Cosac Naify, em 2015, tem havido grande procura pelo livro original, que só pode ser encontrado em sebos a preço exorbitante. Não há evento de arquitetos ou estudantes de arquitetura em que não me perguntem pela reedição do livro. A Editora 34, por minha sugestão, acabou comprando os direitos de republicação, mas ainda não havíamos chegado a um entendimento sobre qual o melhor formato para reapresentar o material. Inclusive, porque Sérgio havia manifestado interesse em repensar o conjunto e nos encontrávamos envolvidos noutra empreitada editorial.

Tendo eu me tornado professor de História da Arte na Universidade Federal de São Paulo (UNIFESP), estávamos naqueles anos, junto com Sérgio e a Editora 34, dedicados a organizar, preparar e publicar seus dois novos livros sobre crítica e história da arte, *Artes plásticas e trabalho livre*, em dois volumes lançados em 2015 e 2022. Novamente, o tema gerador da crítica (e da práxis) era "trabalho livre": "o melhor possível em dada situação, o melhor do ofício, o melhor objetivamente inscrito no material, o melhor projeto social". Mas desta vez olhando a história da arte pelo ângulo do trabalhador-pintor.

A arte, e a pintura em particular, à qual Sérgio se dedica intensamente nesses anos, são o grande contraponto ao desenho prescritivo da arquitetura. Sérgio encontra na arte uma espécie de "índice negativo da luta de classes na produção", por deixar de lado a divisão entre fazer e pensar, a hierarquia e, apesar de não escapar à torrente do sistema, procura suas margens ou resiste por opção. Nas artes também haverá o embate da separação e da distinção entre artista e artesão (como na arquitetura entre arquiteto e construtor), mas, nessa separação, o pintor ainda manteve em seu ofício a decisiva unidade entre ideação e execução. Daí que, mesmo com graus distintos de consciência e de liberdade, o trabalho na arte é a melhor referência para imaginar a superação do trabalho alienado pelo capital.

E, mais uma vez, Sérgio faz nestes dois livros uma história a contrapelo, uma história social da arte contada do canteiro do pintor, do ateliê, do ângulo do trabalho, derrubando a narrativa tradicional, mítica e reacionária, da história da arte como a biografia dos "grandes pintores" cujo dom genial foi recebido por algum raio divino. Para Sérgio, arte é trabalho de ofício e artesania, e não mistificação de ordem espiritual para justificar o poder bem terreno e violento, seja ele da Igreja, da nobreza ou da burguesia crescente. A inteligência e a consciência do pintor sobre o que faz devem ser vistas a partir dessa condição de trabalhador da arte, e do que a forma pictórica revela como exibição (ou apagamento) dos rastros e índices do seu trabalho.

Em 2022, concluída a missão no campo da teoria política das artes plásticas, retomamos as conversas sobre a republicação de *Arquitetura e trabalho livre*. Em reuniões com Sérgio Ferro e Milton Ohata, editor na 34, decidimos pela reedição do "livrão" em uma série de volumes, com organização temática e edições menores e a preços mais acessíveis. Este primeiro volume retoma a obra clássica *O canteiro e o desenho* (1976), e o texto de retomada e comentário sobre, feito 25 anos depois pelo próprio autor, por ocasião do encerramento de suas atividades na Escola de Arquitetura de Grenoble, da qual foi um dos refundadores do curso, em 1972. Um segundo volume, a ser publicado em breve, apresentará os textos de Sérgio Ferro no Brasil ou sobre matéria nacional. Isto é, sobre arquitetura, trabalho e moradia no subdesenvolvimento, dos anos 1960 aos 2000, passando pela construção de Brasília, a produção da Arquitetura Nova, a crítica aos arquitetos de sua geração, a casa popular e a mansão burguesa, e concluindo com seu diálogo mais recente com movimentos sociais e assessorias técnicas. Mais volumes retomarão seus textos sobre arquitetura internacional e europeia em especial, direta ou indiretamente associados ao laboratório de pesquisa Dessin/Chantier.

O presente volume abre com um texto inédito de Sérgio Ferro, "Nota sobre *O canteiro e o desenho*", escrito para a edição inglesa de suas obras que está sendo preparada pela equipe de pesquisa do projeto "TF/TK — Translating Ferro/Transforming Knowledges", coordenado por Katie Lloyd Thomas, da Universidade de Newcastle, e João Marcos Lopes, da Universidade de São Paulo. A introdução é didática e contextualiza seu ensaio de 1976, suas referências teóricas, circunstâncias históricas e objetivos políticos. Escrito para o público estrangeiro, lê-se bem também aqui no Brasil, e será muito útil a estudantes e interessados que ainda não conhecem o trabalho de Sérgio Ferro, brindados por um guia de leitura. Os que já leram *O canteiro e o desenho*, sabendo que não é uma empreitada fácil e querem relê-lo, terão a oportunidade de seguir as pistas e ênfases dadas pelo autor, quase 50 anos depois da publicação.

A seguir, o/a leitor/a encontrará *O canteiro e o desenho*, fiel à edição de 1976, mas com citações e notas revisadas em 2006 para a edição da Cosac Naify. O ensaio principal é seguido pelos comentários, intitulados "Sobre *O canteiro e o desenho*", escrito entre 2001 e 2003 como balanço acadêmico do encerramento das atividades de Sérgio Ferro na Escola de Arquitetura de Grenoble. Para a reedição, este texto sofreu cortes a pedido do autor, e partes da versão anterior foram remetidas ao terceiro volume de *Arquitetura e trabalho livre*, a ser publicado pela 34. Foram retirados os tópicos "A função modeladora do desenho no Renascimento", "O palimpsesto do Palácio Thiene" e "Um desenho para a Porta Pia" que serão publicados separadamente, e também suprimida a "Introdução", parcialmente incorporada e ampliada na correspondente deste primeiro volume. Assim, a versão que aqui apresentamos de "Sobre *O canteiro e o desenho*" está mais enxuta e dirigida ao diálogo direto com o texto de 1976, sem longas digressões com exemplos.

O presente volume ainda apresenta, ao final, três textos curtos de discípulos-comentadores, dois deles ex-alunos de Sérgio Ferro em Grenoble. Dois deles são prefácios a *O canteiro e o desenho* — respectivamente, de Paulo Bicca, para a edição brasileira de 2004 (editora Projeto), e de Vincent Michel, para a edição francesa de 2005 (Éditions de La Villette); e uma introdução à sua leitura, escrita por Pierre Bernard para seus estudantes, em 2019. Os três comentários são bons guias de apoio à leitura dessa obra essencial de Sérgio Ferro, que até hoje se abre a novas interpretações e inspira pesquisas, textos e práticas concretas.

Seguindo o coro de comentadores (e discípulos), não me abstenho de também retomar aqui trechos da introdução ao livro publicado em 2006 pela Cosac Naify, em que apresento brevemente minha interpretação do texto original de 1976 e dos comentários do próprio autor, 25 anos mais tarde.

* * *

Apresentação

Na França, já como professor da École Nationale Supérieure d'Architecture de Grenoble (ENSAG), Sérgio Ferro finaliza sua "tese", *O canteiro e o desenho*, que envia em 1976 para a revista *Almanaque* — uma publicação animada por professores de filosofia e crítica literária em São Paulo — ainda durante os anos de repressão (sairá em livro, pela editora Projeto, em 1979). Sérgio justifica em parte o hermetismo do texto como forma de enganar a censura. Entretanto, a dificuldade de leitura pode ser atribuída à forma como ele aborda seu objeto pelo método dialético, e da grande quantidade de novas referências, não apenas marxistas, como também vinculadas ao debate francês pós-1968 — combinando sociologia do trabalho, estruturalismo, pós-estruturalismo, antropologia, psicanálise e teorias da percepção e do desejo.

O canteiro e o desenho é, sem dúvida, a obra central de Sérgio Ferro. Nela, estabelece uma nova dimensão para seu trabalho: a tentativa de produzir, de forma consistente, uma teoria crítica da arquitetura. Em torno dela gravita toda sua produção teórica e prática (inclusive no campo da pintura). Seus escritos anteriores podem ser entendidos como esboços preparatórios dessa formulação essencial e, o que se seguirá, não importa se variando as obras estudadas ou ampliando e renovando as referências, é uma obstinada reiteração dessa versão original.

Sérgio pretende decifrar o mistério da "farsa da construção" e demonstrar que a elaboração material do espaço é mais uma função no processo de valorização do capital do que fruto de alguma coerência técnica ou artística interna à obra. Sua hipótese central é de que o desenho de arquitetura é o "caminho obrigatório" para a extração da mais-valia e não pode ser separado de qualquer outro desenho para a produção de mercadorias — um "detalhe" sintomaticamente esquecido pelas teorias hegemônicas. Segundo Sérgio, cabe ao desenho dar ligadura, servir de molde onde o trabalho idiotizado é cristalizado — por isso ele é mais fôrma do que forma.

Sua convincente caracterização da produção da arquitetura como organização do trabalho em forma de manufatura — sucessão de operações, divisão acentuada do trabalho, habilidade técnica do produtor no uso de ferramentas simples e ausência de máquinas comandando a produção (ou seja, a chamada indústria da construção não é uma indústria, como comentaremos) lhe permite diversas interpretações interessantes. Na manufatura, o capital divide o trabalhador, separa suas ações em pedaços, numa decomposição forçada dos ofícios. As equipes são organizadas para tarefas limitadas nas quais a compreensão do conjunto do processo, presente no artesão, é dispensada. É na divisão manufatureira do trabalho que surge a figura do arquiteto com seu "desenho separado", encarregado da concepção da totalidade do objeto. No canteiro de obras, a fragmentação e a hierarquização criam uma pirâmide que define o grau de acesso a informações, partindo do mestre capacitado a ler os desenhos até os inúmeros serventes que apenas transportam cargas sem saber de nada — são energia em estado puro. As separações também procuram enfraquecer o poder político dos trabalhadores, através de demissões e transferências frequentes, evitando a formação de fortes identidades em cada equipe de trabalho.

A todas essas separações corresponde o seu contrário: uma re-totalização forçada sob o comando do capital. Forma-se o "trabalhador coletivo", que é a reorganização dos trabalhos separados em função da produção da mercadoria definida *a priori*. O desenho, por sua vez, determina a convergência das diversas ações num produto final — ajudado, é claro, pelo capataz. Assim, o trabalho é separado e reunido por uma dupla violência, uma vez que não há livre associação entre os trabalhadores. Sob a aparência da neutralidade técnica ou da liberdade formal, ele segrega, degrada e idiotiza o trabalho, ao mesmo tempo que fornece o molde em que se coagula o trabalho separado.

A combinação contraditória entre técnica de produção e técnica de dominação, própria ao capitalismo, expressa-se, desse modo, de forma mais nítida nos canteiros de obra do que na indústria, afirma Sérgio, pois a ausência da mediação mecânica deixa transparecer com clareza o comando arbitrário da exploração. A especificidade da divisão do trabalho na manufatura é, por isso, a violência — e uma instabilidade sem tréguas —, num setor que, teoricamente, deveria buscar a estabilidade e o acúmulo de experiência e saber. Por sua vez, na ausência das distâncias impostas pela mecanização da indústria, são instauradas outras distâncias, a "mediação arquitetônica" (formalismo, jogo de volumes, texturas) e o apagamento das marcas do processo de produção, sobretudo por meio da camuflagem dada pelo revestimento ("cujo segredo é fazer do trabalho concreto trabalho abstrato").

É justamente o caráter escancarado da direção despótica neste setor da produção que possibilita, pelo avesso, caso a dominação cesse, ser um campo de experimentação dos mais férteis. A superação da contradição produção/dominação na arquitetura permitiria aos canteiros de obra tornarem-se grandes campos de experiência em trabalho livre, autogestão e produção de conhecimento. Nessas circunstâncias é que então a arquite-

Apresentação

tura poderia voltar a ser entendida como arte, na definição de William Morris: *"art is joy in labour"*. Para esse canteiro emancipado, onde arquitetura e trabalho livre se encontrariam, Sérgio propõe o que denominou "estética da separação": a partir de uma liberação das tensões antagônicas e das repressões, deixar o corpo produtivo "soltar-se nas suas atuais divergências" e, num segundo tempo, de totalização, a cooperação entre os diversos trabalhos em diálogo horizontal. Aqui uma diferença com a "poética da economia": para além da prescrição correta de um desenho atento aos materiais e técnicas locais, a nova estética nasce da organização livre do trabalho e da consequente perda de importância do desenho como ordem de serviço.

É, pois, na interpretação da natureza do desenho de arquitetura no capitalismo (ou na modernidade) que se encontra o argumento central do ensaio: a aproximação entre a forma-desenho e a noção marxista de valor. No capitalismo, explica Sérgio, o desenho de arquitetura tende a uma forma autossuficiente e autorreferente — que, em resumo, não é mais que o inchamento das regras visuais da "boa forma". O desenho fica trancado, assim, em seu "em-si", e o verbo desenhar aumenta sua tendência intransitiva. A "forma de tipo zero", desprovida de significação por si mesma, pode ser entendida como "uma das corporificações da forma valor". Segundo Sérgio, é um desenho que aplaina o tempo pela hora social média do trabalho abstrato — o espaço é homogeneizado por uma espécie de "trama imutável" (de novo, o desenho como molde) que permite a sua mercantilização. Toda particularidade espacial é assim marginalizada, pois o desenho intransitivo não quer saber mais da singularidade da obra, e passa a olhar somente para o que há de mais universal. E é, pois, como um universal, que o desenho "se achega a outro universal — o valor". O suporte particular revela, deste modo, o que verdadeiramente é: "abstração coisificada" — cabe a ele a função simbólica de dar corpo ao capital.

Acrescento aqui um parêntese sobre o caráter não estritamente industrial da produção da arquitetura, tema que ainda motiva controvérsias. Sérgio Ferro considera a arquitetura como manufatura (mesmo para os dias atuais), por diversos motivos, não apenas técnicos, na divisão do trabalho e na composição de capital, mas sobretudo por um entendimento de seu papel na economia política. Por mais que os arquitetos modernos insistissem e desejassem a suposta "industrialização", o canteiro de obras era (e ainda é, em grande medida) um espaço de produção refratário ao fordismo e mesmo ao controle taylorista de tempos. Daí que passou a ser denominado, em oposição aos setores de industrialização acelerada e alta composição orgânica de capital, de "retardatário" ou "atrasado". Suas características produtivas, aparentemente caóticas e substancialmente braçais, foram descritas como um estágio a vencer. Tratava-se de uma visão fetichizada da tecnologia, que correspondia a uma noção de progresso técnico linear e a-histórico, e de divisão (e alienação) avançada do trabalho. Um estágio a ser superado, análogo à própria situação de "subdesenvolvimento" — mera etapa a ser percorrida no caminho do desenvolvimento capitalista, como afirmavam os defensores da industrialização periférica e de revoluções burguesas no Terceiro Mundo. Comparação que, vista por um ângulo não etapista, é sem dúvida provocativa: tal como o subdesenvolvimento, a produção aparentemente arcaica no canteiro de obras parece sem superação possível, uma vez que ambas são formas coetâneas da acumulação capitalista e de seu desenvolvimento desigual e combinado, como explicou Celso Furtado a respeito da América Latina.

Ao evitar a denominação dualista atraso/moderno e o etapismo para definir o canteiro de obras em oposição à indústria, Sérgio considera que a forma manufatureira da construção não é um estágio a ser superado, mas uma "condição sobredeterminada" pelo conjunto da economia política, um campo de produção extraordinária de mais-valia, de modo a contrabalançar a tendência geral de queda da taxa de lucro. O resultado é tanto sua configuração como espaço de luta de classes e de sucessivas derrotas dos trabalhadores, como a rejeição de que exista alguma natureza ou especificidade intrínsecas ao ato de construir e que lhe impusesse tal forma. Como arquiteto da periferia do capitalismo, Sérgio vai então reconhecer no canteiro de obras aspectos próprios ao subdesenvolvimento — e procurar, assim, descrever a economia política da construção como alegoria do subdesenvolvimento.

A hipótese destacada — formulada sobretudo em seu ensaio-esboço a *O canteiro e o desenho*, "A produção da casa no Brasil" (1969), que será publicado no segundo volume desta reedição — é de que esses elos entre setores desiguais da economia, em que cabe à construção civil a produção adicional de mais-valia para compensar a queda da taxa de lucro na grande indústria (nos setores intensivos em máquinas e automação), pode ser comparável à própria divisão internacional do trabalho entre as nações — divisão que não é natural, nem uma questão de "vantagens comparativas", mas sim resultado de trocas desiguais e injustas em um sistema imperialista com fortes assimetrias de poder, força militar,

Apresentação

concentração de conhecimento e riqueza. Os canteiros de obra irrigam, assim, mais-valia suplementar ao conjunto da economia enquanto, de forma similar, as ex-colônias e hoje países subalternizados no sistema internacional alimentam a riqueza dos países centrais.

Neste sentido, como já afirmamos, não é casual que tenha sido um arquiteto e intelectual do Sul a iniciar uma teoria crítica da produção da arquitetura a partir do ponto cego da ideologia arquitetônica do Norte dominante: a arquitetura não é obra de geniais arquitetos, suas façanhas e biografias, mas história da disputa por saber e poder nos canteiros de obra, em que as mudanças formais, nas técnicas e materiais, responderam a interesses dos que procuraram manter-se no comando, beneficiando-se com o lucro e a autoria sobre o trabalho alheio, e aos interesses do capital em geral. Fecho parêntese.

Enfim, Sérgio Ferro consolida em sua obra-mestra a análise da contradição desenho/canteiro, realiza a demarcação de um campo conceitual novo, um método para se interpretar a arquitetura e indicar possibilidades de atuação e transformação da realidade. A crítica à forma-desenho e à forma-canteiro define os fundamentos de uma interpretação da arquitetura para além das construções ideológicas, daí que se constitua numa "teoria crítica", distinguindo-se, por oposição, das teorias convencionais. Com sua obra, Sérgio inaugurou todo um novo campo de estudos da produção arquitetônica, forneceu as hipóteses críticas e historiográficas essenciais e deu elementos para que arquitetos/as decidam sobre sua prática com discernimento e ética.

Passados 25 anos de *O canteiro e o desenho*, em seu texto de encerramento das atividades em Grenoble, Sérgio apresenta novos exemplos, traz novos matizes e reafirma as posições críticas principais. E também propõe novas formulações, como o conceito de *trace* (rastro), índice do sujeito da produção na arquitetura, a marca final do trabalho na obra construída e matriz de sua dimensão estética. Neste texto, são duas as grandes transições históricas investigadas por Sérgio: a passagem do primeiro gótico para o clássico, nos séculos XV e XVI; e a passagem do ecletismo para a arquitetura moderna, nos séculos XIX e XX. A hipótese é de que ambas as transições foram momentos importantes da luta de classes no canteiro, ao longo das quais o capital impôs derrotas ao trabalho, por meio de mudanças na linguagem e nos materiais.

No primeiro caso, onde Sérgio mais se detém, dá-se a separação entre o desenho e o canteiro, constituindo um novo profissional destacado do corpo produtivo, alterando substancialmente o modo de produção anterior, coordenado pelas corporações de ofício. O canteiro de obras passa "a não ter mais seu fim em si (não progride mais a partir de si) — mas deve realizar um dever ser frequentemente contrário à sua lógica própria". Henri Pirenne e Jacques Le Goff localizam essa transição no momento em que a urbanização crescente, com a construção de muralhas e catedrais, fez com que esses imensos canteiros se tornassem atrativos economicamente (numa espécie de *New Deal* medieval). Essa percepção do canteiro de obras como espaço de acumulação do capital e motor do crescimento econômico fez com que se quebrasse o poder das corporações. Como explica Sérgio, para pagar menos e fazer o operário trabalhar mais, destruiu-se a autonomia do canteiro, dividiram-se e especializaram-se tarefas, misturaram-se trabalhadores qualificados com migrantes recém-chegados etc.

Começa, assim, uma história na qual os tratados de arquitetura expressam enorme desdém pelos trabalhadores da construção, agora transfigurada pelo herói dos novos tempos, o gênio do artista-arquiteto. O estilo clássico, revivido, vai tornar-se durante séculos a linguagem exclusiva dos arquitetos. Para Sérgio, não há justificativa plausível para a exumação de regras, proporções e formas das artes grega e romana, senão a necessidade de submeter o trabalho ao capital. Por isso, descreve o estilo clássico como sendo expressão e uma das molas da primeira fase do capitalismo, se espalhando por todo o mundo à sua sombra — "o clássico é um universal do capital, com infinitas particularidades". Com ele dá-se o salto, o corte, mudam-se os hábitos, os usos, o horizonte, as formas e o vocabulário, decreta-se abominável o estilo "germânico", dos *goths* bárbaros e das corporações de ofício.

A segunda passagem histórica, do ecletismo ao moderno, também teria sido uma resposta a outro momento da luta de classes no canteiro. A arquitetura moderna, nessa interpretação, pode ser vista como uma "reação assustada" contra o avanço ameaçador do sindicalismo revolucionário do século XIX — que reclamava todo o poder de decisão e gestão (ao invés de férias e reposição salarial), em particular na construção. A força maior desse sindicalismo se deu num momento até hoje menosprezado da história da arquitetura, o ecletismo, uma "linguagem de reação ao clássico", e que produziu, por exemplo, o cinturão vermelho de Paris, com residências operárias de grande qualidade. Mas a revolução industrial, a racionalidade técnica, o cálculo das estruturas, os novos materiais queriam manter a marcha da história e provar que há razões ob-

Apresentação

15

jetivas para continuar a dominação. O ornamento, um dos índices do trabalho na arquitetura eclética, passa então a ser combatido pelos modernos, como Adolf Loos.

Neste ponto, Sérgio inverte o raciocínio da chamada "estética arquitetural" e, em especial, da arquitetura moderna, valorizando o ornamento — verdadeira expressão da alegria no trabalho —, em detrimento do que chama de falso ornamento. Este, ao contrário do que se acredita, não se restringe às formas ostensivas de decoração, mas se aplica também à arquitetura branca e lisa dos arquitetos modernos, cuja austeridade puritana no fundo vem a encobrir, com uma capa, o construído. O saber operário, base do seu poder, torna-se perigoso e é preciso que ele se "dissipe atrás da decoração do não ornamento" da arquitetura moderna. A criação artística, exclusividade do arquiteto e de sua mão eufórica em torno de seus jogos formais e de linguagem, não é mais, assim, do que a "expressão sarcástica da liberdade proibida do trabalho", transformada em "plástica oficial".

Após esse percurso explicativo sobre o desenho, Sérgio inverte a ordem do texto original e passa aos comentários sobre o canteiro. Partindo do pressuposto de que a arquitetura é antes de tudo mercadoria, que seu fundamento é o valor, recorre mais uma vez à análise da forma da forma-mercadoria e de sua aplicabilidade no campo da construção. Em linha de continuidade com a argumentação desenvolvida no texto de 1976, Sérgio considera que a forma na arquitetura expressa e confirma a heteronomia do corpo produtivo e, por isso, "seu conteúdo é vazio". A argumentação ideológica, entretanto, vai alçá-la à categoria de *venustas* (na definição famosa de Vitruvius), em detrimento das duas outras categorias: *soliditas* (correção técnica) e *utilitas* (função). Mais indeterminada, a *venustas* (aparência) é que justificaria as escolhas no ato de projetar. Mas em nome do quê? Pretensamente, da beleza.

O discurso estético passa, assim, para o primeiro plano, acima da efetividade da *soliditas* e da funcionalidade da *utilitas* (seus opostos prosaicos). O que é negado na prática volta no desenho como mera "fisionomia". Neste passo, Sérgio recorre a Kant para expor o que se entende, ao menos nestes últimos dois séculos, por beleza arquitetônica — embora Kant não atribuísse tais definições da beleza à arquitetura, justamente devido ao caráter utilitário desta, suas categorias se aplicam literalmente às alegadas virtudes da *venustas*, ou daquele *supplement d'âme*, segundo a afirmação dos arquitetos de que arquitetura é construção e mais alguma coisa... Segundo a *Crítica do juízo*, resume Sérgio, o juízo estético julga sem nenhum interesse, sem conceito, sem representação de um fim, mas como objeto de uma satisfação necessária. E ele se pergunta: de qual necessidade se trata, excluídos interesse, conceito e finalidade, senão de uma "intersubjetividade" de uns poucos europeus cultivados? Por isso, é importante que só a aparência da finalidade conte, ou que ela não corresponda a um conceito — que ela pareça ter uma finalidade e não a tenha, fazendo com que, por seu *status* isolado, a *venustas* seja totalmente auto-orientada, tenha um fim em si mesma — desculpa para o desenho separado e separador. Daí, inclusive, sua aura prestigiosa. Separado, entretanto, "o conceito de beleza permanece desesperadamente vazio".

Sérgio dedica-se então a imaginar o que seria uma produção da arquitetura na qual esse conceito estético fosse preenchido por um conteúdo real. Não basta, como afirma, que os arquitetos estejam imbuídos das melhores intenções, nem apenas uma mudança jurídica na posse dos meios de produção — como demonstrou a trágica experiência do socialismo real. Para uma outra prática da arquitetura seriam necessárias a mudança radical das relações de produção e a supressão da venda da força de trabalho. Sérgio, a princípio, decide pela conveniência do caráter manufatureiro na arquitetura ao invés de uma produção industrial, por exemplo — e pretende, paradoxalmente, radicalizar a divisão do trabalho (pois só assim é possível a formação do trabalhador coletivo, ao invés da regressão à figura mítica do artesão), fortalecer as equipes de ofício, sua autonomia e sua cooperação livre. Sérgio, de forma muito heterodoxa, não pleiteia a estrita "industrialização da construção" como fazem os modernos, inclusive na sua vertente marxista, como já comentamos. Ao contrário, defende que se tome partido do relativo atraso produtivo da arquitetura, numa espécie de "manufatura corrigida". Manufatura que pode, sem dúvida, contar com mecanização e pré-fabricação, como "manufatura heterogênea", explica Sérgio — e cujo melhor exemplo talvez seja o Centro de Tecnologia da Rede Sarah (CTRS) coordenado por João Filgueiras Lima, o Lelé, aliás, de quem era amigo e fã. A escolha fundamental não se resumiria à escolha da tecnologia, mas da forma de apropriação da produção pelos trabalhadores, livremente associados em cooperativas ou fábricas públicas, como no caso do CTRS. Só assim negariam a servidão ao capital, definiriam o propósito, sentido e destino de cada "obra" feita em regime de "trabalho livre".

Esse o fundamento de economia política para que se retome então o tema da forma estética na arquitetura. Apenas como trabalho coletivo autonomamente organizado, como livre razão coletiva, a arquitetura pro-

Apresentação

duzirá o "verdadeiro conceito" de sua beleza própria. Nessa transformação se dará a substituição do ego do arquiteto, manifesto no virtuosismo de seu desenho, pelo sujeito coletivo que adquire "consciência de si" como produtor e poeta do espaço. Esse sujeito deixará, como índice de sua presença, o rastro (*trace*) da produção liberada impresso no "material" — substrato que registra o tempo do trabalho. Sérgio retoma Hegel enfaticamente, seja para afirmar que a arquitetura é simbólica do *Geist* (Espírito) e, portanto, nela beleza e verdade são a mesma coisa; seja para incorporar sua perspectiva otimista do trabalho como condição para a emancipação humana — após a constatação do horror em que o trabalho se transformou no capitalismo.

Aqui, novamente em choque com o marxismo mais convencional, Sérgio considera que trabalho e emancipação caminham juntos, ou seja, a libertação do sujeito não se dará pela conquista do tempo livre, no ócio e na abstração intelectual, mas na ressignificação do trabalho manual, como arte e ofício. A negação do trabalho abstrato não será sua automação, o não trabalho, mas o retorno ao trabalho concreto útil, simultaneamente manual e intelectual, e à sua expressão poética e ética. Pensamento e trabalho livre não se dissociam, são, como práxis artística, matéria modelada pela mão e pelo espírito. Neste sentido, Hegel e Morris prevalecem aqui sobre Marx.

De outro lado, e ao contrário do que as suas afirmações poderiam ter dado a entender, Sérgio afirma que esta prática emancipadora ainda exige que se parta de um "projeto" — projeto que prefigure a união das equipes, enquanto estas, por sua vez, devem se concentrar na sua própria racionalidade, buscando otimizações específicas. "De modo geral, trata-se do melhor trabalho utilizando a melhor técnica e o melhor material disponível segundo a melhor forma do estado do saber e do saber fazer. Isso não se produz em condições de heteronomia a não ser por acaso. É isso que se chama arte." E a estética que dela se ocupa seria uma verdadeira "estética da separação" (a mesma do texto de 1976, agora ressemantizada). Sérgio dirá que é preciso entender a estética da separação como resultante da estrita observação da lógica da produção, ou melhor, uma estética em que a arte não é mais do que a expressão do trabalho livre. O que, paradoxalmente, torna a arquitetura a mais digna das artes, pois fica colada a seu fundamento: o trabalho, ou a comunidade dos livres construtores. A dimensão social da arquitetura faz parte de sua essência — se ela for livre. A autonomia aparece assim como o oposto do autismo que comanda o desenho intransitivo, pois trata-se do sujeito, coletivo, e não mais do ego do arquiteto. Quando os trabalhadores souberem o que fazem e por que, teremos "uma nova poética, a da mão feliz, a que pensa efetivamente".

* * *

O canteiro e o desenho era um livro maldito. Há décadas, nossos professores diziam para não lermos Sérgio Ferro, porque, se lêssemos, desistiríamos da profissão, como ele teria desistido. Que tolice. Primeiro, porque Sérgio não desistiu, seguiu como professor formando arquitetos por décadas, construiu sua casa e ateliê na França e só não fez mais obras porque seu diploma profissional não era reconhecido por lá. Segundo, porque conhecer os paradoxos e contradições em que vivemos pode ser um impedimento para a ação cega, gananciosa ou subserviente, mas não para a ação consciente, ética e responsável. Ao contrário, ler a obra de Sérgio Ferro nos dá mais elementos para sabermos o que fazer — como, por que, com quem e para quem. E também para não esquecermos que, mesmo ainda sob o capitalismo, podemos ser arquitetos/as transformadores e não conformistas, integrar equipes de trabalhadores coletivos e livremente associados para construir casas, escolas, territórios e outros mundos possíveis. Ou, ao menos, em tempos difíceis, colaborar para reduzir em nossas obras os riscos aos operários, as condições precárias de trabalho e remuneração, o uso de materiais tóxicos e ambientalmente incorretos.

Melhores dias virão, lutemos por eles. E eles não aguardam a tomada do palácio, mas começam já, no dia a dia, no nosso fazer coletivo. Contudo, ação direta sem teoria tem fôlego curto. Fica assim um convite às novas gerações: ler faz bem à saúde (inclusive mental) e ao espírito revolucionário bem informado e consequente.

Apresentação

Nota sobre *O canteiro e o desenho*[1]

> A execução, enquanto imagem do projeto, tem porém de lhe ser igual na livre atividade e autorreferência — e inversamente.
>
> Novalis[2]

A teoria crítica da Arquitetura Nova apresentada neste texto inaugural focaliza exclusivamente as relações estruturais entre o desenho de arquitetura e a produção material da edificação no modernismo. Não envolve, portanto, todas as etapas posteriores de "realização" (venda), uso ou contemplação formal. Por isso, nessa primeira função como conjunto de ordens de serviço transmitidas ao canteiro, o desenho pode ser dito uma forma de tipo zero, no sentido adotado por Claude Lévi-Strauss: uma forma cuja presença permite a um sistema social se pôr como totalidade.[3] O desenho tem por função essencial impor aos trabalhadores antes dispersos no mercado a formação no canteiro de um corpo produtivo dependente do capital que os comprou. Ele permite canalizar os diversos trabalhos para a produção do objeto prescrito, pouco importando

---

[1] Esta introdução foi originalmente escrita em fevereiro de 2023 para a edição inglesa que está sendo preparada no âmbito do projeto "TF/TK — Translating Ferro/Transforming Knowledges", envolvendo a Universidade de Newcastle, a Universidade de São Paulo, a Universidade Federal de São Paulo e a Universidade Federal de Minas Gerais. Agradecemos à professora Silke Kapp pela revisão final do texto e das citações. (N. do O.)

[2] Novalis [Georg P. F. von Hardenberg], "Fragmento 74", in *Pólen. Fragmentos, diálogos, monólogo* [1798-1800], organização e tradução de Rubens Rodrigues Torres Filho, São Paulo, Iluminuras, 2009, p. 137.

[3] "Formas institucionais as quais se poderia caracterizar por um valor zero [...] não têm propriedade intrínseca além de estabelecer as condições necessárias para a existência do sistema social ao qual pertencem; sua presença — em si desprovida de significado — permite que o sistema social exista como um todo." Claude Lévi-Strauss, "As organizações dualistas existem?" [1956], in *Antropologia estrutural*, trad. Chaim Samuel Katz e Eginardo Pires, Rio de Janeiro, Tempo Brasileiro, 2003, pp. 155-89.

nessa etapa o que seja — casa, ponte ou igreja —, sua adequação funcional ou seu aspecto formal.

As teses aqui expostas são limitadas historicamente: tratam do modernismo em arquitetura. Não podem ser extrapoladas sem mais para períodos históricos anteriores, os quais, entretanto, devem ser considerados a partir da posição teórica aqui afirmada.

Nas palavras de um comentador de Marx:

> A ideia de que é necessário conhecer a história para compreender o presente tem certa validade se a aplicamos à história dos acontecimentos, não à história da estrutura de uma sociedade. Nesse caso, vale o inverso: para poder analisar a formação de uma estrutura social e econômica particular, já devemos conhecer sua estrutura acabada. Somente então saberemos o que devemos procurar na história. [...] é por essa razão que n'O *capital* todas as passagens "históricas" se encontram somente após a exposição (teórica) das categorias correspondentes, e não antes.[4]

Considero a determinação modernista da relação entre desenho e construção em nossa sociedade do capital como hegemônica, infelizmente. Assim é criada a ambrosia do capital, o mais-valor.

O texto, tal como o apresento aqui, foi o resultado de dezesseis ou dezessete anos de estudos, experiências e intermináveis discussões entre Rodrigo Lefèvre, Flávio Império e eu — os três componentes da Arquitetura Nova, como ficou conhecida nossa teoria e prática. Eu o expus pela primeira vez oralmente entre 1968 e 1970, em um curso da Faculdade de Arquitetura e Urbanismo da Universidade de São Paulo (FAU--USP), intitulado "Arquitetura e construção". Foi redigido em 1975, na École Nationale Supérieure d'Architecture de Grenoble, na França, onde lecionei Projeto e História da Arquitetura entre 1972 e 2003.

---

[4] Michael Heinrich, *Critique de l'Économie politique: une introduction aux trois livres du "Capital" de Marx* [*Kritik der politischen Ökonomie: Eine Einführung*], trad. Ivan Jurkovic, Toulouse, Smolny, 2021, p. 38. Para análises históricas elaboradas a partir da teoria exposta aqui, ver Sérgio Ferro, *Construção do desenho clássico*, Belo Horizonte, MOM Edições, 2021; Sérgio Ferro, "Concrete as Weapon", trad. Alice Fiuza e Silke Kapp, *Harvard Design Magazine*, nº 46, 2018, pp. 8-33.

Em 1975, Rodrigo também veio colaborar nessa escola. Ele leu e aprovou este texto antes de ser publicado. Eu não falei disso em 1975. Rodrigo voltaria ao Brasil, e eu não podia comprometê-lo com meu texto. A ditadura militar continuava a perpetrar seus horrores. Mas deixei no texto um índice bem discreto de sua presença a meu lado durante a redação. Há um "obrigado, Rô", uma intervenção minha fora do contexto.[5] Ela foi acrescentada após uma observação dele, enquanto lia o manuscrito. Juntei, é óbvio, essa observação, como muitas outras de Rodrigo.

A teoria crítica da Arquitetura Nova é dificilmente classificável. Seu fundamento é uma posição ética sobre a produção de arquitetura em geral. Mas — e aqui começam as dificuldades — quando digo arquitetura não penso somente no corpo dos arquitetos e seus desenhos, e sim no conjunto dos produtores de arquitetura, incluindo a equipe técnica e, sobretudo, o canteiro de obras com todos os trabalhadores. Se considerarmos do ponto de vista ético esse conjunto, evidentemente é o canteiro de obras o momento que mais requer cuidado. Ora, seu exame envolve vários campos disciplinares: o das técnicas, hoje formando uma mistura de procedimentos construtivos, em geral degradados e de sórdidas astúcias de dominação; e o da economia política, tanto no que diz respeito às relações de produção, extremamente complexas e violentas, quanto ao papel da construção na economia global. Num extremo, as grandes vedetes internacionais; no outro, situações de genocídio, como no Qatar recentemente ou um pouco menos em Brasília logo depois da Segunda Guerra Mundial. Sua posição na economia global é bastante particular, como se verá abaixo: faz parte das muletas do sistema. No domínio da distribuição, as injustiças são escandalosas.

Para tentar corrigir as mazelas dos canteiros atuais, temos que saber como surgiram. Entre os anos 1000 e 1250, aproximadamente, os construtores de grandes obras formavam grupos com relativa igualdade de competências e responsabilidades, com a possibilidade de darem conta sozinhos de todo o campo amplo da arquitetura, como acabei de enumerar. Não idealizemos: não se tratava de igualdade absoluta pois empregavam serventes desqualificados e mesmo, às vezes, escravos árabes altamente qualificados. Mas a queda entre o alto nível dos trabalhadores principais daquele período e o que vemos hoje foi fruto de uma feroz luta social de classes por séculos. Para restaurar a dignidade dos ofícios

---

[5] Nesta edição, p. 97.

construtivos temos que saber quais manobras do capital causaram a perda, hoje quase total, do potencial construtivo dos trabalhadores. O destruído pela voracidade do capital indica onde semear sua superação; se foi destruído, é porque lesava seus interesses. Entra aqui mais uma área de investigação para a teoria da Arquitetura Nova: o da longa história dessas lutas sociais.

Há muito mais, mas isso basta como indicação do que implica o dito acima: a teoria da Arquitetura Nova trata unicamente das relações estruturais entre o desenho de arquitetura e o canteiro de obras, e apenas no modernismo.

É preciso lembrar ainda que, tratando-se de uma prática produtiva, não é possível teorizar sem experiências que testem a teoria. Portanto, a teoria da Arquitetura Nova, para tratar dessas relações, implica um conjunto de conhecimentos de diferentes disciplinas e de práticas correlacionadas que os verifiquem na realidade. Evidentemente precisaríamos trabalhar com um grupo teórico-prático muito mais amplo, com outras competências além das nossas e por muito mais tempo. Fizemos o que nos foi possível. Mesmo incompleta, essa conjunção impede nossa classificação numa das gavetas da divisão social do trabalho. Ela foi possível somente entre nossa experiência em Brasília, no fim da década de 1950, e o encerramento de nossa prática comum, em 1970, com as prisões de Rodrigo e minha.

Sobre "O canteiro"

Este capítulo de "O canteiro e o desenho" segue quase literalmente *O capital* de Marx. A única novidade foi aplicar suas categorias a um campo raramente mencionado por ele: o da construção. Como pressupus e ainda pressuponho um bom conhecimento do leitor sobre a obra de Marx, prefiro me deter aqui apenas na questão da queda tendencial da taxa de lucros — nos debates sobre o texto tenho percebido que merece maior precisão — e, sucintamente, na prática da Arquitetura Nova. Creio conveniente apresentá-la, mesmo sabendo de suas limitações, porque essa prática acompanhava de perto nosso trabalho teórico.

Se bem me lembro, foi em 1958 ou 1959, quando Rodrigo Lefèvre e eu éramos estudantes de segundo ou terceiro ano de arquitetura na FAU-USP, que meu pai, o empreendedor imobiliário Armando Simone Pereira, nos encarregou dos projetos de dois grandes edifícios de escritórios e onze lojas em Brasília, então em construção. Evidentemente, não tínhamos o preparo necessário para tal encargo. Felizmente, Oscar Niemeyer e sua equipe, responsáveis pela supervisão do conjunto das obras da capital, haviam elaborado um documento detalhado determinando as características essenciais das edificações a serem executadas pela iniciativa privada. Seguimos à risca suas prescrições, o que nos salvou do desastre.

É difícil imaginar atualmente o entusiasmo e o orgulho profissional dos arquitetos provocados pela construção de Brasília. Sua implantação no sertão despovoado evocava no imaginário nacional uma refundação do país. Até então, a ocupação de nosso imenso território se reduzia a uma soma de entroncamentos arborescentes de vias de comunicação, geralmente convergindo para algum rio acompanhado até seu estuário no oceano Atlântico. Por seus portos passavam, na direção das metrópoles, produtos agrícolas ou de extração produzidos por escravizados ou seus sucedâneos; eram mercadorias trocadas nas metrópoles por outras mais elaboradas, que tomavam o caminho inverso. Nossa identidade nacional se resumia a alguns símbolos, como hino ou bandeira, e essa dispersão de caminhos apontados para o exterior. Brasília mudaria radicalmente essa situação, acreditávamos. Criaria um polo central para o qual convergiriam vias de comunicação interna unindo entre si os entroncamentos até então separados, estimulando o comércio e o progresso econômico interior. Era como se, pela primeira vez, nos ocupássemos de nós mesmos. No núcleo desse movimento centrípeto, a arquitetura daria corpo ao renascimento. E, no umbigo do núcleo, estaria a mandala simbólica dessa utopia: a catedral.

Rodrigo e eu embarcamos na euforia. E talvez mais que nossos colegas, pois participávamos da aventura com "nossos" projetos. A realidade era bem diferente — mas ainda não sabíamos.

Naquele tempo, os arquitetos no Brasil eram responsáveis pela verificação da fidelidade da construção às prescrições do projeto. Já havíamos controlado alguns canteiros de nossas primeiras obras. Mas a construtora encarregada deles, a CENPLA de Osmar Souza e Silva, era especializada em canteiros de obras de arquitetos modernistas da chamada Escola Paulista, encabeçada por Vilanova Artigas (da qual, como alunos pretensiosos, aspirávamos fazer parte).[6] Osmar era particularmente aten-

---

6 "A empresa CENPLA (Construções, Engenharia e Planejamento Ltda.), foi fundada em 1962 pelo engenheiro Osmar Penteado de Souza e Silva (1928-2008) e foi res-

Nota sobre *O canteiro e o desenho*

cioso com seus clientes e com seus trabalhadores, os quais formavam uma equipe solidária e prestativa. Conosco redobrou os cuidados, pois conhecia nossa inexperiência. Creio que a CENPLA teve importância particular no modernismo paulistano: facilitou, com sua cortesia, a experimentação, mas, pela mesma razão, iludia os novatos como nós sobre a realidade dos outros canteiros.

Rodrigo e eu, portanto, fomos várias vezes a Brasília, verificar a fidelidade das construções aos "nossos" projetos e resolver eventuais problemas. Desde a primeira viagem, nosso mundinho desabou. Os nossos canteiros, como todos os outros na futura capital, não tinham nenhuma relação com os canteiros de Osmar. Pareciam uma sucursal do inferno. Um enorme descampado barrento, no qual alguns guindastes, bate-estacas, tratores e escavadeiras pontuavam o amontoado de andaimes ocupados por milhares de maltrapilhos magricelas aparentemente exaustos, mas movidos assim mesmo pelos berros de mestres e capatazes, pressionados pela proximidade crescente da data fatídica da inauguração. No chão perto dali ou sob as marquises dos prédios em acabamento, famílias igualmente descarnadas e esfarrapadas esperavam que algum acidente ou morte abrisse uma vaga. Em contato somente com o mestre de obras, vigiados para que não falássemos com trabalhadores, não pudemos ver então o que, mais tarde na prisão, nos contaram companheiros que haviam trabalhado nesses canteiros: suicídios diversos; fugas sabidamente sem saída no entorno despovoado e sem estradas viáveis; acidentes mortais provocados muitas vezes pela fraqueza decorrente da diarreia crônica devida à comida estragada trazida de longe; roubalheira corrente nos cálculos salariais e nos gastos no armazém obrigatório da empreiteira; acampamentos cercados por "forças da ordem".

Não repito mais uma vez essa historinha para atiçar a benevolência dos eventuais leitores, e sim para apontar as condições que, a meu ver, permitiram que dois estudantes (Flávio Império se juntou a nós um pouco mais tarde) ainda engatinhando no *métier* adotassem rapidamente posições a contrapelo das usuais entre quase todos os profissionais da arquitetura. Como o projeto era mais da equipe de Oscar Niemeyer do que nosso, não tínhamos com ele a relação afetiva compreensível entre reais

---

ponsável pelo desenvolvimento e pela construção de um conjunto significativo de obras que constituem uma referência para o estudo da arquitetura moderna paulistana", Ana Paula Koury, "Novas casas de morar (2): a contribuição da construtora CENPLA", *arq. urb*, nº 8, 2012, pp. 132-9 (<https://revistaarqurb.com.br>).

autores e seus desenhos. Não estávamos ainda imbuídos do charme e da aura do *métier*. E os canteiros que havíamos frequentado, os de Osmar, eram incomparáveis aos que descobrimos em Brasília. Foi, em resumo, nossa juventude despreparada numa situação insuportável que nos fez reagir quase imediatamente contra a *doxa* satisfeita da profissão.

Juventude despreparada, mas já com Marx ao nosso lado. Rodrigo e eu entramos na célula estudantil do Partido Comunista Brasileiro no primeiro ano de faculdade. Em si, isso não nos ajudaria muito: o marxismo do Partido, revisto pelos interesses da URSS, era lastimável. Mesmo responsáveis de alto nível raramente iam além do primeiro capítulo d'*O capital*. Mas, no fim dos anos 1950, já emergia a ebulição dos anos seguintes:

> [...] esse reavivamento extraordinário [...] o redescobrimento do marxismo e dos grandes textos da tradição dialética nos anos 1960: um entusiasmo que identifica um momento do passado esquecido ou reprimido como novo e subversivo e descobre a gramática dialética de um Hegel ou de um Adorno, de um Marx ou de um Lukács, como uma língua estrangeira com recursos indisponíveis na nossa própria.[7]

E mais: revoluções chinesa e cubana, guerra no Vietnã, guerrilhas de todo tipo, movimentos de libertação nacional e uma disposição libertária rara na história contemporânea, totalmente avessa a fanatismos e respeito a "aparelhos ideológicos de [qualquer] Estado"[8] ou instituição. Pôr-se a contrapelo era quase a regra. Fomos simplesmente, naturalmente, contemporâneos de nosso tempo. Mas, se logo pudemos nos posicionar a partir dos capítulos 11, 12 e 13 de *O capital* ("Cooperação", "Divisão do trabalho e manufatura" e "Maquinaria e grande indústria"),[9] foi também porque constantemente podíamos cruzar Marx com nossas observações a partir de canteiros de obras bem contrastados e fazer nossas

---

[7] Fredric Jameson, *Archéologies du Future. Le désir nommé utopie*, Paris, Milo, 2007, p. 53 [ed. bras.: *Arqueologias do futuro: o desejo chamado utopia e outras ficções científicas*, trad. Carlos Pissardo, Belo Horizonte, Autêntica, 2021].

[8] Louis Althusser, *Aparelhos ideológicos de Estado*, trad. Walter José Evangelista e Maria Laura Viveiros de Castro, São Paulo, Paz & Terra, 2003.

[9] Karl Marx, *O capital. Crítica da economia política. Livro I: o processo de produção do capital*, trad. Rubens Enderle, São Paulo, Boitempo, vol. I, 2017, pp. 397-574.

Nota sobre *O canteiro e o desenho*

próprias experimentações. Assim que identificamos construção como manufatura, por exemplo, graças à conivência e mesmo ao estímulo de dois amigos e clientes, Boris Fausto e Bernardo Issler, eu pude testar em projetos simultâneos e de mesmo porte qual tipo de manufatura seria mais conveniente para a situação brasileira, particularmente paulista, naquele momento. Apesar da insuficiência científica dos testes, foram entretanto suficientes para selecionarmos a manufatura orgânica. A Arquitetura Nova tinha definido sua linha de práticas, estudos e pesquisas.

Houve outras fontes centrais para nossa teoria e nossa prática. Flávio Império foi um dos fundadores do Teatro de Arena, sem dúvida a vanguarda do teatro popular e engajado no Brasil. Ganhava praticamente todos os prêmios de cenografia. Trouxe para nós seus maravilhosos achados em condensação e maleabilidade espaciais, e desvio criativo de técnicas e materiais, disposições apropriadas para um país subdesenvolvido. Foi o que nos ajudou a encontrar o caminho para nossas reformulações dos paradigmas projetuais correntes então.

Tínhamos que fazer o que ele havia feito no teatro: rever a fundo o modo de ser arquiteto. Inverter o ponto de vista. O modo ensinado partia do resultado desejado; depois outros cuidariam de chegar lá, não importa como. Nós, ao contrário, nos propusemos a descer ao canteiro e acompanhar os que cuidam de levar adiante a obra, os que realmente constroem, os formalmente subordinados da manufatura cada dia mais desprovidos do saber e do saber fazer pressuposto por esse gênero de subordinação. Deveríamos favorecer a reconstituição desses saberes e saberes-fazer. Mas não para atender a essa pressuposição, e sim para revigorar a outra face dessa pressuposição, segundo Marx: a rebeldia histórica do trabalhador manufatureiro, sobretudo o da construção. Deveríamos reacender o reclamo que alimentava essa rebeldia: a autodeterminação total, e não somente a operatória. Nosso intuito era sobretudo político, ético. A estética somente contava pelo que incluía; escrevíamos *est-ética*. Queríamos fazer dos canteiros ninhos do retorno do sindicalismo revolucionário que nem conhecíamos ainda.

Inverter o ponto de vista significava partir da produção e não do produto. Significava seguir passo a passo o encadeamento da manufatura orgânica emancipatória, a que poderia operar sem o capital, ou seja, sem mistura da técnica produtiva com a técnica de dominação. Essa manufatura emancipatória não existia. Foi preciso inventá-la. A sucessão das equipes especializadas na lenta gestação autodeterminada respeitosa de suas necessárias diversidades — isso parece natural e evidente. Entretanto, nada é mais improvável nos canteiros do capital, da manufatura capitalista, a única existente. O contrário é a regra. E, por isso, o desenho do capital começa pelo fim: garante desse modo a zorra produtiva, a principal arma contra a rebeldia trabalhadora na manufatura clássica.

Nossa proposta teve a simplicidade da oposição constante: estabelecer as etapas de produção de tal modo que cada equipe especializada pudesse completar totalmente sua intervenção; isolar essa intervenção o mais possível para que pudesse haver real autonomia produtiva em cada equipe; permitir que a equipe pudesse alterar o previsto desde que ela não criasse problemas para as que a sucedessem nem destruísse o já feito por outras equipes. A intenção desse procedimento era reforçar a liberdade no respeito às outras equipes e a autoconfiança de todas elas. A reunião e a coordenação dessas equipes seria função delas mesmas, e o arquiteto seria uma espécie de secretário-geral do coletivo cooperativo. A demonstração de nosso acerto foi menos a economia obtida do que termos visto a adoção desses cuidados nas autoconstruções, para e por eles mesmos, dos operários da CENPLA que trabalhavam conosco.

A festa comemorativa aconteceu mais tarde, quando nós três tomamos conhecimento, em 1982, creio, de um texto que Marx escrevera aos 24 anos, isto é, jovem como éramos quando inventávamos a Arquitetura Nova — texto lindo e cantante de sua inigualável inteligência:

> Liberdade de ofício, liberdade de propriedade, da consciência, da imprensa, da justiça, eis espécies diferentes de um único e mesmo gênero: liberdade sem nome de família. Entretanto, seria um equívoco esquecer a diferença diante da unidade e até erigir determinada espécie em medida, em norma, em esfera das outras espécies. [...] Cada esfera determinada de liberdade é a liberdade de uma esfera determinada [...]. Assim como no sistema do mundo cada planeta particular se move em torno do sol somente ao se mover em torno de si mesmo, no sistema da liberdade cada um de seus mundos se move em torno do sol central da liberdade apenas ao se mover em torno de si mesmo.[10]

---

[10] Karl Marx, "Les délibérations de la sixième diète rhénane" [1842], in *Oeuvres*, vol. III, Colléction La Pléiade, trad. Maximilien Rubel, Paris, Gallimard, 1982, p. 116. (Trad. Sérgio Ferro.)

Nota sobre *O canteiro e o desenho*

Mais tarde ainda, descobri também semelhança da Arquitetura Nova com o ecletismo construtivo do século XIX, tal como foi teorizado por Jean-Pierre Épron.[11] Com uma diferença fundamental: éramos (sou) marxistas e nossa intenção não era dominar os *métiers*, muito pelo contrário. Mas essa semelhança muito me agradou mesmo assim, porque foi o único movimento arquitetural sob tutela do capital a pelo menos dialogar com o canteiro.

O procedimento que adotamos era extremamente exigente no nível do desenho. Tenho quase certeza de que, sem nossa contratação pela FAU-USP desde o ano seguinte ao de nossa formatura, não teríamos tido condição para desenvolvê-lo. Ganhávamos pouquíssimo com a arquitetura. Rearticular as etapas produtivas de modo a responder a nossos critérios nos obrigava a fazer e refazer várias vezes o mesmo projeto na tentativa de casar o resultado com um caminho correto de nossa manufatura emancipatória. O exemplo de Artigas, da cobertura autossuficiente englobando todo o espaço interior, foi nosso ponto de partida, praticamente copiado por nós na residência Helladio Capisano e logo adotado em minhas duas "pesquisas" nas residências Boris Fausto e Bernardo Issler. Nesta última, testei pela primeira vez o que quase se tornou nosso paradigma dominante, a abóboda em catenária.

Dou um exemplo banal de paradigma comum ainda vigente: para construir uma casa deveríamos sobrepor fundação (pedreiro) > parede (idem) > estrutura do telhado (carpinteiro) > cobertura da estrutura (pedreiro) > instalações (encanador e eletricista, que quebram o já feito para embutir tubulações) > tapar o que foi quebrado (pedreiro, de novo) > reboco (idem) > pintura (pintor). Ora, uma abóboda de vigotas e blocos cerâmicos deixados à vista podia ser feita somente por pedreiros. Tratava-se de um uso "anormal", desviado, de um tipo comum de laje plana. Mais: se a abóboda seguir uma curva em catenária ela é ainda mais econômica em materiais e em custo porque, funcionando somente por compressão, não precisa nem de muito ferro ou concreto, nem de impermeabilização e revestimento. Além disso, construída no início da obra, protege depois os trabalhadores encarregados do "enchimento" do vazio acobertado, o qual não encontra nenhum entrave causado pela cobertura e pode ser facilmente modificado. Sem contar que é acolhedora, calorosa e maternal. Esse foi um novo modelo elaborado por nós para desfa-

---

[11] Jean-Pierre Épron, *Comprendre l'Éclectisme*, Paris, Norma, 1997.

zer a divisão desastrosa do trabalho em pequenas intervenções descontínuas que impedem qualquer intervenção criativa do corpo produtivo. Reconstituições semelhantes, outros pequenos paradigmas visando a recompor *métiers* e evitar divisões excessivas do trabalho, foram feitas em todos os passos da construção. Deixávamos todos os trabalhos aparentes, sem revesti-los, a não ser por necessidade imperiosa. Isso é recomendável por vários motivos: impedir o embutimento de tubulações, que é uma idiotice técnica suspeita, filhote das "circulações de serviço"; impedir o hábito imposto pelas construtoras de executar o mais rapidamente possível e de qualquer jeito o que será revestido; dar oportunidade aos trabalhadores de trabalhar corretamente; ter que utilizar bons materiais etc.

Somente com essa reorganização dos segmentos da produção e seguindo rigorosamente a lógica produtiva racional de uma manufatura emancipatória (não dedicada à exploração dos trabalhadores, isto é, sem as irracionalidades que a técnica de dominação impõe quando a subordinação não é ainda real, mas somente formal), pagando bem os trabalhadores (quando possível, mais que o habitual) e utilizando bons materiais, obtínhamos uma economia de 20% a 30% em relação ao preço médio de então. Não esperamos até que eventualmente houvesse uma melhora das forças produtivas. Procedemos, mais uma vez, como Marx recomenda em sua análise da Comuna de Paris em 1871:[12] sem esperar milagres, sem decretar uma utopia já pronta, partindo do que existia e tentando reparar o desastre que o capital havia provocado na herança construtiva que o mundo do trabalho conservou e transmitiu de geração em geração pelo menos desde o século XI até o começo do século XX.

SOBRE A LEI DA QUEDA TENDENCIAL DA TAXA DE LUCRO

Há outro tema marxista importante na construção da teoria da Arquitetura Nova, mas que não aparece em destaque no livro, não me lembro por qual motivo. Talvez porque o escrevi na França, longe dos lugares em que a questão é evidente, como no Brasil, um país subdesenvolvido na periferia do capitalismo. Lá, o que na Europa aparece atenuado e

---

12 Karl Marx, *A guerra civil na França* [1871], trad. Rubens Enderle, São Paulo, Boitempo, 2011, p. 60.

Nota sobre *O canteiro e o desenho*

escamoteado por séculos de lutas sociais, salta à vista de modo escandaloso, o que tristemente e paradoxalmente "facilita" a análise, se ela for acompanhada pela verificação prática e com o olhar dos de baixo.

Trata-se da muito discutida tese sobre a queda tendencial da taxa de lucro. Marx tem alguma culpa por essas discussões. Mas é preciso lembrar que o livro III d'O *capital*, onde essa lei ocupa a terceira seção, foi composto e às vezes "corrigido" por Engels a partir de manuscritos não preparados por Marx para publicação. Começo por uma longa e esclarecedora citação.

> [...] alguns ramos da produção, segundo sua natureza, opõem [maior resistência] à transformação do trabalho manual em trabalho mecanizado. Por outro lado, abrem-se novos ramos da produção, especialmente para o consumo de luxo, os quais têm como base precisamente essa população relativa [o excedente de força de trabalho], com frequência liberada pelo predomínio do capital constante em outros ramos da produção, que, por sua vez, baseiam-se no predomínio do elemento do trabalho vivo e só paulatinamente realizam o mesmo percurso dos demais ramos da produção. Em ambos os casos [os ramos da produção que resistem à mecanização e os ramos dedicados ao consumo de luxo], o capital variável constitui uma proporção significativa do capital total, e o salário se encontra abaixo da média, de modo que, nesses ramos da produção, tanto a taxa como a massa do mais-valor são extraordinariamente elevadas. Mas como a taxa geral de lucro é formada por meio da equalização das taxas de lucro nos ramos de produção particulares, a mesma causa que gera a tendência à queda da taxa de lucro produz aqui um contrapeso a essa tendência, paralisando, em maior ou menor grau, seu efeito.[13]

Essa "lei tendencial" provocou muitos debates e continua provocando — se bem que cada vez menos. David Harvey afirma que "dada a caracterização de Marx das 'relações capitalistas de produção e troca',

---

[13] Karl Marx, O *capital. Crítica da economia política. Livro III: o processo global da produção capitalista* [1894], trad. Rubens Enderle, São Paulo, Boitempo, 2017, pp. 275-6.

podemos deduzir que a taxa de lucro (mais uma vez assumindo que a fórmula de Marx para o lucro seja apropriada) deve necessariamente cair".[14] Os textos de Marx hesitam entre taxa de lucro médio e taxa de lucro setorial, o que provoca dúvidas. Ele parece acreditar que, apesar dos "contrapesos", assim como havia tendência à industrialização, haveria consequentemente tendência à baixa também da taxa média de lucros. Isso parece corresponder à evolução do capital: "A 'financeirização' da economia não é a causada pelo fraco investimento produtivo. Ela é sua consequência. [...] atrás da 'financeirização' se esconde a falta de oportunidades de investimento nos novos ramos prometendo uma taxa de lucro elevada".[15] Mas o que nos importa é que a taxa de lucro industrial tende necessariamente a baixar, em consequência do aumento relativo do capital constante. Essa taxa, que é setorial, pode, entretanto, ser equilibrada por diferentes astúcias. E uma delas nos atinge diretamente: "setores com baixa composição de valor (alta quantidade de trabalho) acabam subsidiando setores com alta composição de valor (alta quantidade de capital constante)".[16] Ora, um dos principais setores produtivos com "baixa composição de valor (alta quantidade de trabalho)", adequados para fornecer altas taxas de lucro e em grande volume, é o da construção manufatureira. Esse é o ponto destacado pela teoria da Arquitetura Nova, e não a tendência à baixa da taxa média de lucros.

Esse tema teve particular evidência no período da construção de Brasília. Juscelino Kubitschek, o lançador desse programa, promoveu simultaneamente um grande projeto de industrialização na periferia de São Paulo, vendido como visando à "substituição de importações" por produção nacional. Na verdade, quem mais produziria no país seriam os setores financiados pelo capital estrangeiro e os grandes monopólios metropolitanos em sua ofensiva para a ressubmissão do Brasil após a pausa provocada pela Segunda Guerra Mundial. Esses monopólios, entre muitos outros favores recebidos para atraí-los, puderam trazer maquinário usado graças à funesta instrução 113 da Autoridade Monetária do go-

---

[14] David Harvey, *Limits to Capital*, Londres, Verso, 1999, p. 188 [ed. bras.: *Os limites do capital*, trad. Magda Lopes, São Paulo, Boitempo, 2013].

[15] Stavros Tombazos, "La reproduction capitaliste chez Marx", *Actuel Marx*, nº 70, 2021, p. 91.

[16] David Harvey, *Para entender O capital: livros II e III*, São Paulo, Boitempo, 2014, p. 182.

Nota sobre *O canteiro e o desenho*

verno Café Filho. As eventuais indústrias nacionais, ao contrário, deviam comprar máquinas novas com altas taxas de importação.[17]

Esse projeto dependia de duas condições: requeria alguma massa de valor para estimular os capitais nacionais (a famosa acumulação "primitiva"); e requeria taxas de lucro suculentas para satisfazer capitais e monopólios internacionais "complementares". Ora, Brasília poderia responder a grande parte das duas condições. Constituía um imenso setor produtivo com "baixa composição de valor (alta quantidade de trabalho)" e poderia, portanto, fornecer montanhas de valor, tanto para constituir uma substancial acumulação "primitiva", como para engordar a taxa média de lucro. O presidente Kubitschek cuidou das leis convenientes para assegurar a exportação tranquila dos dividendos do capital metropolitano. Isso explica claramente por que o Brasil não aproveitou a oportunidade mais favorável possível para experimentar a industrialização da construção, justamente quando "industrializar" era a bandeira desenvolvimentista hegemônica. E explica por que João Filgueiras Lima, o Lelé, não conseguiu — apesar de inúmeras tentativas durante a construção de Brasília, algumas apoiadas pelo próprio Niemeyer — realizar seu projeto permanente de industrialização da construção.[18] Mais uma vez, estávamos lá na hora certa.

Sobre "O desenho"

Quando passei à segunda parte de "O canteiro e o desenho", que trata do desenho, me senti quase órfão. Não tinha mais o guião de Marx. Essa é, creio, a causa da dificuldade de leitura maior dessa parte.

Nós três — Rodrigo Lefèvre, Flávio Império e eu — tínhamos experiência do contrário absoluto do que ocorria em Brasília: experiência de trabalho livre, sem sombra de subordinação fora a de ser a negação de-

---

[17] Andre Gunder Frank, *Capitalism and Underdevelopment in Latin America: Historical Studies of Chile and Brazil*, Londres, Penguin, 1971, pp. 210-2. Sobre o beco sem saída da "substituição de importações", pp. 229-42.

[18] Adalberto Vilela, *Architecture without Applause: The Manufactured Work of João Filgueiras Lima, Lelé*, Tese de Doutorado, Zurique, Eidgenössische Technische Hochschule, 2018.

terminada daquele tipo de trabalho em nossa sociedade. Flávio, como já indiquei, a tinha no teatro e em torno do teatro, na pintura, no cinema e na poesia. Rodrigo a tinha no campo da técnica, com a curiosidade e tenacidade dos apaixonados. Nas vésperas do vestibular, inventou um teorema sobre a divisibilidade por 13, uma completa inutilidade que lhe trouxe muito prazer: era o que contava. Vários avanços na nossa compreensão das abóbodas — a vigota em curva de catenária, o equilíbrio dos empuxos laterais de abóbodas com alturas distintas, a proposta de pré-fabricação e as muitas maneiras de utilizá-las — vieram dele. Eu, por meu lado, nem me lembro de quando comecei a desenhar e pintar, mas penso quase tudo como pintor, por constelações e figuras, espacialmente. A experiência intensa de trabalho livre e feliz certamente determinou nosso horror diante da abjeção do trabalho subordinado, sobretudo quando tomamos conhecimento, em Marx e com os trabalhadores de nossos canteiros, da dor inerente à subordinação somente formal do trabalho, típica da manufatura.

Entretanto, em nossa prática na arquitetura, raramente e apenas por descuido deixamos que alguma alusão estética interferisse em nossas discussões. Tentávamos ser ranzinzas com nós mesmos, intransigentemente chatos, pois estávamos envolvidos num combate ético sem as armas necessárias.

Quando escrevi "O canteiro e o desenho", tinha atrás de mim quase toda a experiência da Arquitetura Nova (quase, porque Rodrigo Lefèvre, com sua extraordinária capacidade técnica, ainda levou adiante nossas hipóteses de trabalho quando Flávio Império e eu já não podíamos fazê-lo). Havíamos "desconstruído" a hipóstase do desenho modernista: com a noção de forma de tipo zero, havíamos reconhecido que, apesar da indiferença aparente do desenho com relação ao canteiro, essa relação existia e era fundamental; havíamos mostrado o absurdo dos absurdos, o fato de o desenho "retratar" uma ficção construtiva (o "jogo sábio dos volumes...") e desconhecer a real construção; havíamos evidenciado as taras construtivas, tais como os alinhamentos formais entre componentes produzidos por equipes distintas de trabalho, forçando na sincronia espacial final acordos, rimas ou eurritmia entre intervenções separadas na diacronia processual da manufatura orgânica predominante na época. Sabíamos que o desenho contradizia o processo produtivo. Quase como brincadeira e para salientar nossas reticências com relação à estética conformista, dizíamos que, se "a função poética projeta o princípio de equivalência do eixo de seleção [simultaneidade] sobre o eixo de combinação [concatenação]",[19] nosso trabalho seria antipoético, pois, ao contrário, projetávamos nosso cuidado com a concatenação das equipes de trabalho sobre a simultaneidade do resultado.

Faltava, entretanto, determinar o que levava o desenho a se mostrar como se mostrava, a ser assim como era. Meu socorro foi Hegel e, outra vez, Marx. O Hegel que me socorreu foi o da passagem da oposição entre o ser e o nada à dialética do devir, no início da *Ciência da lógica*:

> A [...] reflexão é a seguinte: ultrapassar o imediato concreto e determinar e separar o mesmo. Mas ela tem de avançar igualmente além dessas suas determinações separadoras e, primeiramente, relacioná-las. No ponto desse relacionar surge o conflito das mesmas. Esse relacionar da reflexão pertence em si à razão; a elevação para além daquelas determinações, a qual chega à intelecção do conflito das mesmas, é o grande passo negativo em direção ao verdadeiro conceito de razão.[20]

O "imediato concreto" seria o desenho chegando ao canteiro como compêndio de ordens de serviço. A faculdade que separa esse "imediato concreto" em desenho, de um lado, e canteiro de obras, de outro, é o entendimento, no caso, a serviço do capital. É também por ação do entendimento que as partes "se separam como determinações firmes e não são mantidas juntas em unidade orgânica", tornando-se "formas mortas":[21] "o" canteiro e "o" desenho, como entidades fictícias e estanques. Ao relacionar as partes separadas, a razão supera o entendimento e traz à luz seu conflito, a contradição, o verdadeiro motor da dialética. Na dialética, entretanto, relacionar as partes não significa conc

iliá-las: uma parte supera a outra e absorve dela aquilo que lhe convém. Antes, porém, é necessário um salto — pôr as partes em contato a partir de um novo conteúdo que anule sua mútua exclusão. Não que isso implique relativizar as duas partes, desenho e canteiro. A identidade concreta desse novo con-

---

[19] Roman Jakobson, "Linguística e poética", in *Linguística e comunicação*, trad. Izidoro Blikstein e José Paulo Paes, São Paulo, Cultrix, 1985, p. 130.

[20] Georg W. F. Hegel, *Ciência da lógica: 1. A doutrina do ser* [1812], trad. Christian G. Iber, Marloren L. Miranda e Frederico Orsini, Petrópolis/Bragança Paulista, Vozes/Editora Universitária São Francisco, 2016, p. 48.

[21] *Idem, ibidem*, p. 50.

teúdo será obra de uma delas: a do canteiro, ou melhor, a do corpo produtivo autodeterminado. Esse corpo produtivo — não o arquiteto-estrela — será o verdadeiro sujeito e assumirá o desenho determinado por ele mesmo, pela sua estrutura. O novo conteúdo, que permitirá outra relação entre desenho e canteiro, não existe previamente. Essa novidade, o processo da livre interação dos dois termos, deve ser inventada: "o primado do processo sobre os termos [...] é a marca da dialética [...]. O devir é, assim, o verdadeiro começo da Lógica".[22]

O título de meu livro, "O canteiro e o desenho", pode enganar, pois parece fixar os termos e apagar o processo, a relação, tal como o senso comum faz crer. "O" desenho era apresentado como uma identidade praticamente autônoma pela profissão e, em geral, é assim que continua a ser ensinado. Foi bastante difícil escapar dessa ilusão, assumida enfaticamente pelas estrelas nacionais e metropolitanas como a alma de nosso ofício. Em São Paulo nos anos 1960, essa questão foi um divisor da profissão e dos estudantes, entre os defensores do desenho, elevado a "desígnio", e os que — como nós da Arquitetura Nova — criticavam sua serventia ao capital, o que foi confundido como aversão ao desenho em si. O mais difícil não foi demonstrar nossa posição a partir de uma crítica exterior ao próprio desenho, isto é, uma crítica de seu uso efetivo. Essa crítica fica evidente na primeira parte do livro, sobre o canteiro. O mais difícil foi — como exigem Hegel, Marx e mesmo a "Escola" de Frankfurt — a crítica interna e imanente do desenho. Um modelo que me inspirou foi a crítica com que Marx deslindou a origem do valor da força de trabalho como mercadoria, isto é, o custo de sua produção e reprodução. Essa crítica permitiu apontar o erro embutido na crença segundo a qual o salário pagaria o trabalho realizado pelo operário e deslindou o mistério da origem do mais-valor e suas subdivisões em lucro, juros e renda. O que me interessou nesse achado de Marx foi sua afirmação a propósito do que tornou possível a crítica: o ponto de vista da classe trabalhadora, que informa a sua própria teoria. Essa afirmação não absolve os economistas clássicos, mas explica sua cegueira. Foi o ponto de vista que adotei.

Somente bem depois, Freud e Lacan elaboraram o conceito de denegação que, indiretamente, sustenta a argumentação de Marx. Diante de um fator insuportável num contexto social e econômico bem estabeleci-

---

[22] Joël Biard *et al.*, *Introduction à la lecture de la Science de la logique de Hegel, t. I: L'Être*, Paris, Aubier, 1981, pp. 47 e 51.

Nota sobre O *canteiro e o desenho*

do, o sujeito pode reagir recusando sua percepção, mesmo que outra instância da diversidade característica do inconsciente o perceba necessariamente. Com Marx como orientador (apesar de indireto nessa etapa), logo detectamos o "nosso" denegado: o fato de o desenho de arquitetura ser, entre nós, um instrumento da exploração capitalista. Sem ele, fosse o que fosse, não haveria produção da mercadoria edificação. Mais: tendo lido a *Introdução à crítica da economia política* de 1857, sabíamos que, para o capital, o que conta sobretudo e prioritariamente, é a etapa da produção, em que o mais-valor é engendrado. Esse era o fator traumático a não poder ser percebido por aqueles para os quais o projeto era sagrado (mesmo que fossem ateus).

Naqueles anos, o aforismo de Herbert Marshall McLuhan, *"the medium is the message"*, era arroz de festa. Examinado de perto, deixava ver que era válido principalmente quando o conteúdo inexistia ou não deveria aparecer. Era o caso do desenho de arquitetura.

Mas, mais seriamente, já circulavam algumas traduções dos *Grundrisse*, e pude recorrer à célebre passagem sobre a mediação que, de simples elo, toma o lugar de centro determinante, de modo que as instâncias mediadas deixam de ser pressupostos independentes.[23] Pude descrever como o próprio desenho, de simples documento prescritivo emitido pelo possuidor do capital e destinado a especificar as operações impostas aos trabalhadores, põe-se pouco a pouco como instância intrínseca e exclusivamente determinante, apagando assim, objetivamente, as reais funções tanto do desenho quanto do canteiro. Desaparecem a luta de classes e a geração de mais-valor, e aparece, ocupando o lugar de seu ausentamento (*Abwesung*, termo inventado por Heidegger a respeito da *trace* para aludir ao que falta em seu lugar), a hipóstase do projeto.[24]

---

[23] Nesta edição, p. 109.

[24] Heidegger deriva o conceito de *Abwesung* ou ausentamento do conceito aristotélico de στέρησις (*ste-résis*), privação: "Quando alguma coisa está faltando, o que está faltando em verdade se foi, mas esse próprio 'se foi' nos exerce precisamente cobrança e nos inquieta porque tudo o que 'falta' só pode fazer falta se ele próprio está 'aí', isto é, é ou constitui um ser. Στέρησις como ganhar a ausência [ausentamento] não significa simplesmente ausência, mas um ganhar a presença, a saber, aquela presença na qual se presenta precisamente o ausentar-se — e não, por exemplo, aquilo que está ausente". Martin Heidegger, "A essência e o conceito de φύσις em Aristóteles, Física B, 1", in *Marcas do caminho*, trad. Enio Paulo Giachini, Ernildo Stein e Marco Antônio Casanova, Petrópolis, Vozes, 2008, p. 309.

Mas, atenção, como em todo sintoma, a própria hipóstase do projeto indica de onde vem o trauma: dele mesmo, tal como veio a ser utilizado pelo capital, como peça central da exploração. Curiosamente, o remédio contra o abuso da projetação era projetar ainda mais, dando prioridade ao afastado.[25]

Devo, entretanto, apontar uma falha dessa parte de "O canteiro e o desenho" (entre outras, pois foi e continua a ser um *work in progress*): analiso somente o desenho do modernismo. Acompanhando em períodos distintos as indicações sobre outras determinações do desenho separado em função de diferenças nas relações de produção, eu deveria ter insistido na determinação comum a todos os períodos a partir do gótico tardio: a que provém do tipo de subsunção do trabalho na manufatura, a subsunção somente formal. Para os trabalhadores, é mais que dolorosa; para o capital, foi inevitável. Implantada lentamente desde o começo do século XV, a subsunção formal não modifica a técnica de produção herdada (a não ser pelo aumento da divisão do trabalho), e todo o saber e o saber fazer produtivos permanecem nas mãos da camada superior do operariado. No século XX, o capital introduziu um sucedâneo de subsunção real na construção graças à destruição e erradicação dos ofícios tradicionais, que era a base do saber e do saber fazer dos trabalhadores.

O ideário da profissão, entretanto, não desistiu do artigo de fé assegurador da existência de arquitetos, segundo o qual a arquitetura é construção mais alguma coisa. Os arquitetos se atribuem a missão de assegurar essa alguma coisa a mais, nunca identificada. Sem perceber que é precisamente tal "coisa" que impede o corpo produtivo de construir como sabiam, isto é, corretamente. Em linguagem lacaniana essa "coisa" seria o objeto *a*. Os arquitetos, com raras exceções como os do ecletismo técnico no século XIX, sempre foram um estorvo para a construção (apenas se salvam às vezes nas etapas de uso e deleite, que não entram na minha análise). Foi esse "mais alguma coisa", jamais limitado ao que corresponderia às preocupações funcionais ou estéticas, que fechou o desenho num universo abafante e sem saída do formalismo autotélico da ficção cons-

---

[25] O projeto de conjunto surgido por volta de 1250 privilegia fachadas. Em pequena escala, para poder representar a totalidade da obra, equivale a uma vista afastada da obra. Aparecem então categorias formais típicas da visão à distância, como simetria, alinhamentos, reforço dos limites etc. A projetação, o ato de projetar, começa a impor à obra preocupações antes inexistentes. (Nota de 2024.)

Nota sobre *O canteiro e o desenho*

trutiva.[26] O capital instaurou o *habitus*, indispensável à exploração do trabalho manufatureiro nas condições da subsunção somente formal, de contrariar a plástica que alimentou historicamente o saber e saber fazer operários. Caso contrário, teria que reconhecê-los, no sentido de Hegel, Axel Honneth e Emmanuel Renault,[27] e mostrar esse reconhecimento, no mínimo, com um aumento substancial do valor da força de trabalho da construção. Daí decorre a necessidade de o desenho de arquitetura sob o capital tornar-se literalmente um escolho na produção. Trata-se de contradição objetivamente determinada que somente aparece na teoria quando essa supera a aparente autossuficiência de "o" desenho e a subserviência de "o" canteiro.

Sugeri acima que esse tipo de subsunção é mais que dolorosa para os trabalhadores. De fato, eles vivem na carne um corte insuportável. São obrigatoriamente subordinados à vontade do capital no que diz respeito ao que fazer, a causa final da produção, esse objetivo imposto, geralmente absurdo nesse primeiro momento da produção capitalista da edificação. Mas, nos pequenos canteiros de obra (a maioria), também eram obrigados (e são ainda) a tomar decisões quanto ao modo de atingir esse *telos* e executá-lo corretamente. Desde meados do século XII até o infeliz desencontro com os arquitetos do ecletismo do século XIX, os trabalhadores eram praticamente os únicos que sabiam como executar uma edificação de porte. O século XX quase extinguiu seu saber e saber fazer nos maiores canteiros, sem, entretanto, abandonar a principal determinante da manufatura, a predominância operacional do trabalho humano. Mas essas características fizeram dos trabalhadores manufatureiros, sobretudo os da construção, os mais insubordinados da história do trabalho. Foi o que a Arquitetura Nova quis ajudar a fazer ressurgir.

---

[26] O universo formal do românico e do primeiro gótico (< 1250) era determinado sobretudo pelas injunções do trabalho no canteiro. Com a intervenção do desenho de conjunto exigido por obras religiosas de grande porte e de construção demorada, essa determinação perde sua hegemonia. Tais desenhos de conjunto são feitos fora dos canteiros. O afastamento, a necessidade de comandar e a exploração econômica diminuem o peso relativo das injunções vindas do canteiro. O desenho tende a se isolar num mundo à parte, a se descuidar das pressões construtivas reais e a acatar fantasias pouco compatíveis com o rigor técnico. (Nota de 2024.)

[27] Axel Honneth, *Luta por reconhecimento: a gramática moral dos conflitos sociais*, trad. Luiz Repa, São Paulo, Editora 34, 2003; Emmanuel Renault, *L'Expérience de l'injustice: reconnaissance et clinique de l'injustice*, Paris, La Découverte, 2004.

UMA PALAVRA SOBRE O PÓS-MODERNISMO

Como se sabe, a coruja de Minerva acorda no crepúsculo (Hegel). Eu disse acima que "O canteiro e o desenho" pretendeu ser uma análise estrutural das relações contraditórias do modernismo. Mas, pouco depois de sua redação em 1975, apareceram sinais de alteração dessa estrutura: os primeiros vagidos do pós-modernismo. Percebi que minha análise tinha limites históricos. Mas quais? Por uma antipatia irreprimível, pouco escrevi sobre o pós-modernismo.

O mais evidente é que, do ponto de vista da forma, o pós-modernismo se põe como o inverso do modernismo. Esse último preferiu o que a *Gestaltheorie* descreve como formas claras, simples e elementares: cubos, retângulos, cones, cilindros. Na terminologia de Rudolf Arnheim, correspondem aos "conceitos visuais" de retangularidade, triangularidade, rotundidade etc.[28] Seu universo formal é apolíneo, de constituição fechada, de fácil leitura, ensimesmado e pretensamente desprovido de decoração. O modernismo arvora um ar sério, com ambições de racionalidade. O pós-modernismo inverte essas características ponto por ponto. Seus conceitos visuais são tensos, pouco pregnantes, dionisíacos, de difícil leitura, voluntariamente decorativos. Onde o primeiro exalta a construção (ainda que fictícia), o segundo prega a "desconstrução" (desvirtuando o conceito de Jacques Derrida). O pós-modernismo parece embaraçar, voluntariamente, a principal regra semiótica: "a resolução de um conflito perceptivo em proveito da solução mais simples".[29] Ele provoca o conflito, e nisso segue o principal oficiante do neoliberalismo, Milton Friedman. Talvez venha daí minha ojeriza: o pós-modernismo serve para nos habituar a situações conflituosas, antessala da imposição do modo delirante do capital financeiro.

Cada um dos dois opostos, modernismo e pós-modernismo, parece constituir, em si, um conjunto com alguma coerência interna. Mas sua explicação exige ampliar o campo de observação. O real fundamento da inversão formal foi a mudança na organização do capital, isto é, a trans-

---

[28] Rudolf Arnheim, *Arte e percepção visual: uma psicologia da visão criadora*, nova versão, trad. Ivonne Terezinha de Faria, São Paulo, Pioneira/Thomson Learning, 2005.

[29] Groupe µ [Francis Edeline, Jean-Marie Klinkenberg, Philippe Minguet], *Traité du Signe visuel: pour une rhétorique de l'image*, Paris, Seuil, 1992, p. 79.

Nota sobre O *canteiro e o desenho*

ferência da hegemonia do capital produtivo, no período do modernismo, para o capital financeiro ou fictício, alma do pós-modernismo. A desconstrução pós-modernista é o apelido *chic* da aparente marginalização da produção pelo capital financeiro. Seu desenho debochado e suas estruturas inconsequentes traduzem algo como uma zombaria da racionalidade instrumental exaltada pelo modernismo. Nessa conjuntura, há clareza semiótica e podemos relacionar a ruptura estruturante no "plano da expressão" à ruptura correspondente no "campo do conteúdo":[30] a ruptura entre o sistema formal do modernismo e o sistema formal do pós-modernismo corresponde à ruptura entre a hegemonia do capital produtivo e a hegemonia do capital financeiro.

Mas é preciso descer da "última instância" de Louis Althusser para a área estudada e determinar mais de perto o que se passa — como diz Marx, o mesmo espírito que move locomotivas elabora sistemas filosóficos. No período da hegemonia do capital produtivo, a centralização total da prescrição no topo da hierarquia do capital retirou (quase) toda a pertinência à habilidade da mão operária. Os gestos ainda necessários foram reduzidos aos mais elementares descritos por André Leroi-Gourhan: preensão, rotação, trasladação, o necessário para manejar botões ou válvulas, ou colocar insumos nos lugares adequados.[31] Porém, na construção a coisa se passou de outro modo. Em vez da exteriorização completa da construção em máquinas, houve destruição dos ofícios tradicionais e criação de outros, envolvendo conhecimentos supostamente fora do alcance dos trabalhadores. Ao mesmo tempo, esmiuçaram-se as prescrições em ordens de serviço mais fragmentárias, porém destinadas a operações que continuaram manuais. Ora, mãos não são roldanas ou pistões. A prescrição que finge geri-las como se fossem parte de um maquinário precisa ignorar toda especificidade do trabalho humano. Os extremos da relação de produção, desenho e trabalho concreto, perderam qualquer fundamento. Restou aos modernistas construir ficções com o que sobrou: a representação no *medium* da geometria projetiva. O que era mera mediação foi hipostasiado. Para compensar a debilidade, a ficção construtiva adquiriu as características acima — séria, apolínea, rigorosa, de leitura fácil. Bastou ao pós-modernismo pôr todos os conceitos visuais do

---

[30] *Idem, ibidem*, p. 127.

[31] André Leroi-Gourhan, *O gesto e a palavra*, 2 vols., trad. Emanuel Godinho, Coimbra, Edições 70, 2002.

modernismo de cabeça para baixo para figurar a deposição aparente do capital produtivo pelo capital financeiro. Porque o capital financeiro, indiferente às suas encarnações nessa ou naquela atividade econômica, somente pode figurar negativamente, como não figurável. Sua qualidade é não ter qualidade.

Observações complementares

Lamentavelmente, não tenho formação de historiador. Os historiadores de profissão seguramente terão reparos a fazer sobre meus textos, se por acaso os repararem. Geralmente, utilizo material elaborado por outros autores. Fiz pessoalmente poucas pesquisas de campo. Costumo também reexaminar obras frequentemente analisadas. Afora não ter formação adequada, as duas outras maneiras de trabalhar são voluntárias. Elas decorrem de meu percurso meio tortuoso e de nossa postura política, bem como de oportunidades documentais. Tenho ainda que comentar as inúmeras repetições.

Sobre meu percurso. Ainda no Brasil, marcado tanto pela obra de André Gunder Frank quanto pelo seu contato direto com a redação da revista *Teoria e Prática* (Emir Sader, Roberto Schwarz, Ruy Fausto e eu), bem como pela elaboração teórica de Roberto Schwarz sobre a literatura brasileira, cedo me interessei em buscar elementos para compreender nossa situação na "periferia do capital", bisbilhotando um pouco nos bastidores do decoro metropolitano. Em "O canteiro e o desenho", há breves passagens um pouco desaforadas sobre alguns mitos internacionais da arquitetura. Mas fiquei por aí, sem levar muito longe minhas investidas. Durante a permanência de Rodrigo Lefèvre em Grenoble, no ano letivo de 1975-1976, dividimos nosso trabalho em dois pacotes. Como minhas perspectivas de retorno ao Brasil eram nulas (apareceram vários processos novos contra mim estabelecidos pela "justiça militar", entre os quais um a respeito da revista *Teoria e Prática*, da qual fui diretor), Rodrigo ficou encarregado dos estudos brasileiros, e eu, dos da história da arquitetura na França, já iniciados desde 1972.

Sobre reestudar obras já bastante estudadas. Desde o tempo em que ensinei no Brasil, pude verificar que, vasculhando o material existente, é possível encontrar pistas suficientes para propor outra leitura das estranhas relações entre canteiro e desenho de arquitetura no período abarcado pelo capitalismo e suas origens no período da "assim chamada acu-

Nota sobre *O canteiro e o desenho*

mulação primitiva".[32] A dificuldade não é tanto de documentação, mas do marxismo tal como era praticado nos meios acadêmicos influenciados pelos partidos comunistas, fossem eles de linha soviética, chinesa ou trotskista, todas bem representadas na universidade brasileira. O que nos permitiu escapar delas com facilidade foi a renovação dos estudos da obra de Marx no fim dos anos 1950 e nos anos 1960, como já indiquei acima. Mesmo Rodrigo e eu ainda militando no Partido Comunista Brasileiro, e Flávio Império na Quarta Internacional trotskista, já frequentávamos outras fontes. Rodrigo simpatizou mais com Mao Tsé-Tung, Flávio, com um trotskismo renovado e eu, pelo menos no início, me deixei levar pelo "marxismo ocidental" teorizado por Perry Anderson (corrigi depois, me recentrando na luta de classes) — e todos pela obra de Marx lida sem mentores oficiais ou oficiosos. Com essa nova "língua", foi possível localizar, na própria documentação existente, materiais marginalizados pelas antigas interpretações, mas que se tornaram peças-chave para nossa elaboração teórica.

Além disso, por razões compreensíveis, há mais informações reunidas em torno das obras mais estudadas. Os trabalhos de conservação e restauro das obras de maior prestígio e importância histórica, geralmente cuidadosos e os mais frequentes, implicam pesquisas de qualidade e descobertas inesperadas. Elas são as principais fontes para o estudo daquilo que raramente deixou documentos escritos: o mundo do trabalho efetivo. Há registros contábeis sobre os trabalhadores, sobre os materiais, sobre a administração etc., mas quase nada sobre o andamento concreto, humano, dos canteiros. Eu me encanto com as marcas do instrumento, as *traces* do fazer: sempre próximas, quentes, por mais recuada que seja sua origem, como diz, aproximadamente, Walter Benjamin.[33] Procedo do mesmo modo em meus textos sobre artes plásticas. Os estudos e exames de laboratório necessários para o restauro ou a limpeza são tesouros de informações. Remeto aos estudos em que penso ter resolvido desse modo um equívoco frequente nas análises d'*As meninas*, de Velázquez, e

---

[32] Karl Marx, "A assim chamada acumulação primitiva", in *O capital: Crítica da economia política. Livro I: o processo de produção do capital*, trad. Rubens Enderle, São Paulo, Boitempo, 2013, pp. 785 ss.

[33] Walter Benjamin, "A obra de arte na era de sua reprodutibilidade técnica. Primeira versão", in *Obras escolhidas 1. Magia e técnica, arte e política*, trad. Sérgio Paulo Rouanet, São Paulo, Brasiliense, 1994, p. 170.

o mistério de *Un bar aux Folies Bergère*, de Édouard Manet.[34] Como lembrei acima, saber o que procurar, em função de uma hipótese estrutural forte, facilita encontrar argumentos para ao menos ensaiar uma constelação mais adequada da documentação disponível. O que procuro analisar nos dois casos não é o resultado, mas o processo de elaboração, a feitura atrás da fatura e a construção atrás do construído. Nisso sou hegeliano: "para Hegel, o resultado é somente por seu devir".[35]

Sobre repetições sem conta a respeito da origem e dos fundamentos da teoria da Arquitetura Nova. Pensei em retirá-las — elas aborrecem. Mas a meu ver são testemunhas, ao mesmo tempo, da novidade e da resistência de sua teoria. A novidade, creio, levou a inúmeros convites para proferir conferências, responder a entrevistas, escrever artigos e livros; e isso para públicos diversos: profissionais de arquitetura, estudantes, professores, curiosos. Sem que eu tivesse a intenção, a teoria foi constantemente submetida ao debate. Não se trata, obviamente, de debates controlados cientificamente. Mas penso que poucas teorias em nosso campo foram tão expostas à crítica e por tanto tempo — mais de meio século — como a da Arquitetura Nova. Como testemunhas da confrontação permanente, mantenho as repetições.

Nosso trabalho teórico, sempre em andamento, deve ser situado como elaboração de uma hipótese que requer ainda, sem dúvida, muitas outras pesquisas para confirmá-la e aperfeiçoá-la ou, como prefere Karl Popper, infirmá-la. Sobretudo, exige mais pesquisas sobre a realidade dolorosa do trabalho nos canteiros de obra do capital e as esperanças abertas pelos canteiros alternativos.

Devo advertir que a redação de "O canteiro e o desenho" não prima pela clareza e simplicidade. Redigi na França, onde vim me resguardar após tortura e prisão por ter participado da resistência armada contra a ditadura militar instaurada em 1964, para que fosse publicado no Brasil. Companheiros de resistência e coautores da teoria da Arquitetura Nova exposta neste livro, Rodrigo Lefèvre e Flávio Império, ainda estavam no Brasil. Duas inquietações pesavam sobre mim. Deveria ser o mais preciso possível e não esconder a filiação marxiana tendo em vista meus ex-estu-

---

[34] Sérgio Ferro, *Artes plásticas e trabalho livre: de Dürer a Velázquez*, São Paulo, Editora 34, 2015; Sérgio Ferro, *Artes plásticas e trabalho livre II: de Manet ao Cubismo Analítico*, São Paulo, Editora 34, 2022.

[35] Bernard Bourgeois, *Pour Hegel*, Paris, Vrin, 2019, p. 72.

dantes, muitos dos quais aderiam a nossas ideias. Mas deveria, ao mesmo tempo, desencorajar os censores da ditadura enrolando bastante o modo de escrever. Creio que escorreguei sob o peso dessas inquietações. Não foi meu texto mais lido por meus ex-alunos, apesar de ser o texto fundador da Arquitetura Nova. Nenhum censor se interessou por ele. Mesmo assim, eu não quis alterá-lo, por respeito a Flávio e Rodrigo, os quais, se não são responsáveis por minha escrita, são coautores da teoria apresentada aqui no grau de evolução que conheceram antes de suas mortes.

Esta nota introdutória tenta compensar minha inabilidade.

S. F., julho de 2023

O canteiro e o desenho[1]

A FORMA DA FORMA-MERCADORIA

> Eu não parto [...] de "conceitos" [...] meu ponto de partida é a forma social mais simples que assume o produto do trabalho na sociedade contemporânea: a mercadoria.
>
> Karl Marx[2]

Do começo. Na afirmação de uso e senso comum, o objeto arquitetônico, assim como a pá ou a arma, é um utensílio. Afirmação pelo menos destoante: sem "má-fé", todos pressentimos que o uso hoje não é muito mais que a contrafação de uso e a funcionalidade, álibi suspeito. No fundo, pouco importam uso e funcionalidade, ex-noções perdidas em desencontros. A palavra utensílio só aparece aqui por transferência. Porque, na verdade, a figura que transita é outra: o objeto arquitetônico, assim como a pá ou a arma, é fabricado, circula e é consumido, antes de mais nada, como mercadoria.

No interior do regime capitalista em que vivemos, a casa, a habitação, é uma mercadoria como não importa qual outra, que é produzida tendo por objetivo a finalidade geral da produção capitalista, isto é, o lucro.[3]

---

[1] A presente versão manteve a integridade do original publicado em 1976 na revista *Almanaque* nº 2 e 3, e sob a forma de livro pela editora Projeto em 1979. O texto foi incluído posteriormente no volume *Arquitetura e trabalho livre* (São Paulo, Cosac Naify, 2006). Foram incorporadas aqui pequenas correções de português e, sempre que possível, atualizações bibliográficas. (N. do O.)

[2] Karl Marx, "Notes critiques sur le *Traité d'Économie Politique* d'Adolph Wagner", in *Oeuvres*, Paris, Gallimard/Bibliothèque de la Pléiade, t. II, 1968, p. 1543.

[3] Paul Singer, "Aspectos econômicos da habitação popular", in *Seminário de habitação popular*, Publicação 9 do Museu, FAU-USP, 1962, p. 29.

E não somente a casa, a habitação — mas ainda o escritório, a loja, a usina, a ponte, a praça, o monumento... As distinções decorrentes da posição na produção (componente do capital constante, da reprodução da força de trabalho ou o entesouramento burguês) ainda não pesam nesse nível de generalidades. Todo e qualquer objeto arquitetônico, entre nós, é um dos resultados do processo de valorização do capital.

Descreveremos rapidamente, adiante, a forma manufatureira atual da produção do objeto arquitetônico. Convém resumir, para o que nos interessa neste momento, que é processo descontínuo, heterogêneo, heterônomo, no qual a totalização do trabalhador coletivo, sua raiz, vem inevitavelmente de fora, do lado do proprietário dos meios de produção. Sem essa totalização, nas condições dominantes de esfarelamento e acefalia impostas à produção, não há produto — e mercadoria, portanto.

Recordemos algumas passagens de Marx que nos serão essenciais:

> O que estabelece porém a conexão entre os trabalhos independentes do criador de gado, do curtidor e do sapateiro? A existência de seus produtos respectivos como mercadorias. O que caracteriza, ao contrário, a divisão manufatureira do trabalho? Que o trabalhador parcial não produz mercadoria. Só o produto comum dos trabalhadores parciais transforma-se em mercadoria.[4]

> [...] a cooperação dos assalariados é mero efeito do capital, que os utiliza simultaneamente. A conexão de suas funções e sua unidade como corpo total produtivo situa-se fora deles, no capital, que os reúne e os mantém unidos. A conexão de seus trabalhos se confronta idealmente portanto como plano, na prática como autoridade do capitalista, como poder de uma vontade alheia, que subordina sua atividade ao objetivo dela. Se, portanto, a direção capitalista é, pelo seu conteúdo, dúplice, em virtude da duplicidade do processo que dirige, o qual por um lado é processo social de trabalho para a elaboração de um produto, por outro, processo de valorização do capital, ela é, quanto à forma, despótica. Com o desenvolvimento da coope-

---

[4] Karl Marx, *O capital. Crítica da economia política*, trad. Regis Barbosa e Flávio Kothe, São Paulo, Abril Cultural, 1983, v. 1, t. 1, p. 279.

ração em maior escala, esse despotismo desenvolve suas formas peculiares.[5]

Indiretamente, nessas citações estão contidas as posições suficientes para a compreensão do desenho de arquitetura hoje. Elas nos permitem afirmar sinteticamente o principal de nossos comentários: *a função fundamental do desenho de arquitetura hoje é possibilitar a forma mercadoria do objeto arquitetônico que sem ele não seria atingida (em condições não marginais).*

Com efeito, o desenho de arquitetura é mediação insubstituível para a totalização da produção sob o capital. Dados seus pressupostos habituais (o programa, enumeração geralmente descosida de peças e "funções" salpicada de vagos propósitos; o "preço" limite; a técnica, menos escolhida que imposta pela conjuntura da procura de mais-valia etc.), é o desenho a partir de lá elaborado que orientará o desenvolvimento da produção. Nesse primeiro emprego, conta pouco o que se queira chamar de qualidade ou adequação, ou ainda o fato comum de ser continuamente adaptado a novos parâmetros, de fornecimento ou de venda, de financiamento ou de caricatura do que foi, há tempo já, o gosto. O que vale é que esse desenho fornece o solo, a coluna vertebral que a tudo conformará, no canteiro ou nas unidades produtoras de peças. Em particular — e é o principal —, juntará o trabalho antes separado, e trabalho a instrumento.

Que esse desenho seja, em alguns de seus traços, dependente de poderes superiores, que não nasça senão já submetido ao capital, não são restrições que amorteçam sua necessidade estrutural: é parte indispensável da direção despótica. Aliás, falar de desenho como o conhecemos é conotar simultaneamente dependência e despotismo, como na velha metáfora do ciclista: cabeça baixa e pés rancorosos. Porque não é senão como razão separada da concreção, efeito da ruptura da produção pela violência, que foi feito o que é: parte que, por ser parte, é dominada e transmite para baixo as formas da força sob a qual aparece, sofre e governa.

Esperamos mostrar, no nosso texto, que a elaboração material do espaço é mais função do processo de valorização do capital que de alguma coerência interna da técnica.[6] Para nós, não há dúvida possível, é

---

[5] *Idem, ibidem*, p. 263.

[6] Na hipótese duvidosa de desenvolvimento técnico autônomo: de fato, aqui emer-

O canteiro e o desenho

porque o canteiro deve ser heterônomo sob o capital que o desenho existe, chega pronto e de fora. O desenho é uma das corporificações da heteronomia do canteiro. Ou, para dizer a mesma coisa mais claramente: o desenho de arquitetura é caminho obrigatório para a extração de mais-valia e não pode ser separado de qualquer outro desenho para a produção. Detalhe sintomaticamente esquecido pelas teorias em moda, opostas nisso às que hipostasiavam, há alguns anos, esses vínculos com o conjunto da produção, como as de Max Bense ou Abraham Moles. Observação: é por isso que os arquitetos que o quiserem podem exibir o título de trabalhadores produtivos, se lhes agrada (trabalhadores produtivos no sentido da economia política do capital, é evidente).

Se é quase óbvia nossa afirmação de que o desenho de arquitetura é momento que não pode ser eliminado do processo de valorização do capital aplicado na construção, ela merece, entretanto, alguns desenvolvimentos. Em especial, a natureza desse desenho que não existe senão na separação, dependente e autoritário, pede melhor exame.

A FORMA DE "TIPO ZERO"

No canteiro, os planos e memoriais — dos arquitetos, dos engenheiros, da "equipe-pluridisciplinar", tanto faz —, decodificados pelos mestres e comunicados como ordens de serviço, comandam o trabalho dividido. Nesse momento, repetimos, não representam mais que uma forma particular do despotismo da direção capitalista.

---

gem os efeitos da mesma causa. As relações sociais básicas de produção conformam a técnica às suas imposições. A literatura sobre esse tema é vasta e dispersa. Somente como indicação, ver: Karl Marx, *Crítica da divisão do trabalho*, organização de André Gorz, trad. Estela dos Santos Abreu, São Paulo, Martins Fontes, 1980; André Glucksmann, "Nous ne sommes pas tous prolétaires", *Les Temps Modernes*, nº 330, jan. 1974, e nº 331, fev. 1974; Dominique Pignon, "Pour une critique politique de la technologie", *Les Temps Modernes*, nº 345, abr. 1975; Yannick Maignien, *La Division du travail manuel et intellectuel*, Paris, Maspero, 1975; Herbert Marcuse, *A ideologia da sociedade industrial: o homem unidimensional*, trad. Giasone Rebuá, Rio de Janeiro, Zahar, 1982, 5ª ed.; Gérard Mendel, *Pour une autre société*, Paris, Payot, 1975; para um ponto de vista discordante, ver Jürgen Habermas, *Técnica e ciência como ideologia*, trad. Artur Morão, Lisboa, Edições 70, 1986. Sobre a arquitetura e suas relações com a organização do canteiro, ver Manfredo Tafuri, *Teorie e Storia dell'Architettura*, Bari, Laterza, 1970; e ainda *L'Architettura dell'Umanesimo*, Bari, Laterza, 1972.

É, portanto, entre a força produtiva do trabalhador parcelado e seu produto unitário que se interpõe o capital, sob a forma técnica do trabalho de fiscalização e de unificação das tarefas.[7]

Esses planos e memoriais constituem, com efeito, os únicos laços imediatos entre as atividades dispersas de carpinteiros, pintores, encanadores, pedreiros etc., durante a produção material. Eles designam o a--fazer (e assinalam o *affaire*), assujeitam aos caminhos que outros determinaram a fabricação espicaçada, repõem deformado o que dela foi subtraído. O papel destes papéis é claro: reúnem trabalho a trabalho, trabalho a instrumento, atividade feita acéfala à finalidade funcional (no sentido da escola de Max Weber). Mas, veremos, é menos clara sua motivação, pois, pelo simples fato de existirem, agravam essas separações que fingem reparar.

No canteiro, no momento da produção, portanto, a razão prioritária do desenho é introduzir ligadura, comunicação e estrutura. Do que resulta que pode ser comparado ao que Lévi-Strauss chama de forma de "tipo zero":

> Mas não é a primeira vez que a pesquisa nos apresenta formas institucionais de *tipo zero*. Estas instituições só teriam uma propriedade intrínseca: introduzir as condições prévias à existência do sistema social do qual revelam e que se impõe como totalidade pela sua presença — em si mesma desprovida de significação.[8]

Sabemos: a comparação é talvez exagerada e válida somente para o papel do desenho no canteiro. Mas não nos precipitemos.

Ainda uma vez: o desenho pode assumir os padrões dominantes ou não, seguir a "função" ou fazê-la seguir, ser qualificado como racional, orgânico, brutalista, metabólico ou como se queira no interior da confusão das pseudotendências, ser mais ou menos conformista em relação ao "utensílio" que informa, ser modulado, modenado ou a-sistemático,

---

[7] Didier Deleule e François Guéry, *Le Corps productif*, Paris, Mame, 1972, pp. 39-40.

[8] Claude Lévi-Strauss, "As organizações dualistas existem?", in *Antropologia estrutural*, trad. Chaim Samuel Katz, Rio de Janeiro, Tempo Brasileiro, 1967, p. 185.

ornar ou abolir o ornamento: a constante única é ser desenho para a produção.

Entretanto, a necessidade técnica do desenho, excluídos casos de complexidade ou dimensões extraordinárias, só se mantém se embrulhada em axiomas escorregadios. Note-se que as dimensões extraordinárias são raramente inocentes. Não é sem motivo que a arquitetura, crescentemente, recorre ao discurso como acompanhamento diplomático ao desenho. Afinal, na maioria das vezes, a construção dos edifícios é simplória e monótona, quase mesquinha. Mesmo essa espécie de "atenção flutuante" ou de atenção senoide de que fala André Leroi-Gourhan,[9] obrigatórias para o operário ainda que feito meio autômato, como dizem, são suficientes para deslindar o mistério de farsa da construção — desde que se oriente nesse sentido. Só que tal orientação é rara. E o contrário seria aberrante: para que serviria na obra imposta o que não pede resposta, feita de hora concreta apodrecida pela hora abstrata jugulante e que apaga a memória da pena de que é filha, senão para rasgar mais a ruptura interna de cada um?

Assim, se não contarmos as exceções de evidência primária do que há que fazer, o próprio trabalhador deixa que seja encoberta de promovida obscuridade a significação para o conjunto dos atos que exerce. Sem dúvida, por curiosidade deslocada ou dificuldade diante do embrutecimento requerido, alguns seguem a "lógica" (generosidade das palavras) dos encadeamentos de etapas, das esperas, dos cuidados de previsão etc. Mas a maioria — e com maior motivo os trabalhadores sem qualificação ou novos no canteiro, cerca de 70% do total — não acompanha os porquês do que faz. Não por incapacidade, insistimos (hipótese que implicaria o corolário de imbecilidade "natural" dos operários), mas por justo desinteresse, por melancólico acantoamento defensivo na tarefa imediata e porque a compreensão global, por um *a priori* instaurador do sistema, é coisa que não lhe cabe. A exclusão é intencional e suas consequências, programadas.

Ora, retomemos ainda: essas condições de incompreensão e alheamento, provocadas no interior do campo do trabalho e que implicam consequentemente o desenho exaustivo que o comanda, são as condições necessárias para a produção enquanto produção de mais-valia. O desenho é assim nuclear para a produção que é imediatamente mercadoria.

---

[9] André Leroi-Gourhan, *O gesto e a palavra*, trad. Emanuel Godinho, Lisboa, Edições 70, 1987.

Em outros termos, o desenho do produto acabado, enquanto tal, só afeta — e relativamente — as etapas de circulação e consumo. Antes do acabamento do produto, o desenho é meio (mediação ambígua, veremos) para canalizar para o produto acabado, para o momento em que adquire forma mercantil, para o produto coletivo, o trabalho dos trabalhadores parcelados. No nível do canteiro, o desenho é o molde onde o trabalho idiotizado (na expressão de André Gorz) é cristalizado. A configuração e o destino particulares dessa cristalização são aleatórios aqui: o que faz a lei é a deposição (em todos os sentidos da palavra) dos trabalhos decompostos no mesmo objeto. O desenho do produto é sobretudo desenho para a produção e há contradições agudas entre esses seus dois papéis, o primeiro dominado pelo segundo. A realização da mercadoria é etapa posterior e joga com outros coringas que a pura (e problemática) adequação ao uso: publicidade, carência, efeito-demonstração e a enrolada divergência entre a demanda e o desejo. Como a evidência é evasiva, reafirmamos: a finalidade do desenho no canteiro, e que é hegemônica, é recolher a grande massa de trabalho disperso (particípio passado: que sofreu ação de dispersão) na manufatura da construção em um único objeto-mercadoria, sem que preocupe muito a natureza desse objeto. Os laços entre as funções individuais dos trabalhadores e sua unidade como corpo produtivo aparecem fora deles, no desenho inseparável de outras manifestações do capital. Nele se exprime a potência de uma vontade que submete seus atos à sua finalidade, despoticamente. E essa vontade, cuja finalidade mediata é a mais-valia, visa imediatamente, como pré-requisito, a concreção da mercadoria.

Mies van der Rohe, quando propõe a não especificidade dos espaços, desce à crueza enquanto arquiteto a serviço do capital (quase tautologia). Desenha espaços vendáveis, cumpre sua missão; o que deles é feito não o ocupa. E, por isso, é capaz de passar do monumento (felizmente destruído) a Rosa Luxemburgo e Karl Liebknecht ao Seagram's Building. É que nele encontramos como que o arquétipo da forma de "tipo zero", paralelepípedos anônimos prontos para qualquer — ou nenhum — uso.

A separação entre trabalho e trabalho, trabalho e instrumento, atividade feita acéfala e finalidade funcional, assim como a separação entre trabalhador e sua força de trabalho são manifestações de uma relação de produção específica. No seu interior, inversamente, é como enganosa relação que a separação se manifesta, do mesmo modo como no interior do espaço posto em perspectiva, continente obtido por vazios e distân-

O canteiro e o desenho

cias, os corpos isolados se fecham em si mesmos, unidos somente no olhar que dispõe do espetáculo. É figurando relações que o desenho revela a separação: a separação, negação da unidade simples, é negada e, na negação da negação, no desenho, reaparece — mas sem o movimento da *Aufhebung*. Reaparece integralmente porque essa negação da separação não é experiência de uma unidade superior: o separado negado é mantido dentro de sua falsa negação.

A ligação que o desenho propõe é ligação do separado. Que se leia Viator, para nos mantermos nos limites da metáfora, em nada arbitrária, da perspectiva:

> *Lesquelles plates formes sont commencées et dressées par les pavements aptement pourtraiz adnombrez et considerez sur iceulx les espaces et distances ou mesures opportunes.*

E, na adaptação de Liliane Brion-Guerry:

> É começando por um desenho apropriado dos pavimentos que poderemos erigir os planos, intervalos e distâncias sendo desenhados sobre eles e representados com as proporções requeridas.[10]

É de intervalos e distâncias que se compõe o quadro da perspectiva (logo voltaremos à questão da trama no chão). Para ela, como para o desenho de arquitetura em geral, toda particularidade é aleatória (no tratado de Viator, os corpos são esquemáticos, contornos simplificados): na função de ligação exterior do separado (que mantém o separado enquanto separado) deve guardar a mesma generalidade (universalidade abstrata) que a que fundamenta o sistema. As perspectivas, como o desenho de arquitetura, são sínteses só formais: baseadas na autoridade ou do olhar privilegiado ou da posição hierárquica do desenhista na produção: na submissão brutal, portanto.

Assim, para a obra, o desenho não é representação de um objeto de uso. Representa, ou melhor, impõe sincretismo ao trabalho parcelado, que deixa esfarelado para preservar sua missão unificadora. E como o trabalho foi idiotizado, e como para o capital, na produção, mais que

---

[10] Liliane Brion-Guerry, *Jean Pélerin Viator: sa place dans l'histoire de la perspective*, Paris, Les Belles Lettres, 1962, pp. 210 e 226.

nada interessa a reunião dos trabalhos atrofiados pela desunião que ele mesmo provoca antes como condição para a extração de mais-valia, sua coagulação sucessiva no mesmo objeto, em tese o desenho que possibilitar essa coagulação numa totalidade formal pode ser qualquer: forma de "tipo zero" cuja presença, em si mesma desprovida de significação, permite, ao processo de trabalho na construção, se pôr como totalidade.

Mas, porque pode ser qualquer, o desenho será uniforme e totalitário. É o que comentaremos, depois de um giro pelo canteiro.

O CANTEIRO

Obstinação: a manufatura

> *Chi puo dir com'egli arde, è in picciol fuoco.*
>
> Petrarca[11]

A areia, a pedra são descarregadas. Um servente as amontoa nos locais previstos do canteiro; um outro leva parte para o ajudante de pedreiro que ajunta água e cal ou cimento, trazidos do depósito por um ajudante diferente; um quarto despeja a argamassa em baldes ou carrinhos e a conduz ao pedreiro que coloca tijolos, faz um revestimento ou enche uma fôrma, seguido por seu ajudante que segura o vibrador ou recolhe o excesso caído. Em cima, o carpinteiro prepara outras fôrmas com a madeira empilhada perto dele depois de encaminhamento semelhante ao da argamassa e percorrido por ajudantes e serventes próprios; o armador dobra as barras de ferro assistido do mesmo modo e, por todos os lados, pintores, marceneiros, eletricistas, encanadores etc., sempre rodeados por ajudantes e serventes, constituem equipes numerosas, separadas, especializadas, verticalizadas. Avançada divisão do trabalho e, em cada parcela, hierarquia detalhada.

Pás, enxadas, desempenadeiras, colheres, prumos, esquadros, réguas, fios, serrotes, martelos, alicates, goivas, plainas, rolos, espátulas etc. Ins-

---

[11] "Aquele que pode dizer como arde, só vive uma pequena paixão." Petrarca, Soneto 137.

O canteiro e o desenho

trumentos simples, isolados, adaptados às diversas operações, resultado de lento aperfeiçoamento e diferenciação para um uso preciso. Mais raramente, betoneiras, elevadores, guinchos, vibradores, serras elétricas etc. Sempre, entretanto, máquinas somente auxiliares nas tarefas pesadas; nenhuma operatriz que reúna os instrumentos particularizados.

Um mestre transmite as instruções, organiza a cooperação, fiscaliza, impede atrasos: é, também, feitor.

A descrição — de um quadro frequente em país subdesenvolvido como o Brasil — é de típica manufatura serial. Simplesmente, na produção do espaço, a manufatura é móvel, não seus produtos.

Há sinais evidentes de outras formas de produção. Por exemplo, vários produtos industrializados intervêm, no canteiro, seja como materiais de base (cimento, aço, isolantes etc.), seja como componentes (equipamento elétrico, hidráulico, caixilharia, paredes ou lajes pré-fabricadas etc.), seja como complemento instrumental (guinchos, betoneiras etc.). O conjunto da produção e cada etapa, porém, são dominados pela estrutura da manufatura. E essa dominante estrutural define a produção do espaço, mesmo se não é a mais avançada técnica ou historicamente. É por isso, aliás, que as diferenças na organização do canteiro em país subdesenvolvido e em país desenvolvido, como a França, fora casos pontuais, podem ser limitadas às que distinguem a manufatura serial (baseada principalmente no trabalho interno e cumulativo) da manufatura heterogênea (baseada principalmente na montagem de elementos pré-fabricados). Não negamos a importância dessas diferenças, sobretudo para a análise das empresas, da diluição de sua identidade e fechamento, no caso da manufatura heterogênea. Não é a mesma coisa somar tijolos ou montar painéis, malaxar o concreto no canteiro ou recebê-lo pronto, preparar as fôrmas no local de utilização ou construí-las em galpão. Nada disso, entretanto, justifica as exclamações de industrialização a cada aumento das dimensões ou da quantidade dos guinchos, da pré-fabricação. A transformação da manufatura em indústria, se chegar ao canteiro, pressupõe ruptura mais funda.

Mas, mesmo reconhecendo a importância das diferenças que isolam a manufatura serial da heterogênea, não nos preocuparemos com elas neste texto. Nosso objetivo é outro, mais esquemático e pré-científico — razão pela qual utilizamos exemplos e informações sem cores nacionais ou locais. Entretanto, se nos desviássemos de nosso tema — as relações do desenho de arquitetura com a organização do trabalho no canteiro —, encontraríamos em outros critérios de avaliação, como composição orgânica do capital, índice relativo de salários, composição da força de trabalho etc., elementos indiretos de apoio para a nossa caracterização.[12]

Repetimos: a manufatura da construção, feita de equipes internamente hierarquizadas, provoca uma divisão avançada do trabalho — avançada como se diz de um estado patológico. Vejamos primeiramente alguns aspectos organizacionais dessa divisão tida como técnica, isto é, neutra. Voltaremos depois para outras observações.

Na indústria, a divisão é em grande parte regulada pelo processo objetivado de produção, pela cadeia de montagem, por exemplo. Ou, mais modernamente, pelo sistema de empregos que dissolve a importância do posto de trabalho na nova estrutura industrial.[13] Aparentemente, o que a provoca são as necessidades suplementares do maquinário, os momentos da produção ainda não automatizados — momentos de escolha, reparo, readaptação etc. Aparentemente: o *glacis* do capital, que é o real suporte, colore todas estas figuras, com perdão para a metáfora de pintor.[14] Em consequência, ou o trabalho é "desqualificado", encolhido em alguns comportamentos regulares e simplórios[15] ou se faz mais transetorial, vinculado a uma série horizontal qualquer do complexo tecnológico disponível.[16] Em todo caso, o trabalhador industrial tem mobilidade possível, escapa das amarras do ramo produtivo exclusivo.

Na manufatura, ao contrário e apesar do mesmo *glacis*, o essencial é a desteridade, a habilidade, a presteza e a quantidade de esforço compatíveis com a unidade de produção, o trabalhador, sua equipe e seu instrumento, postos sob a pressão do mestre. A produção não abandonou seus fundamentos musculares e nervosos, não adotou a independência relativa dos processos mecânicos e automáticos. Prisioneira, em grande parte, de fatores subjetivos, aprisiona necessariamente os que a consti-

---

[12] Além dos conhecidos estudos de Christian Topalov, ver François Ascher e J. Lacoste, *Les Producteurs du cadre bâti*, 4 vols., Paris, Cordes, 1972, e Alain Touraine, *La Conscience ouvrière*, Paris, Seuil, 1966.

[13] Pierre Rolle, *Introduction à la Sociologie du travail*, Paris, Larousse, 1971.

[14] A. D. Magaline, *Luta de classes e desvalorização do capital*, trad. Ana Prata, Lisboa, Moraes, 1977.

[15] Georges Friedmann, *O trabalho em migalhas*, trad. Fernando dos Santos Fonseca, São Paulo, Perspectiva, 1972.

[16] P. Rolle, *Introduction à la Sociologie du travail*, *op. cit.*

O canteiro e o desenho

tuem tecnicamente. Seu núcleo é o trabalhador coletivo, trabalhadores parcelados em colaboração forçada:

> A maquinaria específica do período manufatureiro permanece o próprio trabalhador coletivo, combinação de muitos trabalhadores parciais.[17]

Mas nem por isso há manutenção das tradicionais divisões dos ofícios, campos diferenciados de técnica ampla e homogênea. É como se houvesse fraturamento desses ofícios (se imaginássemos uma história imanente das forças de produção), conservando, entretanto, uma característica importante de sua constituição: a condensação de gestos e procedimentos do trabalho no indivíduo e não exteriorizada na máquina. A condensação é menos larga que nos ofícios (estamos longe das corporações): a repetição do mesmo gênero de operações miúdas no interior das equipes, às quais cabe o mesmo tipo de serviço sempre na imobilidade quase secular do canteiro, dispensa ao conhecimento a busca de generalidade. As equipes, e mais ainda o trabalhador, são acantonadas em tarefas limitadas, reduzidas a uma área estreita. Tecnicamente esgarçado entre a autonomia nem sempre leve do artesão e a oca disponibilidade do trabalhador industrial, o trabalhador manufatureiro parece servo de seu ramo produtivo. Em particular, o conflito entre um certo orgulho "profissional" e as pressões da organização do trabalho, abafado sob a ameaça constante de desemprego no setor, gera uma violência típica do comando que recorda a da servidão. O enrijecimento da organização ante o subjetivismo de suas partes provoca tensões permanentes que logo estudaremos.[18]

O ideal sempre aspirado pela manufatura da construção é o da unidade de serviço e da separação cuidadosa das equipes. Os desencontros sem conta, perceptíveis em quase todos os canteiros, têm origem, em parte, nessa tendência ao ilhamento dos vários passos que o compõem: os colocadores de portas e peças que deterioram o revestimento, o qual, por sua vez, bloqueia as esperas deixadas por eletricistas e encanadores, os quais são obrigados a reabrir as paredes erguidas pelos pedreiros... No canteiro, cada etapa deve ser executada de uma só vez e pressupõe outra

---

[17] K. Marx, *O capital*, op. cit., v. 1, t. 1, p. 275.

[18] A. Touraine, *La Conscience ouvrière*, op. cit., pp. 53-4.

anterior acabada: a simultaneidade raramente é permitida (salvo se a intenção da simultaneidade é acelerar a sucessão — é comum, por exemplo, fazer intervir uma equipe antes que outra tenha esgotado seu tempo previsto e, portanto, sua tarefa. Assim, a segunda é apressada pela primeira, cujo tempo também contado já corre. Dupla vantagem: redução do tempo global e criação de hostilidade entre equipes).

Na indústria, é sabido, o princípio marcante é o da simultaneidade — o que, lateralmente, provoca difração na apreensão de seu objetivo, a apropriação da hora abstrata. Marx sublinha a incompatibilidade entre a divisão manufatureira e a industrial do trabalho:

> A própria manufatura fornece ao sistema de máquinas [...] o fundamento naturalmente desenvolvido da divisão e portanto da organização do processo de produção. Aí se introduz, porém, imediatamente uma diferença essencial [...] Embora o trabalhador seja adequado ao processo, também o processo é adaptado antes ao trabalhador. Esse princípio subjetivo da divisão é suprimido na produção mecanizada. O processo global é aqui considerado objetivamente, em si e por si, analisado em suas fases constituintes [...] Se na manufatura o isolamento dos processos particulares é um princípio dado pela própria divisão do trabalho, na fábrica desenvolvida domina, pelo contrário, a continuidade dos processos particulares.[19]

Sucessão contra simultaneidade, isolamento dos processos particulares contra continuidade, especialização dos estágios contra fluidez, sincretismo contra osmose, somatório contra integral: pares de oposições fundamentais para o entendimento do canteiro. E, se cruzarmos essas oposições com a cor viva do princípio subjetivo da divisão na manufatura, a produção do espaço começará a aparecer em sua especificidade — e violência.

Na verdade, aliás, a simples aproximação de um canteiro assustaria, não fosse a preparação que nos habitua às aberrações. E, sobretudo, se são familiares, cotidianas. Visto de uma certa distância, o canteiro é eminentemente ação concatenada: os gestos de cada operário, compostos com os complementares de outros operários, seguem uma ordenação pre-

---

[19] K. Marx, *O capital, op. cit.*, v. 1, t. 2, p. 13.

O canteiro e o desenho

cisa. O axioma fundador de um dos métodos mais utilizados para o controle dos tempos produtivos no canteiro — o das observações instantâneas — é a evidência dessa ordenação.[20] Mesmo se a ordenação não se deixa compreender com facilidade, sua presença é óbvia. E seu espetáculo, visto dessa distância, sustenta as corriqueiras imagens que se querem positivas sobre os construtores, degradação para uso retórico do mito de Dédalo.[21] Porque, de mais perto, se procurássemos, em nenhum momento localizaríamos o acordo que corresponderia a desejo de cooperação. E notaríamos, entre outras decepções, que a totalização do trabalhador coletivo é função particular, função do mestre. É dele que partem as ligações entre as equipes — e cada equipe só de sua cobertura abrangente recebe a substância que a mantém. Como em Leibniz, o caminho eficaz entre duas mônadas passa pela *monas monadum*, por Deus ou pelo mestre.[22] E desde que haja "mestre" — em Hegel, na universidade ou no canteiro — há "escravo". Dédalo, artesão de e do brilho no mito, desdobrado irreconciliavelmente em poder e ação submetida, em saber e dever, inclui agora um talho desfigurador.

Mas mesmo o mestre, se é mestre no canteiro, não passa de elo secundário na cadeia de poderes. É leitor submisso de planos, memoriais, cronogramas de origem exterior e anterior à obra. O canteiro é só ação: visto de uma distância um pouco menor, é ação heterônoma — e, portanto, monstruosa.

Heteronomia: "condição de pessoa ou de grupo que receba de um elemento que lhe é exterior, ou de um princípio estranho à razão, a lei a que se deve submeter".[23] Não inclui lei escolhida e assumida, razão própria: é determinado por ausentes que, de algum ponto da sequência de heteronomias, impõem a cada um o movimento separado. Diminuída a distância, perdida a imagem de concatenação endógena, o movimento mostra que é movimento de quase ensimesmados teleguiados, desenha uma espiral cujo nó interior é a solidão pendurada a uma vontade dis-

---

[20] Émile Olivier, *Organisation pratique des chantiers*, 2 vols., Paris, EME, 1968, t. II, pp. 84-5.

[21] Françoise Frontisi-Ducroux, *Dédale: Mythologie de l'artisan en Grèce Ancienne*, Paris, Maspero, 1975.

[22] Michel Serres, *Hermès 1: La communication*, Paris, Minuit, 1968, pp. 154-64.

[23] Aurélio Buarque de Holanda, *Novo Dicionário Aurélio da Língua Portuguesa*, Rio de Janeiro, Nova Fronteira, 1975.

tante. Incoerentemente, ainda dessa distância menor, a ação conta passividade. O objeto à procura de corpo, o modo e a cadência de sua incorporação são dados como que celestes, despejados das alturas dos artistas, dos proprietários, dos sábios. Como barra, interpõem-se entre operário e operário, entre equipe e equipe, entre sujeito e sua força de trabalho. Como cadeia, ceifam o impulso nem bem esboçado ou já desistido de nascer, retendo somente o programado ato — assim falho.

Atenção: há perigo de inversão de imagem, o que favorece muita vesguice teórica. No discurso autojustificativo da técnica, o resultado é posto como causa. Estamos diante de um retorno bastante embaralhado, espécie de *feedback* caolho, apresentado como o único trajeto de ida da questão. A partir da separação entre ação e vontade determinante — separação que com outras abre a brecha para a extração de mais-valia —, o trabalho escorrega no sentido da tarefa absurda e sem conexão interna. A desagregação, exigida pelo comando, de toda organicidade na base (organicidade que suporia a responsabilidade autônoma) reduz a cacos estranhos uns aos outros os momentos do trabalho, cujo princípio, contraditoriamente, é subjetivo.[24] A segregação de equipes e operários (em "grande número", não esqueçamos) requer, como efeito inverso da segregação, um catalisador exterior para chegar ao produto — que, enquanto mercadoria, é a "forma social mais simples que assume o produto do trabalho na sociedade contemporânea". Esse "simples", portanto, integra ruptura, violência, descontinuidade. (Seu correlato no sistema é, por um lado, o patronato; por outro, a "sólida unidade" operária, feita de vácuo introduzido que, fazendo vazio na matéria ou na "massa", chama a si o que o envolve. O outro da segregação não é o bloco monolítico, mas as mil flores. Sua rejeição é necessariamente divergente.) O que foi desfeito não pode mais dispensar a preparação minuciosa de sua exploração —, a partir daí, as "necessidades técnicas" justificam o comando. Na verdade, o comando é a consequência da oligofrenia forçada e da irresponsabilização dos produtores imediatos por todas as formas que a violência sabe tomar. Mestres, planos, memoriais, cronogramas, a hierarquia estrangeira, tais como os conhecemos, formam o contrapeso de uma ação dependente porque feita acéfala. Retomemos: "é o trabalhador coletivo... que constitui o mecanismo específico" da manufatura. Os gestos e procedimentos do trabalho não estão exteriorizados na máquina: são

---

[24] André Gorz, "Técnica, técnicos e luta de classes", in K. Marx, *Crítica da divisão do trabalho, op. cit.*

homens que os carregam na sua carne, na sua experiência. Por outro lado, entretanto, esses mesmos homens veem seu trabalho espicaçado em momentos absurdos sob o comando alheio e devem, a quem compra sua força de trabalho, um comportamento de oligofrênicos. A inabilidade de nossa exposição nos obriga a seguir um lado e, depois, o outro: o salto constante seria fatigante. Mas tal é o ritmo exigido do canteiro. Em cada passagem, está presente a oposição entre a ancoragem subjetiva do saber prático e o desmembramento do trabalho manufatureiro. A separação polimórfica não tem data e sua reabertura sem tréguas alimenta cotidianamente a produção enquanto processo de valorização e reprodução do capital.

Cola e rachadura

Vejamos primeiro um pouco da (re)organização que condiciona a atividade seccionada — com um exemplo entre muitos possíveis.

Supomos que um carrinho ligue, no solo, uma betoneira a uma plataforma que sobe até o andar (em que o concreto é necessário), movida por um guincho. O carrinho transportado pela plataforma distribui o concreto no andar e desce novamente pelo guincho até o solo para ser carregado de novo na betoneira. O sistema comporta três carrinhos. [...] O ciclo de trabalho compor-se-á, pois, da seguinte maneira:

Operários 1 e 2: (carrinho)
o 1. Recepção do concreto no carrinho
-> 2. Transporte até o guincho
D 3. Espera
o 4. Recuperação do carrinho vazio de volta do andar
o 5. Fixação do carrinho cheio
-> 6. Volta à betoneira com o carrinho vazio
D 7. Eventualmente, espera na betoneira

Operário 3: (guincho)
D 8. Espera pelo descarregamento do carrinho vazio e pelo carregamento do carrinho cheio
-> 9. Subida

D 10. Espera pelo descarregamento do carrinho cheio
e pelo carregamento do carrinho vazio

-> 11. Descida

D 12. Espera eventual pela chegada do carrinho cheio

Operários 4 e 5: (carrinho)

O 13. Retirada do carrinho cheio da plataforma do
guincho

O 14. Fixação do carrinho vazio

-> 15. Transporte do concreto até o local de utilização

D 16. Espera eventual antes da utilização

O 17. Descarregamento no local de utilização

-> 18. Volta à plataforma com o carrinho vazio

D 19. Espera eventual pela chegada da plataforma
trazendo um carrinho carregado.[25]

Cinco operários. Os "nºs 1 e 2" cumprem 7 fases (3 operações [O], 2 transportes [->], 2 esperas [D]); o "nº 3", 5 fases (2 transportes, 3 esperas); os "nºs 4 e 5", 7 fases (3 operações, 2 transportes, 2 esperas). "Operações", para a *work-simplification*, denota receber a argamassa num carrinho, amarrar e desamarrar o carrinho ao guincho, descarregar a argamassa. "Transportes", empurrar o carrinho, manobrar o guincho. "Espera", suspensão vazia. Em média 1,5 minuto por fase, 6 ciclos por hora, 8 horas por dia (ou mais durante os períodos de concretagem) e, assim, durante meses e meses. Uma equipe — de transportadores — como as outras: os mesmos passos áridos e raquíticos, as mesmas pausas brancas, interminavelmente a mesma asfixia, o mesmo vínculo externo — o transporte — frente à massa de cunhas divisoras — origem, espaço (2 em cima, 2 embaixo, 1 no guincho), salário (4 M2, 1 C1), atividade, endormecimento, ritmo etc.

Gorz não exagera chamando de idiotizado esse tipo de trabalho. Mas não repetiremos as inúmeras e dolorosas análises já feitas, a partir de Marx, sobre esse tema. Se insistirmos, entretanto, em anotá-lo é que na construção, como veremos depois, esse fracionamento entra em conflito com outras exigências simultâneas. Mas continuemos a seguir o canteiro.

---

[25] G. Pastrand, *L'Exploitation du chantier*, 2 vols., Syndicat National du Béton Armé et des Techniques Industrialisées, 1969, pp. 34 e 37.

O canteiro e o desenho

Uma infinidade de parcelas primárias de trabalho, quase todas do mesmo gênero que as dos transportadores, é adicionada no interior das diferentes e numerosas equipes. Bastaria esse parcelamento, que ultrapassa todo conjunto mínimo de comportamentos ainda organica e significativamente coerentes, para assegurar o poder hierarquizador. Dividir para reinar e sugar, lugar-comum nem por isso abandonado. Mas, na fobia por todo germe de reação, os meios de controle são multiplicados. As várias legislações do trabalho, por exemplo, proporcionam ao empregador um prazo que chega a trinta dias (28 na França) para testar os operários antes de aceitar qualquer compromisso mais duradouro. É óbvio que o teste não verifica grande coisa no nível da qualificação: o nosso transportador deve se mostrar capaz de empurrar o carrinho em 1,5 minuto, oito horas por dia, sem atrasos, tarefa de mula ritmada. De fato, é testada a subserviência — inevitável, aliás — aos esquemas e critérios da produção, a abdicação de qualquer reivindicação não permitida. Testado durante um mês, o operário ganha direito a contrato mais estável. Entretanto, mesmo provada a subserviência, o controle não enfraquece. Todos os dias, o mestre anota, de manhã e de tarde, as horas de trabalho efetuadas, atrasos, ausências, produtividade, os raros prêmios etc. As normas do salário no canteiro provocam a insegurança indispensável para a manutenção do domínio. Sob a constante ameaça, a paga de fome segue as anotações frequentemente aleatórias, suspensas à arbitrariedade do mestre que é necessário abrandar com os mil jeitos da adulação. Envolvimentos quase inúteis, fora o custo em dignidade: se o mestre, por deslize de compreensão, ensaiar benevolência, os planos, orçamentos e cronogramas o denunciarão por seu desvio. Não esqueçamos que as regras da boa direção obrigam a vigilância do empresário sobretudo a propósito das falhas em relação à previsão (regras de Fayol).

E, se nos detivermos no modo como a planificação é elaborada, sentiremos logo que tais amolecimentos são impossíveis. Sigamos mais uma vez Pastrand, cujo estudo tem o peso de representante do Syndicat National du Béton Armé et des Techniques Industrialisées.

Suprimidos os tempos anormais [?], podemos ter os dois casos seguintes:

1. Primeiro caso: o número de tempos levantados é superior a 10. Por definição [?] escolhemos como tempo (a figurar na planificação) o último tempo do primeiro terço, depois de ter classificado os tempos em ordem crescente.

2. A operação que foi executada uma vez em três, em um tempo bem determinado, deve poder ser feita constantemente neste tempo que é o mínimo standard.

[...] Quanto ao operário mesmo, é preciso não tolerar nenhum movimento inútil...[26]

Assim é feita a planificação: o "último tempo do primeiro terço" e o que foi realizado "uma vez sobre três" — nem mesmo a média em um trabalho já submerso sob múltiplas pressões. A cadência acelerada aspira toda energia, inclusive a não disponível, e a canaliza para a execução centrada em torno da produtividade. Nenhuma reticência para a compreensão, para a crítica, para a revolta. Como o tempo, escolhido "por definição", não tolera "nenhum movimento inútil", a produção enquadra o corpo com censura repressora de qualquer impulso que não tenha por horizonte o valor. Durante o período em que é proprietário da força de trabalho, o empreendedor zela contra sua usura e se horroriza se seu suor escapa ao papel de esperma reprodutor, na boa tradição cristã. Depois... Não é a fadiga que o preocupa, afinal o sono repõe a força de trabalho em condições quase iguais às anteriores. Mas que o gesto não se grave no material é pecado de perversão; 1,5 minuto na série sem limites — há muitas pausas, entretanto. Os poros na produção, apesar de exprimidos pelo ritmo "uma vez sobre três", desarranjam ainda. E os programadores continuam:

Constatamos que o guincho espera durante as operações 4 e 5. Com os operários 4 e 5, o guincho esperará ainda durante as operações 13 e 14, que, como as operações 4 e 5, são relativas ao carregamento e ao descarregamento da plataforma do guincho.

[...] podemos admitir que dando ordens precisas será suprimida toda espera na betoneira (fase 7) que deve estar à disposição dos transportadores.

[...] Suponhamos que cada fase dure 1,5 minuto em média, o que, na origem, pede sete fases por ciclo completo, seja $1,5 \times 7 = 10,5$ minutos, correspondendo a seis ciclos por hora. Se o carrinho tem uma capacidade de 500 litros (correspondendo à

---

[26] *Idem, ibidem*, p. 34.

O canteiro e o desenho

da betoneira), vê-se que o rendimento horário é vizinho de: 6 × ½ m³ / h = 3 m³ / h ou 3 m³ / h × 8 = 24 m³ / dia.

Reduzindo o número de fases a 6 ganha-se 1,5 minuto por ciclo ou por ½ m³, o que dá um rendimento de:

1,5 × 6 = 9 minutos por ciclo e 3,5 m³ / h e 3,5 × 8 = 28 m³ / dia.

Suponhamos agora que estabeleçamos um sistema permitindo reunir as operações 4 e 5 e 13 e 14, seja, um ganho de 1,5 minuto ainda no nosso ciclo.

O novo tempo é:

1,5 × 5 = 7,5 minutos, do que decorre um rendimento horário de 60 / 7,5 = 8 carrinhos por hora, seja 4 m³ / h e, por dia, 4 × 8 = 32 m³.

No primeiro caso, obtemos uma melhoria de rendimento de:

4 m³ / 24 = 1 / 6 = 16,66%

No segundo caso, obtemos uma melhoria de:

8 / 24 = 1 / 3 = 33,33%,

o que é considerável.[27]

"Melhoria de rendimento" tem um outro nome também, aumento da mais-valia relativa. O qual, no caso, é mais que compensador, já que não implica nenhuma aplicação nova em capital constante fixo, uma das vantagens fundamentais da forma manufatureira de produção.[28] Nota: há aqui matéria para uma confusão comum. O rendimento de um canteiro é obtido pela fórmula (ideológica) M/m, em que M é a "mão de obra" e m a totalidade dos "materiais produtivos" (grosseiramente, o capital constante circulante, descontados os materiais de manutenção). Na França, em média, a relação é próxima de 1. O rendimento cresce com a diminuição do índice, o que quer dizer que a mesma massa de salários manipula uma massa maior de materiais. Ora, frequentemente e de modo absurdo, a diminuição do índice é apresentada como sinal de industrialização. Uma das razões dessa falta é simples: como a mecanização do canteiro é precária e não atinge o essencial (trata-se de manufatura de modelo bastante tosco), a melhoria do rendimento vem, em ge-

---

[27] *Idem, ibidem*, pp. 34-7.

[28] K. Marx, *O capital, op. cit.*, livro I, seção 4.

ral, do aumento da exploração do trabalho, o que encontra disfarce na referência deslocada à industrialização.

De fato, as parcelas primárias de trabalho, decompostas e recompostas pela lógica flutuante da organização da produção, são apertadas e reapertadas continuamente umas contra as outras para evitar quaisquer poros. Nesse sentido, há "progresso" ainda possível; a organização do canteiro está "atrasada". Basta citar, como exemplo, a impraticabilidade dos métodos mais atuais de cronometria, indispensáveis já na indústria. A propósito, é curiosa a elasticidade da matemática nessas programações "científicas": sempre que há vírgulas, as aproximações são feitas contra os operários, a favor da maior densidade (no exemplo anterior, 10,5 minutos × 6 = 60 e não 63 minutos; 9 minutos × 7 = 60 também, pequenas incorreções que resultam em 24 minutos por dia, 5% do dia de trabalho). É evidente que uma das causas principais do espiçaçamento do trabalho na construção é preparar as condições para tais recomposições serradas.

É preciso começar pelas tarefas simples, elementares, comportando um número restrito de atividades, e proceder do seguinte modo:

1. Decompor toda tarefa em elementos simples: em atos elementares que há de distinguir e localizar durante a observação [...] Note-se que:

— a única fase produtiva é a operação, que se executa no posto de trabalho, quer se trate de uma ação direta modificando o material, o produto ou o elemento da obra (trabalho eficaz), ou de uma ação indireta indispensável para a realização da obra [...]

— a fase de controle é [...] necessária mas inútil se a montagem é correta;

— as fases de transporte, espera e estocagem não valorizam em nada o produto acabado, mas, ao contrário, aumentam o tempo de execução, a fadiga [?] e, portanto, o preço de custo.

A simplificação do trabalho procurará, pois, eliminar, ou ao menos reduzir o mais possível, essas fases improdutivas.

[...] O estudo do trabalho se orienta assim para a observação minuciosa e detalhada dos movimentos e elementos gestuais, cuja sequência e encadeamento constituem de fato o modo operatório. Será, pois, necessário que o observador conheça perfeitamente os princípios da economia dos movimentos, explorados na maior parte das indústrias e nos quais pode se inspirar para simplificar o trabalho. Deve principalmente se interessar pela amplitude dos movimentos, pela sua simultaneidade, sua continuidade, seu encadeamento, sua intensidade, seu ritmo.[29]

Ritmo, intensidade, amplitude, distinguidos, classificados, são selecionados, aprimorados, distribuídos nos gráficos para a caça ao trabalho "eficaz" (e para o bem-estar do operário, quase acreditamos: segundo Olivier, as pausas fatigam). A eficácia engorda com a separação que domina, como categoria, todas as perspectivas: temporais, espaciais, qualitativas etc. Separar para reinar faz da separação a essência do reino.

Mas há mais: é forma de defesa também. A quantidade de meios mais ou menos articulados que introduzem a divisão no interior do processo de produção, teoricamente caracterizado pela colaboração do trabalhador coletivo, é enorme. Com a indústria, o parcelamento das atividades atinge os extremos da não qualificação ou a qualificação perde a especificidade do posto de trabalho. De qualquer modo, o operário é transformado em uma espécie de complemento disperso da máquina. Os laços fomentados pelo saber e pela prática cotidiana são relaxados pela mediação mecânica. Ora, o estreitamento desses laços é espontaneamente provocado pela natureza da manufatura. Ocasião de alarme para o sistema, pois esse gênero de aproximação entre trabalhadores é considerado como potencialmente ameaçador. Assim, por exemplo, as tradicionais organizações de *compagnons*, típicas da construção, tiveram de escapar pela oposição clandestina ou foram quase forçadas a adotar cobertura política reacionária. Nunca, porém, foram constatadas sem aversão.[30] Por isso, o medo, associado aos requisitos da dominação, provoca reação — constituída fundamentalmente por uma série de medidas desconexas, focalizadas no aprofundamento da divisão. E é fatal que seu emaranhado esbarre em contradições intensificadas pela ansiosa pressão.

Apesar dos riscos e da ameaça latentes, entretanto, a forma manufatureira de produção do espaço é mantida — por mil razões que não

---

[29] É. Olivier, *Organisation pratique des chantiers*, op. cit., t. II, pp. 75-7.

[30] Émile Coornaert, *Les Corporations en France avant 1789*, Paris, Ouvrières, 1968.

discutiremos neste texto.[31] E, com ela, permanecem também ameaça e riscos, representados pela quantidade e qualidade dos laços evocados entre operários. Como precaução, há hemorragia de investidas preventivas: insistência na sucessão das equipes separadas; impedimento, enquanto possível, de toda simultaneidade (o que contraria a propensão para acelerar a rotação do capital); estruturação diversa das equipes, mais rígida, por exemplo, nas situadas sobre o caminho crítico dos *pert* e proporcionadamente enfraquecida na medida do afastamento; determinação heteróclita dos ligamentos externos que definem funcionalmente cada equipe; quase individualização dos salários (multiplicidade de taxas horárias, variação do número de horas, horas suplementares irregulares, faltas, taxas de produtividade, prêmios... a lista é inesgotável); dispersão espacial; rotação entre canteiros; qualificação extremamente complexa apesar de achatada (oito níveis para os empregados em alvenaria e concretagem na França); hostilidade promovida pela superposição dos tempos de trabalho; a hierarquia sempre exasperada... etc. etc. A direção do canteiro estimula a separação com orientações que reclamam acrobacias para caberem na "racionalização" tecnológica. Um populismo teatralizado tenta imagem inversa de companheirismo "profissional" — mas sua hipocrisia se denuncia ao menor contratempo. Quase que a teatralidade mesma já assinala o que quer esconder: muita cola trai a rachadura.

---

[31] Minha situação na École Nationale Supérieure d'Architecture de Grenoble era bastante complexa. Obtive o melhor contrato da escola e, oficiosamente, tinha uma espécie de delegação da parte do diretor para ocupar a posição de diretor pedagógico. Lembro que todas as instituições universitárias haviam ruído com o movimento de Maio de 1968. Tudo tinha que ser reestruturado e reinventado. Entretanto, a ebulição intelectual continuava ativa. O que eu não queria discutir era a lei da baixa tendencial da taxa de lucros, envolvida então por muita polêmica. Os textos de Marx a este propósito são pouco claros e didáticos. Eu não tinha dúvidas sobre sua validade, apesar de me basear em passagens pouco explícitas de O *capital*. Mas tinha conhecimento dos trabalhos de Rui Mauro Marini e havíamos discutido com André Gunder Frank pessoalmente na redação da revista *Teoria e Prática*. Mas eram autores pouco conhecidos então na Europa. Preferi ficar na moita: não era fácil ser teórico da periferia do capitalismo no meio do mundo acadêmico marxista cheio de si em Paris, ainda agitado depois da traição e do fracasso do Partido Comunista Francês na condução do movimento de Maio. Havia correntes e dissidências de todo tipo. Mas, assim mesmo, forneço uma indicação precisa na p. 87, no trecho que começa por "A forma manufatureira [...]" e vai até "Em particular, é reserva contra a queda tendencial da taxa de lucro [...]". (Nota de 2024.)

O canteiro e o desenho

A ânsia em segregar é tão forte, que, por vezes, chega a contrariar o sacrossanto critério da rentabilidade imediata, geralmente hegemônico na consciência dos empresários. É o caso, entre outros, do tratamento dispensado às equipes "por tarefa". De hábito, são mais produtivas, como provam os estudos de *job enlargement* (estudos desenvolvidos sobretudo pelo movimento de *work simplification* de Allan H. Mogensen, do qual, aliás, Pastrand é adepto).[32] Para os trabalhadores, esse tipo de equipe permite maior maleabilidade no ritmo e na atribuição dos postos de trabalho, maior autonomia, menos fadiga, uma compreensão alargada da produção etc. Mas é notável também um aumento na coesão do grupo, o que facilita, pouco a pouco, a obtenção de pequenas vantagens: transferência de algumas responsabilidades para fora da equipe, aquisição de prêmios e reforços que são incorporados como parte normal do salário, com o tempo etc. Conquistas, em si, bastante ambíguas.[33] Ambíguas mas suficientes para envolver esse tipo de equipe em desconfiança. À submissão que é somente formal da manufatura da construção ao capitalismo tardio corresponde a preferência pela organização do trabalho que também somente na forma é submetido (segundo a hipótese de D. Pignon e J. Querzola no artigo citado) — mesmo se em outros setores da produção, menos dominados pelo trabalhador coletivo, a submissão real fez suas provas. Aparentemente, o despotismo inerente à direção manufatureira tem como dever de eficiência que se mostrar, o que não é incoerente com a teatralização populista, como vimos. Em consequência, providências de contra-ataque são adotadas e recomendadas pela *work simplification* aplicada aos canteiros: não deixar ficar na obra, ao mesmo tempo que essas equipes e sob nenhum pretexto, qualquer outro operário; impor o desmantelamento da equipe assim que cesse sua atividade contratual e antes que outra equipe comece seu serviço. Os perigos de uma organização autônoma dos trabalhadores no seu interior são demais para a manufatura que deles é feita.

Mas o receio gera modos de segregação mais sutis.

---

[32] G. Friedmann, *O trabalho em migalhas*, *op. cit.*, capítulos III-IV.

[33] Dominique Pignon e Jean Querzola, "O despotismo de fábrica e suas consequências", in K. Marx, *Crítica da divisão do trabalho*, *op. cit.*

Pour finir encore[34]

> Talvez vocês estejam confusos com a própria simplici-
> dade da coisa... Talvez o mistério seja um pouquinho
> *simples demais*.
>
> Edgar Allan Poe, "A carta roubada"[35]

A ausência de objetivação mecânica na manufatura, do aparelhamento cuja aparência sugere à nossa credulidade o rigor da razão, num
tempo em que *a razão* foi feita adequação de meios a fim, sem julgamento do fim,[36] não facilita a confusão entre técnica de dominação e técnica
de produção.[37] O arbitrário do comando e a exploração tendem a transparecer, ao contrário do que se passa na indústria. O rosto frio do maquinário não pode iludir lá onde os meios de produção são de carne. Os
estudos sobre a construção muito facilmente esquecem essa particularidade que a marca. Como explicar de outro modo o que dissemos sobre
as equipes, em particular sobre as equipes "por tarefa", ou ainda a instabilidade sem tréguas nesse setor que, teoricamente, deveria buscar estabilidade e acúmulo de experiência? Os obstáculos ao aprofundamento
do saber para a produção só podem ser interpretados como sintomas da
emergência temida e sempre iminente do conflito entre a imagem da técnica de produção e as correntes polimórficas da técnica de dominação.
Ainda uma vez: no canteiro, são homens que carregam os gestos e procedimentos, gravados por contínuo exercício coletivo, que compõem o
núcleo do trabalho. Poderíamos esperar que a prática depositada nessas
equipes, nesses operários fosse cuidadosamente resguardada — mas o que
observamos é a sua sistemática corrosão. Curiosamente, para subsistir,
essa reserva de domínio formal do capital, para vencer sua fragilidade
crônica, deve continuamente enfraquecer os que a sustêm.

---

[34] Título de uma das mais sombrias peças teatrais de Samuel Beckett.

[35] Edgar Allan Poe, "A carta roubada", in *Os assassinatos da rua Morgue/A carta
roubada*, trad. Isa Mara Lando, Rio de Janeiro/São Paulo, Imago/Alumni, 1999, p. 8.

[36] Max Horkheimer e Theodor W. Adorno, *Dialética do esclarecimento*, trad. Guido Antonio de Almeida, Rio de Janeiro, Zahar, 1985.

[37] André Gorz, "Técnica, técnicos e luta de classes", in K. Marx, *Crítica da divisão
do trabalho, op. cit.*

A corrosão da prática depositada na força de trabalho da construção, entretanto, não pode chegar a rompê-la totalmente. A defesa, mesmo mórbida, sabe que será inútil desembocar no suicídio. Ora, o controle direto do corpo e de seus movimentos, a separação física, apesar de comporem os meios privilegiados para a exploração, são insuficientes para garantir a segurança (o ideal seria a conivência) desejada. Portanto, se a submissão total é inviável, mas o gesto submisso indispensável, por que não tentar uma lobotomia um pouco menos grosseira, uma afemia operária sem laringotomia? Caminhos mais insinuantes, menos esperados, mas talvez mais persistentes. Instalar hiatos diáfanos, cesuras quase elegantes... São conhecidos os instrumentos adequados para talhar tão manhosamente: são os do gosto, da harmonia, da linguagem. Para esquizoidar uma cabeça, dar-lhe forma de cebola, romper ligamentos, nada melhor que a injeção de seu mistério serviçal: afinal, toda teofania paralisa, fulmina as reivindicações de entendimento.

> Acaso pode alguém entender o estender-se das nuvens, e os trovões do seu pavilhão?[38]

Falaremos mais dessas coisas. Mas adiantemos alguns exemplos. Primeiro: um comentário sobre o revestimento.[39]

Os materiais são o chão da produção, o receptáculo do trabalho transformador. A produção os transfigura, mas guarda também algumas de suas características, as fundamentais sobretudo, como nota Marx desde os *Manuscritos* de 1844:

> O produto é, sim, somente o resumo da atividade, da produção.[40]

O que são transpira na obra que os inclui. Neles, na sua aplicação, a obra conta sua história.

---

[38] Jó, 36, 29.

[39] Resumo tirado de texto escrito em 1968 sobre a "Casa popular", GFAU-USP, 1972. Reeditado sob o título "A produção da casa no Brasil" em Sérgio Ferro, *Arquitetura e trabalho livre*, organização de Pedro Fiori Arantes, São Paulo, Cosac Naify, 2006, pp. 61-101. (N. do O.)

[40] Karl Marx, *Manuscritos econômico-filosóficos*, trad. Jesus Ranieri, São Paulo, Boitempo, 2004, p. 82.

Ora, a maioria dos materiais de revestimento é dispensável, se o critério for a economia de meios ou a funcionalidade imediata. Constituiria trabalho inutilizado se não fosse "produtiva" de vários resultados interessantes (outros que o puro resultado econômico; sabemos que são essenciais para a forma tesouro do espaço produzido, enquanto valor concentrado em objeto arredio ao uso: tesouro é o que não é usado, não "se" usa ou tem uso contrariado, como, por exemplo, a boa residência burguesa).

O que são esses materiais? Fruto de produção áspera como qualquer outra em nosso sistema, trabalho duro coalhado abundantemente em mercadoria — mas de valor de uso escorregadio. Esse tipo de produção, frequente em países subdesenvolvidos, espelha com crueza a indiferença pela utilidade urgente e a estima exclusiva pelo trabalho enquanto trabalho social médio, enquanto valor (de troca), típicas do capital. Nele, o capital quase se mostra como é, fornicador em permanente parto de filhos que engole, semeados por pais que aniquila. Sem finalidade próxima reconhecida, o trabalho aí resvala para a pura quantidade pela qual, de qualquer modo, sua qualidade é sempre orientada. Sua vacuidade tendencial encontra eco adequado na aparvalhada indecisão do consumidor, a ciscar motivações para o aleatório nas banalidades do pseudogosto.

Contraditoriamente, o revestimento de núcleo anêmico, consumido aparentemente por delicadezas de aparência, na obra nada conta enquanto aparência: a motivação eficaz para seu uso vem de sua essência. É que no trabalho coalhado nesse parasita, quase "tipo-ideal" da não concordância entre trabalho "produtivo" e utilidade (cujo conceito, não por azar, anda em crise universitária), será nela empregado com a precisão e a fineza dos movimentos inconscientes. Fará máscara. Tudo se passa como se fosse questão de gosto. Mas que gosto? O gosto hoje está morto, não há mais subjetividade solta que o sustente e sua elasticidade semântica sublinha sua função substitutiva.[41] Tudo se passa como se fosse questão de gosto — mas é questão de segurança e de ocultação.

Por baixo do revestimento há concreto, colunas, lajes, vigas, tubulações... Há alguma lógica — mesmo se deformada, como veremos. Há, pelo menos, indicações de compromisso com a estática, com a resistência dos materiais. E mais: há marcas precisas do trabalho necessário, do em-

---

[41] Theodor W. Adorno, "O fetichismo na música e a regressão da audição", *Benjamin, Adorno, Horkheimer, Habermas*, Coleção Os Pensadores, vários tradutores, São Paulo, Abril Cultural, 1980, 2ª ed.

O canteiro e o desenho

penho, do esforço, da habilidade do operário. Ele fica obrigatoriamente no que faz: mão, inteligência, sensibilidade, ainda que contidas, deixam rastros — a menos que, como nas histórias de crime, sejam apagados. Triste história dos objetos-mercadoria, principalmente dos de luxo: ora há frustração porque o valor não toma corpo, ora a presença inquietante do trabalho concreto, outra face da abstração que funda o valor, impede atribuir-lhe transcendência purificadora. Ora, o mistério, jogado sempre sobre sua natureza pelos que querem denegar[42] sua indignidade original, pode sumir se a bruma do revestimento for levantada. Por baixo do revestimento, a obra revela o trabalho em colaboração, o trabalho não transubstanciado completamente ainda, gravado no que aspira à sua total transubstanciação. Muito da plástica perturbadora de Le Corbusier decorre da franqueza com que o concreto deixado aparente registra os azares da matéria resistente amoldada pelo trabalhador coletivo.

Ora, o revestimento não pode ser questão de gosto — mas é comum a todas as casas da burguesia e pequena burguesia. Esse componente homogeneizador, em princípio desnecessário, não é suprimido como fariam com a vida privada, se pudessem, os que procuram a distinção social.[43]

---

[42] Conceito freudiano fundamental que está no cerne da Teoria da Arquitetura Nova. Denegação não é negação. Na negação, o negado está sempre presente no consciente, mesmo sob a forma da negação. Na denegação tudo se passa como se não tivesse havido a percepção de alguma coisa extremamente penosa e traumatizante. Como se o denegado fosse rejeitado pela percepção antes mesmo de ter sido percebido — o que, evidentemente, Freud diz ser impossível. Em alguma outra instância do inconsciente houve percepção. Mas então, há separação entre a coisa percebida e sua carga afetiva traumatizante que, ainda uma vez, se dirigem a instâncias diversas do inconsciente. A imagem da coisa traumatizante é afetivamente neutralizada, e a carga emocional se submete a deslocamentos e a condensações que a tornam irreconhecíveis sem análise detalhada. Ela pode retornar como se viesse do real — alucinação — sem ser reconhecida. Freud acrescenta ainda que a carga afetiva se torna altamente agressiva e, mesmo, violenta, pois é a reversão de um primeiro investimento positivo, afetivo, interrompido ou frustrado. Essas andanças psíquicas são frequentíssimas no âmbito da luta de classes. O texto de Freud mais acessível sobre a denegação é Sigmund Freud, *El delírio y los sueños em la "Gradiva" de W. Jensen* (*Obras completas I*), Madri, Editorial Biblioteca Nueva, 1967); para os que quiserem aprofundar esta questão na linha analítica de Jacques Lacan, ver Jean Hippolite, "Commentaire parlé sur la *Verneinung* de Freud", e Jacques Lacan, "Introduction au commentaire de Jean Hyppolite sur la *Verneinung* de Freud, in Jacques Lacan, *Écrits*, Paris, Seuil, 1966. (Nota de 2024.)

[43] Thorstein Veblen, *A teoria da classe ociosa. Um estudo econômico das instituições*, trad. Olívia Krähenbühl, São Paulo, Pioneira, 1965.

Sua variação superficial (ambiguidade gostosa) é pobre, feita dos difusos intervalos que distinguem a massa corrida do reboco médio, o artesanal da contrafação industrial ao passarmos de camada a camada social. As semelhanças que aproximam todos os revestimentos são mais pregnantes que as oscilações que os afastam uns dos outros. Não servem, portanto, à magnificência do tesouro apropriado e a expor que é a casa não operária, sempre ávida de distâncias. Logo, devem corresponder ao que é fundamental nas casas da burguesia e da pequena burguesia: à forma de produção desse tesouro, à produção da forma desse tesouro, à produção da forma tesouro.

A mercadoria, para manter a face, esconde o que é e empresta o que não é. Esconde as relações de produção de que é fruto, intermediária e expressão, e põe as relações como epifenômeno de sua movimentação que se finge autônoma. O valor, o trabalho social genérico, consta no seu discurso como propriedade intrínseca, virtude endógena. A própria linguagem, dada a largueza com que espalha sujeitos, induz essas trocas: sem resistências, podemos transpor a mercadoria em sujeito, como fizemos. "Bizarros caprichos." Mas com a imprescindível função de alimentar as fabulações mantenedoras da ideologia (sem dominante, como quer Barthes). A falsa a-historicidade da forma mercadoria também nesses caprichos encontra penetrantes aliados. Proporcionalmente à perdição do sistema, introduzimos na forma da mercadoria contorções para não mostrar que é produto de trabalho humano, para negar que é efeito e não causa. Perseguimos a máscara dos objetos naturais, de resultado de processos exclusivamente automáticos, de elementos de uma série plástica qualquer em transes de harmonia.[44] "Argúcias teológicas."[45] Tentamos afastar desses supostos descendentes de sobre-humana tecnologia o desmascaramento, sobretudo se, grandes tesouros, não podem compor um destes ângulos sem sol dos "luxuosos apartamentos" descritos por Benjamin, próprios para abrigar cadáveres.[46] Sob o sol, sua pele não deve sugerir homens na vizinhança.

---

[44] Jean Baudrillard, *Le Miroir de la production*, Paris, Casterman, 1973.

[45] "Bizarros caprichos" e "Argúcias teológicas": expressões de Marx utilizadas no capítulo IV de *O capital* sobre o fetichismo da mercadoria e seu segredo. (Nota de 2024.)

[46] Walter Benjamin, *Rua de mão única*, trad. Rubens Rodrigues Torres Filho, São Paulo: Editora 34/Duas Cidades, 2023.

Por trás do revestimento, vimos, há sinais embaraçosos de sua indubitável presença. Mesmo diluído e atabalhoado, o registro das mãos dos operários incomoda à periclitante paz do consumidor, cria problemas de consciência, levanta perguntas a respeito dos anônimos e repelidos autores do tesouro apropriado. E isso é daninho para o sistema. Num tempo em que as coisas definem os possuidores, deixar aparecer que as coisas encobrem relações de exploração e violência é subverter a ordem. Há que apagar o trabalho revelador; mas, como para isso é necessário trabalho, nada melhor do que trabalhar com trabalho esvaziado. Como o vazio tem parentesco com o gratuito, o roubo ricocheteia e cai em justa posse. A casca impessoal não entrava a apropriação despreocupada. O desrespeito pelo trabalho concreto na produção dos materiais de revestimento serve à respeitabilidade da propriedade. A palavra mesma já diz: revestir, cobrir o que está completo, mascarar. Ou a outra, acabamento, com suas fúnebres associações, a recordar a hora morta que no capital sempre suga a hora viva. O revestimento que fantasia cada classe com cenário para suas aspirações emprestadas é o mesmo que encobre as marcas do esbulho que fundamenta a mascarada: a expropriação do produto da força de trabalho alienada.

Mas, dissemos, a razão eficaz para o uso dos materiais de revestimento não está na sua aparência — mas na sua essência. Por uma reviravolta traiçoeira, a máscara mostra mais do que esconde: mostrando-se, revela, já que revela a máscara que é a face oculta do sistema. Todo o seu segredo é fazer do trabalho concreto trabalho abstrato, da hora sempre nova, hora do mesmo. O impulso geral do sistema no sentido da desqualificação do trabalho quer, entre outras coisas, dar ao seu absurdo princípio uma ilusória tangibilidade. Reduzir a maior parte do trabalho à dispensa de energia não diferenciada é aproximá-lo, por vacuidade ou universalidade, da aberrante abstração da hora social média. Na indústria, esse impulso pode iludir-se com alguma facilidade. Mas, no canteiro, o fundamento subjetivo da produção não deixa adormecer a percepção de seu delírio. A técnica simples da construção requer ainda em demasia a mão hábil, impede a crença agradável na ficção. Daí, contraditoriamente, o valor atribuído ao mais trágico dos operários da construção, aquele cujo inelutável destino é apagá-lo, ser um como se não fosse. Sua mão treinada, leve pela carga de muita sabedoria, acaricia até o polimento a superfície em que desaparece. Se reaparece, é como imagem virtual no espelho feito da lisura em que ficou. Nos casos ideais, lustra até um ponto em que mais um gesto faz mancha, mácula. Realiza o protótipo de si mesmo se de qualquer vestígio de sua presença fizer sujeira. Por habilidade refinada, joga sobre si a abjeção que limpa a consciência de quem viola. Superfície desinfetada, mão autoamputada, opróbrio autogerado, hora de desrealização: valor na glória de sua quase encarnação. O mais trágico dos operários da construção, o oficial do revestimento.

A possibilidade de revolta é mais atual quando a violência não consegue escorregar sem atritos para debaixo do manto sempre duvidoso da normalidade. Por isso, na obra cuja essência é rebelde à sua dissolução, as atitudes autoritárias ainda compatíveis com a operacionalidade são constantemente exploradas para a manutenção da hierarquia e para que, entre ser e parecer, as difrações cresçam até a inversão. E o que motiva, em parte, o revestimento, já sabemos. Mais alguns exemplos. De início, um de hierarquização forçada.

O desenho para o canteiro, "técnico", como dizem, poderia empregar diferentes códigos. (Não discutiremos aqui suas origens históricas e epistemológicas eminentemente capitalistas.) Não é evidente que o habitualmente utilizado seja o melhor, se o julgarmos pelos critérios da eficácia produtiva imediata: reduz o espaço a planos cuja escolha não pode evitar o arbitrário e a confusão de leitura; emprega referências mongianas de difícil aplicação no canteiro; confunde na simultaneidade da representação a sucessão das etapas; seu sistema métrico e ortogonal não se adapta a vários materiais e formas etc. (nosso texto estudará vários desses temas). Entretanto, uma de suas funções é segregar — o que ajuda a explicar sua manutenção. Código é coisa de comunicação, mas também de exclusão. Seu uso lembra inevitavelmente a guerra, e o inimigo é o excluído. Uma das camadas do privilégio de arquitetos e engenheiros provém do fato de que guardam a totalidade das informações e ordens que são codificadas. Algumas são orientadas para a produção exterior e não chegam ao canteiro senão sob a forma de componentes acabados. O mestre, desse modo, tem menos informações que arquitetos e engenheiros — mas mais que todos os outros no canteiro e, se não é a fonte das ordens, é seu portador principal. E a posse das chaves para qualquer decodificação é a garantia "intelectual" para sua posição. A partir dele, em desdobramentos afuniladores, as informações descem empobrecidas, o código perde generalidade, e, em degradações sucessivas, atingem os baixos da produção. O servente já recebe ordens só orais — sua não participação radical no campo do código assinala sua dependência e sua inferioridade. Ora, é sabido mesmo pelos organizadores da produção que a "democratização" da informação contribui para eliminar várias dificuldades de

O canteiro e o desenho

coordenação do trabalho. Mas, no canteiro, há conflito frequente entre o aprofundamento da dominação e o acréscimo da exploração. Mesmo se a finalidade da dominação é a exploração.

Entretanto, importantes resultados foram obtidos. Primeiro, a verificação "empírica" de que os homens são desiguais: há que haver os que sabem e podem para comandar os que não sabem e... se danam. Em seguida, a marginalização informativa crescente de cima para baixo em relação ao conjunto da obra, inversa da participação material, repisando a separação entre pensar e fazer, dá apoio ao movimento de desqualificação do trabalho na construção. As medidas oficiais de redução dos perfis de qualificação no setor acompanham, reconhecidas, essas tendências. Do que resulta, em retorno, outra justificativa para a seleção informativa. Não é por nada que a cibernética serve tão direitinho aos nossos tempos.

Outro exemplo, agora de inversão útil entre ser e parecer. Por uma série de causas (algumas das quais encontraremos mais tarde), o desenho de arquitetura foi levado, gradualmente, a adotar um conjunto de trejeitos pouco adaptado à forma manufatureira de produção. Lembremos, rapidamente, da precisão reclamada da mão e de seus toscos instrumentos para a reprodução das figuras geometrizadas, da permanente distorção que há que imprimir nos materiais e na técnica de sua utilização etc. Ou, ainda, dos volumes, de cujo jogo sábio, dizem os sábios, é feita a arquitetura.

Para obter um desses volumes é necessário somar a atividade de equipes diversas — e vimos que a técnica de dominação implica que tal soma seja indireta, mediada. É necessário confundir na mesma forma o trabalho explodido em miniespecializações, em habilidades divergentes. É necessário re-unir no mesmo objetivo anêmico o que é separado por meses no cronograma dos serviços. É necessário fazer com que a sucessão estrutural desemboque na atemporalidade da forma fechada. É necessário fazer da descontinuidade de produção o andaime da aparência una; da ruptura, da separação, o sustento do simples. Há mais, veremos depois. Mas é já evidente que os volumes continuam a missão do revestimento: negação do trabalho concreto. Negação paralela à que o transubstancia em trabalho abstrato. A pregnância dos efeitos visuais dos volumes conota vínculos que só a autoridade e a hierarquia introduzem no canteiro e o faz deixando crer que são manifestações de forças imanentes. Em uma palavra, figuram o inverso da prática cotidiana dos canteiros.

Volumes, rigor geométrico, sistema de medidas (e a lista é bem mais aberta) têm, entretanto, um outro efeito que nos importa mais agora: afastam o trabalhador do que faz. Não para que se apoie em alguma perspectiva crítica, mas para que se perca um pouco mais. Na heterogeneidade técnica do canteiro, onde os laços imediatos entre trabalhadores são fracos e laterais (não estamos falando dos laços de classe), esse estranhamento do produto é fator de peso para a decomposição de seu produtor imediato. A complexidade e a dimensão da aparelhagem mecânica, em geral, associadas à divisão extrema do trabalho, são suficientes para garantir esse estranhamento nos setores industrializados. Na manufatura da construção, se há divisão também, a ausência da opaca mediação mecânica obriga a mediação arquitetônica a engendrar outras distâncias. Quando o que poderia ser um traço de união entre os operários de um canteiro, seu produto, assume ares autônomos, quando a imagem especular é barrada, a possibilidade de consciência, mesmo turva, dos interesses comuns é afastada mais um pouco. O que é essencial para a direção, apesar, outra vez, dos arrepios na produtividade. No fundo, deveria ser reconhecido: é para protegê-la que esses cuidados são tomados. Se a aparência nega o ser, é para preservá-lo.

Entretanto, se afinarmos um pouco mais nossa atenção, escaparemos da esquematização dualista. Sem dúvida, a denegação do canteiro, que manifestam revestimento e volume (e muito mais, veremos), tem resultados importantes mesmo então. Assim, ao estranhamento dos operários em relação ao seu produto corresponde uma reviravolta não desprezível do lado dos projetistas. A denegação formal, reprimindo a percepção da própria responsabilidade nos autores da violência separadora que estrutura a manufatura, permite *quand même* o trato consciente com suas consequências operativas — trato desse modo descarregado das tensões antagônicas que aquela percepção geraria se não fosse reprimida.[47] Volume e revestimento negam a produção assentada na separação — que assim pode "tranquilamente" continuar a dominar. O discurso edulcorado dos arquitetos contém menos "má-fé" do que poderíamos suspeitar.

Mas a denegação tem funções menos indiretas — e que introduzem abertura para o simbólico e um terceiro termo no esquema. Como caminho para a demonstração, adotemos o modelo dito "por absurdo": que

---

[47] Sigmund Freud, "La negación", in *Obras completas*, Madri, Biblioteca Nueva, 1968, v. II, pp. 1134-6.

O canteiro e o desenho

se imagine o inverso de nossos parâmetros. Uma estética da separação que deixaria o corpo produtivo soltar-se nas suas atuais divergências (um Fernad Léger cubista sem a mania de simetria).[48] Sabemos que a forma mercadoria do produto estaria comprometida. Faltaria a amarração autoritária que compõe o trabalhador coletivo. Mas há mais.

Esse tipo de estética, curiosamente, só foi roçada nas épocas "heroicas" da arquitetura moderna, como em Tátlin ou no Cassino da Pampulha de Niemeyer, por exemplo. Só roçada e logo abandonada. Porque, se uma tal estética respeitasse rigorosamente seu princípio (a pura separação), desapareceriam, necessariamente, os conflitos, as superposições entre equipes e áreas de trabalho diferenciadas. A "obra" (de difícil visualização para nós) seria, num primeiro tempo, justaposição do separado, sem a cobertura das categorias totalizantes (a harmonia, a simetria, o jogo de volumes, o partido etc.). A radicalização da separação faria do projeto uma série de decisões sucessivas, contemporâneas de cada intervenção livre. Como cada parcela se manifestaria em sua autonomia completa, não haveria razões para o desencontro. Afinal, o separado simplesmente não se encontra — ou não seria separado. Num segundo tempo — corolário fundamental — haveria tendência para o desenvolvimento do diálogo, para a troca horizontal, para a superação da separação e das relações de produção que a sustentam. E, se nos lembrarmos que a oligofrenia operária é tara do sistema e não dos operários, é evidente que

---

[48] "Estética da separação" é um conceito criado por Vincent Michel, quando ainda estudante na École Nationale Supérieure d'Architecture de Grenoble, para caracterizar o andamento ideal de uma manufatura serial ou orgânica. Nossa "hipótese absurda", como descobri no fim de minha carreira universitária, havia sido testada brilhantemente pelo ecletismo técnico estudado por Jean-Pierre Épron em *Comprendre l'Éclectisme* (Norma, 1997). Pode ser resumido por uma tirada lírica do jovem Marx, também descoberta por mim muito mais tarde: "Liberdade de *métier*, [...] da consciência, da imprensa, da justiça, eis espécies diferentes de um só e mesmo gênero: a liberdade sem nome de família. Entretanto, que erro enorme esquecer a diferença diante da unidade, e sobretudo de erigir uma espécie particular em medida, em norma, em esfera das outras espécies, [...] Cada esfera determinada da liberdade é a liberdade de uma esfera determinada [...] No sistema da liberdade cada um de seus mundos não se move em torno do sol central da liberdade senão movendo-se em torno de si mesmo" (Karl Marx, "Les déliberations de la sixième Diète Rhenane", in *Oeuvres*, Paris, Gallimard, Bibliothèque de La Pléiade, t. III, 1982, pp. 188-9). As palavras de Marx, sobretudo na última frase, cabem perfeitamente ao projeto construtivo da Arquitetura Nova. (Nota de 2024.)

os dois tempos fariam um só. A estética da separação prepararia o terreno para uma espécie de autogestão. O resultado de nossa hipótese "absurda" seria o desastre, é óbvio.

A separação, para render nos termos do sistema, requer o complemento do conflito polimórfico entre o separado. E, portanto, o complemento do comando. Se o domínio do reduzido campo atribuído a cada especialidade é sempre possível para o operário manufatureiro, o conflito entre essas especialidades é aspirado (depois de provocado) como lugar das intervenções do comando exclusivamente. Não é à toa que a centralização das informações impede as trocas laterais. O comando, hoje, se favorece a separação, age depois como se introduzisse seu contrário. É assim que se justifica. Esse contrário, entretanto, não é a livre associação; já mostramos: é a amarração autoritária e suas múltiplas consequências. O comando manipula o vazio que separa o separado cumprindo os mandamentos de uma lógica exigente: enche o vazio com as figuras da superposição, do cruzamento, do emaranhamento, da repulsa... Comandar, aqui, é pôr hifens avinagrados nos hiatos.

Diz-se que a arquitetura é a arte do espaço — verdade que é verdadeira como a verdade dos sintomas. Isto é, a ser procurada na literalidade do dito. Porque é para manter o espaçamento entre operários e equipes que há que propor volumes, massas, que há que relacrar duramente, materialmente, o vazio. Diz-se que arquitetura é a arte do espaço — e pensamos no outro, no descrito por um Zevi. Mas o que efetivamente guia a mão nos seus desenhos é o espaçamento cuja compressão espaça mais, como a argamassa que aglutina os tijolos separando-os definitivamente. Deslocamento e metonímia. A barra que separa as oposições no canteiro tem de ter espessura. O separado negado pelo desenho globalizante é mantido pela aplicação de cunhas que o próprio desenho globalizante promove. As parcelas do trabalhador coletivo se enrodilham ainda mais em torno de si mesmas, constringidas pelo desenho que as aperta e sobrepõe em pegajosa colaboração com a organização do trabalho.

Assim, se volume e revestimento (e mais) figuram o inverso da prática cotidiana dos canteiros, se a série das categorias totalizantes esconde a separação que engendra, tais oposições se apoiam num terceiro termo que, na sua forma mais geral, é a luta cotidiana de classes no canteiro. Se luta é oposição imediata, ela mantém, enquanto dura, o que opõe: o trabalho separado, de um lado; de outro, o poder separador, inicialmente uno, o capital. Mas mantém contaminando cada oposto com seu inverso, em escorregadias transações, fazendo mais complexa a oposição — por

O canteiro e o desenho

exemplo, injetando o poder separador como enchimento nos intervalos do separado.

Menos abstratamente: é necessário rejuntar com atrito o separado, pôr "um" no disperso com reserva para que a fissura não suma. E a força rejuntadora deve ser proporcional à força dispersora. Ou melhor: como "a força não seria se não existisse sob esses modos contrários",[49] como o momento de desdobramento em partes mutiladas se opõe variadamente ao de unificação no interior da força constituída pelas relações antagônicas de produção dominantes, a lei dessa força responderá diretamente à situação dessas relações. Dizendo de outro modo: quanto maior for o empenho do capital em separar a base da construção, maior será também seu empenho oposto, sem que haja anulação, pois pertencem a momentos diferentes — e sua história obrigatoriamente comum é determinada pela da luta de classes inscritas na produção.

Exemplo, ainda a propósito de Le Corbusier:

Em 1923, num período marcado pelo agravamento da luta de classes na Europa, depois da Primeira Guerra Mundial e da Revolução de Outubro, Le Corbusier lança o *Vers une architecture*.[50] Numa enumeração aparentemente caótica, o elogio dos volumes, das superfícies simples, dos traçados reguladores é seguido pelo dos materiais brutos, da economia de meios e da produção em série. A pressão das reivindicações operárias, somada às reconstruções urgentes, faz da habitação uma das questões mais preocupantes — e manipuláveis pelo poder. Produzida e distribuída habilmente, será fator importante para a contenção e divisão do operariado, segundo a experiência acumulada desde o último terço do século XIX (está claro que simplificamos). Se, durante os anos 1920, a sua produção na França foi inferior à da Alemanha, da Inglaterra e, mesmo, à da Bélgica, sua problemática, entretanto, ocupou o centro das elucubrações de Le Corbusier (e de outros) de 1914 a 1930, das *maisons dom-ino* e Monol aos planos de Lège e Pessac. Ora, como componente novo do salário de uma camada do operariado, a casa tem de ter seu custo reduzido. O que, nas condições manufatureiras de produção, acarreta o uso de materiais de menor valor (os materiais brutos), diminuição de área e equipamentos (economia de meios) e aumento de cadência, eliminação

---

[49] G. W. F. Hegel, *Fenomenologia do espírito*, trad. Paulo Meneses, Petrópolis, Vozes, 2003, p. 111.

[50] Le Corbusier, *Por uma arquitetura*, trad. Ubirajara Rebouças, São Paulo, Perspectiva, 1973.

dos poros, seriação e organização "racional" do trabalho (produção em série). Le Corbusier, que nesse mesmo período se acreditou empresário,[51] conhecia, admirava e aplicava largamente os postulados do taylorismo.[52] No mesmo homem, portanto, purismo (plástico) e taylorismo respondem ao agravamento da luta de classes. O jogo sábio dos volumes marcha em contraponto com a divisão para a manutenção da ordem.[53]

Algumas citações tiradas de *Quand les cathédrales étaient blanches*:

A arquitetura é uma ordenação; é no cérebro que a operação se efetua; a folha de papel não acolherá senão os sinais técnicos úteis para manifestar e transmitir esse pensamento. A arquitetura pode atingir o lirismo mesmo: a proporção é o meio mesmo do lirismo arquitetural: volumes, cortes, superfícies, circulação, capacidades, contiguidade, luz. A prancha de desenho exprimirá em épuras precisas que pertencem à matemática onipresente.

Esse magnífico e generoso trabalho de preparação, esses planos, são eles que responderão a todas as questões, são eles que designarão as medidas a tomar, as leis a fazer, os homens a colocar nos postos úteis.

A obra requer a participação, a de todos, em ordem e não de pernas para o ar, hierarquizada e não desnaturalizada por doutrinas de artifício.

A experiência de Ford, repetida em mil atividades do mundo moderno, na industriosa produção, nos dá a lição. Aceitemos a lição.

---

[51] Em Alfortville, França, na Société d'Enterprises Industrielles et d'Études (SEIE); ver também carta a Tony Garnier de 14 de maio de 1919.

[52] Brian B. Taylor, *Le Corbusier et Pessac, 1914-1928*, Paris, Fondation Le Corbusier, 1972; ver também a brochura publicada em 1925 pela Michelin sobre a taylorização de seus canteiros em Clermont-Ferrand, do qual, afirma Brian B. Taylor, Le Corbusier possuía um exemplar e que visitou com Pierre Jeanneret.

[53] Pierre Francastel, *Art et téchnique*, Paris, Denoël/Gonthier, 1956, p. 33.

O canteiro e o desenho

A nós [arquitetos] [...] após maduros exames, [cabe] propor planos aos chefes.

A harmonia é a causa do êxito.

Porque é assim. Luzidia, impecável, sem uma mancha de óleo ou de graxa, sem uma marca de dedos sobre o verniz brilhante, o carro partiu, desapareceu. Nasceu como de uma epopeia mitológica, adulta imediatamente! Partiu na vida! [comentário sobre uma visita às usinas Ford][54]

Basta.

Exemplos semelhantes são numerosos: do Deutscherwerkbund ao CIAM, da Bauhaus e do De Stijl às relações de Gropius, Breuer, Neutra, Saarinem com o New Deal, de Tony Garnier a Reidy, os mesmos comentários poderiam ser feitos. A arquitetura moderna precisa descer de sua euforia para um triste balanço. Mas continuemos.

Dizíamos: quanto maior for o impulso exercido para separar a base da produção, maior será o impulso diversamente oposto (sendo que esse aumento simultâneo corresponde ao agravamento da luta de classes, ao aprofundamento da técnica de dominação). Será, aliás, o mesmo invertido. A unidade "suprimida" reaparece com o mesmo vigor investido para sua "supressão". Mas, se reaparece — e se é a mesma invertida, o inverso da mesma —, reaparece cindida, já que o inverso da unidade é a cisão. Os que a assumem não a assumem como um dos polos da lei de seu próprio poder. Assumem o momento da unificação do separado na base da produção como papel "objetivamente" dado. Não se reconhecem na cisão que introduzem pela exclusividade de seu poder — e que denegam, vimos. Inevitavelmente, de polo de unificação passam a campo de manifestação dos "universais" separados. Cada polo da força constituída pelas relações de produção dominantes, isolado irreconciliavelmente de seu oposto, cai na fascinação de seu contrário abstrato. Já notamos que o "um" da base separada é o "bloco monolítico" dos partidos que, na oposição, não passam de imagem especular do que querem combater. Ora, o disperso inverso do "um" do comando — e que o dominará completamente em função das condições mesmas da cisão — será, repetimos, com-

---

[54] Le Corbusier, *Quand les cathédrales étaient blanches*, Paris, Gonthier, s.d., respectivamente pp. 133, 237, 16, 193, 202, 51 e 191.

posto pelos "universais" separados. De Cézanne a Mondrian, de Ledoux a Niemeyer, qual o manifesto dos "racionalistas" que não começa pela lista das formas primeiras a privilegiar? No caso da construção, o "um" é o projeto global que, separado, será dominado por conjuntos de "universais": funcionais (exemplo: as três ou quatro funções fundamentais do urbanismo decretadas pelo CIAM), técnicos (exemplo: os conceitos elementares do cálculo, a classificação dos materiais) e, o que nos interessa mais aqui, plásticos. A plástica arquitetônica, enquanto plástica de um sistema fundado em ruptura imóvel, será necessariamente aspirada pelos "conceitos perceptuais" e "representativos" fundamentais (ou "universais" separados), para usar a terminologia da *Gestalttheorie*:[55] esfericidade, conicidade, retangularidade, modularidade etc. (O que vale para a forma vale para a cor, para a textura etc.). Os símbolos plásticos primeiros, os de forte pregnância estrutural, se impõem como rede simbólica fundadora, instauradora, ao cantado imaginário arquitetônico com a potência de insuspeitada eminência parda.

Assim, em esquema: a separação em "trabalhadores parcelados" e equipes de amplitude reduzida é condição para a dominação. Mas, para o crescimento do "rendimento", da mais-valia relativa, os poros devem ser ocupados, o separado adensado — o que reafirma o poder, agora como mediação dos atritos provocados, como sede da reunificação. Entretanto, mantido o corte que instaura a luta entre o trabalho vivo e o trabalho morto apropriado, a reunificação não pode evitar sua submissão ao inverso de si mesma, aos "universais" separados. Plasticamente, há império dos "conceitos representativos" ou, em outra linguagem ainda, da rede dos significantes fundamentais.

Observação rápida: a denegação é denegação de um rapto, da castração dos produtores imediatos, da usurpação da possibilidade (retrospectiva) de fundar uma outra lei, a própria lei. A usurpação da totalidade (perdida na forma do futuro anterior) faz do usurpador presa do usur-

---

[55] Rudolf Arnheim, *Vers une psychologie de l'art*, Paris, Seghers, 1973. Adendo 2024: Grave defeito do texto original. Pouco depois de ter escrito estas linhas, começaram a aparecer as primeiras elocubrações do pós-modernismo, com uma plástica praticamente inversa, cambaleante e avessa à estabilidade modernista. Nunca analisei o pós-modernismo por profunda antipatia visceral. Faz, a meu ver, parte do universo desestruturador do neoliberalismo e do capital financeiro opostos à ficção construtiva do capitalismo produtivo posterior à Segunda Grande Guerra. Sem contar com a dimensão de escárnio implícita nesta plástica quanto a qualquer seriedade construtiva, o que me revolta. Pecado de me deixar envesgar por meus princípios éticos.

pado. Seguirá como cordeirinho sua legislação, inconscientemente. Os significantes da ligadura, enquanto ligadura perdida (daí o futuro anterior), da antiseparação que só pode nascer da separação, da memória do nirvana construída a partir de sua perda, na rejeição do separado que projeta no futuro a esperança do retorno do que nunca foi — os significantes do -φ dominam como rei de poder absoluto e em Nome-do-Pai. O liso e o corrido, o fechado e o contínuo, as modulações de contorno e o enquadramento — as normas de nossa estética têm por metro a figura do todo vindo de sua perda. Normas homeomorfas da plenitude a que aspira o separado. Sob o nosso conceito vulgar de harmonia, equilíbrio entre tensões divergentes e convergentes, unificadoras e diversificadoras, paira subjacente comandando a sombra da luta (entre convergência e divergência, simplicidade e complexidade). "Nenhum particular vale por si mesmo, mas é parte necessária do conjunto", diz Bruno Taut em 1929, definindo a nova estética arquitetônica. Da perda de autonomia das partes surge o fantasma do todo: seu apoio está no seu inverso, na parte atrofiada, marcada de castração. Deslocamento da falha que, intangível, dirige.

Se o que Freud descobriu, e redescobre com um gume cada vez mais afiado, tem algum sentido, é que o deslocamento do significante determina os sujeitos em seus atos, seu destino, suas recusas, suas cegueiras, seu sucesso e sua sorte, não obstante seus dons inatos e sua posição social, sem levar em conta o caráter ou o sexo, e que por bem ou por mal seguirá o rumo do significante, como armas e bagagens, tudo aquilo que é da ordem do dado psicológico.[56]

BALANÇO E PARÊNTESE

É hora para um balanço — que dá deixa para um parêntese.
1. O canteiro é heterônomo, sua determinação vem de fora...
Parêntese.
Essa afirmação só foi e será comentada, neste texto, no interior do campo da construção. Mas há nela outras implicações evidentes cujo exa-

---

[56] Jacques Lacan, "O seminário sobre 'A carta roubada'", in *Escritos*, trad. Vera Ribeiro, Rio de Janeiro, Zahar, 1998, pp. 33-4.

me escapa aos limites de nosso tema. Indicaremos, esquematicamente, as principais, centradas todas em torno da forma manufatureira de produção do espaço. O que nos permitirá expor algumas posições.

A forma manufatureira de produção do espaço não pode ser explicada e modificada pela consideração exclusiva de fatores endógenos. A dispersão dos canteiros, a pequena concentração dos capitais, a renda da terra, o "predomínio" do mercado etc. são causas duvidosas e insuficientes para dar conta do que é classificado como "atraso" (em função do quê?), falta de planejamento (no reino do plano) ou anomalia (de qual lei?). A forma manufatureira de produção do espaço só pode ser explicada como uma das manifestações localizadas da luta de classes na produção, manifestação diversa e necessariamente contraditória. E só pode ser modificada pelo aguçamento da luta de classes generalizada, também, portanto, na produção. Em particular, é reserva contra a queda tendencial da taxa de lucro e fonte privilegiada para a acumulação e reprodução (aumentada) do capital — privilégio acentuado pela extrema mobilidade possível para o capital no setor (custo fixo reduzido). Os variados serviços que essa forma de produção rende ao capital não estão dissociados entre si, e, principalmente, da luta de classes.[57] Estas determinações gerais encontram, obviamente, formas variadas de manifestação — quase sempre contraditórias. Assim, ainda em esquema:

a. A construção que compõe, de um modo qualquer, parte do capital constante fixo industrial, comercial ou financeiro (galpões, depósitos, estradas, lojas, escritórios etc.) deve ter, comparativamente, baixo valor unitário.

b. Se, no caso anterior, a "representação" ostentatória for procurada (algumas lojas, sedes de banco ou empresas, por exemplo), há inversão: é favorecido o alto valor unitário, a construção é guardada como reserva aumentada de capital.

c. As construções para habitação remetem a três casos principais:

c.1. Habitação burguesa e de classe média, sobretudo alta: caso em que há tendência para o alto valor unitário, também guardado como reserva aumentada de capital, tesouro.

---

[57] Étienne Balibar, *Cinq études du matérialisme historique*, Paris, Maspero, 1974; Charles Bettelheim, *Revolução cultural e organização industrial na China*, trad. Rita Lima, Rio de Janeiro, Graal, 1979; Charles Bettelheim, *Cálculo econômico e formas de propriedade*, trad. António Alves Martins, Lisboa, Dom Quixote, 1970; A. D. Magaline, *Luta de classes e desvalorização do capital*, op. cit.

c.2. Habitação "popular" (operária) em país subdesenvolvido: se há promoção oficial, serve como instrumento manipulado para a divisão do operariado, para seu endividamento encarcerador, para a recuperação de áreas valorizadas — suas ridículas quantidade e qualidade nulas não permitindo ilusões quanto a funções mais dignas. O interesse do sistema volta a ser aqui dirigido para o baixo valor unitário. Se não há promoção oficial, caso mais geral, a "autoconstrução" das favelas e dos bairros operários, aparentemente marginal, é responsável indireta mas considerável por aumento da mais-valia relativa.

c.3. Habitação "popular" (operária) em país desenvolvido: caso semelhante ao anterior, mas atravessando por espessa ambiguidade decorrente da situação específica da luta de classes.

Alguns (poucos) comentários.

Em *a*, há empenho no sentido de racionalizar a produção e as lentas inovações tecnológicas na construção sempre surgem nesse setor; exemplos: o ferro e o concreto armado no século XIX, a generalização da pré-fabricação e da industrialização de componentes pesados no século XX etc. O interesse em baixar o valor unitário comparativo serve a múltiplas causas mais ou menos convergentes (cuidados com a composição orgânica do capital, pressão para a desvalorização do capital constante, redução do valor unitário das mercadorias que entram no custo da produção e da reprodução da força de trabalho etc.).

Em *b* e *c.1*, o empenho, raramente consciente, é inverso. Enquanto tesouros, são produtos que não entram na composição do valor da força de trabalho. As modificações tecnológicas que impliquem baixa de seu valor unitário não reaparecem como aumento da taxa de mais-valia. Inversamente, como a taxa de lucro no setor entra — e como parte de peso — na perequação da taxa média de lucro, importa manter aqui uma baixa composição orgânica do capital, um dos freios para contrabalançar a queda tendencial da taxa de lucro.

Em *c.3*, é a pressão das lutas sociais que faz com que a burguesia deva atribuir a parte do operariado metropolitano (sobretudo à "aristocracia" operária) um pouco do que antes era exclusividade sua. Entretanto, como essa concessão tem reflexos no valor da força de trabalho, torna-se indispensável diminuir sua extensão. Daí alguma pré-fabricação e "racionalização", o que provoca o desvio da média do Cc (Capital constante), que passa de 70% a 85% nesses canteiros. Ora, a diminuição é perigosa: por um lado, o "tesouro" conquistado (e que, por isso mesmo, deixa de ser tesouro) deve sugerir vestígios de verdade, como obrigam as intenções políticas. Por outro, o sistema não pode prescindir dessa área excepcional de valorização e concentração do capital. Diante da ambiguidade inevitável, geralmente são necessárias a regulamentação e a intervenção estatal. E o peso da habitação "popular" não industrializada sobre os salários — sempre menor que o aumento real do valor da força de trabalho "favorecida" — é equilibrado pelo desvio de verbas que pertencem aos próprios operários em conjunto: BNH com fundos do FGTS no Brasil, HLM na França. (Aliás, coisa semelhante é feita em *a*: a grande parte da infraestrutura — energia, estradas etc. — encontra assim "financiamento", compondo um poderoso recurso contra a tendência de crescimento do Cc.)

Em *c.2*, basta grotesca figuração do "tesouro". Como é pouca coisa o que conceder para dividir, amarrar e afastar uma classe operária extremamente explorada e de problemática consciência de classe, sempre cuidadosamente envolvida por enorme exército de reserva de força de trabalho — e outros exércitos —, não há razão para maiores preocupações. Aqui, a regra é ainda a estudada por Engels: fora a mínima concessão, nada melhor do que deixar o item habitação descer até quase a ficção na composição do valor da força de trabalho através do relançamento da "autoconstrução" imposta (favelas e zonas operárias) e dos cortiços várias vezes amortizados.

Mais "racionalizada" e geralmente heterogênea em *a* e *c.3*, serial e mais inerte tecnologicamente em *b* e *c.1*, a manufatura, entretanto, não foi jamais abandonada. É preciso não cair na ilusão de industrialização que a multiplicação de gruas e outras máquinas secundárias pode sugerir à contemplação distante de um canteiro. A forma manufatureira de produção continua dominante. Provas disso constituem exatamente os casos *a* e *c.3*, em que a inclinação para baixar o valor de Cc e da força de trabalho, antes de ensaiar seriamente a industrialização, vai buscar os remédios do Estado. Mesmo então, os efeitos vitalizantes da manufatura da construção não traem o capital.

Fim do parêntese. Retomemos nosso balanço.

1. O canteiro é heterônomo, sua determinação vem de fora. O objeto a realizar, o modo de realização, o tempo de realização são impostos à produção imediata. Consequência, entre outras, da separação entre meios e força de trabalho, entre vontade e ação, entre a finalidade aparente e a eficaz.

2. Da série de separações nasce primeiramente a possibilidade, a "necessidade" depois, do comando despótico cuja meta essencial é a mais-

O canteiro e o desenho

-valia, principalmente a relativa. O trabalho degradado, dispersão de movimentos idiotas e idiotizantes, mas fundado na habilidade, deve ser guiado a cada passo, já que não há mais caminho permitido para auto-determinação. A organização do trabalho, tal como a conhecemos, é o controle e a imposição de uma produtividade só benéfica para o capital.

3. A organização do trabalho, em geral, se esconde sob a aparência de neutralidade técnica no processo de produção. Mas, no canteiro e do projeto ao posto de trabalho, é difícil fazer-se aceitar como diferente do que é: violência que é condição para a reprodução aumentada do capital.

4. Para diluir a percepção e a reação diante do arbitrário e da violência constituintes do comando, várias formas de separação e distanciamento são providenciadas e somadas às anteriores. Crescem as contradições, mas a segurança (do capital) também.

5. Porque a segurança do operário é a única responsabilidade que lhe é reservada. De fato, a não mecanização do canteiro, sua conformação descontínua e estranha à interdependência intrincada da indústria fazem com que o acidente não perturbe muito a lógica da rentabilidade. O operário perdido é facilmente substituível nesse setor preferido pela pressão do exército de reserva de força de trabalho. E sua perda não interrompe gravemente as sequências de produção na manufatura cuja substância é a cesura. Assim, na França, onde a segurança no trabalho é das mais avançadas (não por deslocado humanitarismo, mas por causa dos elevados custos financeiros que o Estado deve suportar), a construção continua a apresentar os maiores índices de acidentes.

> A indústria da construção é a mais perigosa [...] 1.797 das 3.972 vítimas de doenças profissionais eram trabalhadores da construção em 1971.[58]

Não representando mais que 14,7% dos assalariados, os trabalhadores da construção, na França ainda, tiveram 17,55% dos acidentes com interrupção do trabalho em 1970. Como seria previsível, os trabalhadores imigrantes são os mais expostos:

> Sobre cem acidentes com interrupção do trabalho, mais de 22% têm por vítimas trabalhadores imigrantes, apesar de não

---

[58] Françoise Hebert, "Quelques données statistiques", *Après-Demain*, n° 160, jan. 1974.

representarem senão 9,4% da totalidade dos trabalhadores [...] As razões são múltiplas. São eles que são empregados nas indústrias mais perigosas, como a da construção.[59]

Não há motivo também para espanto na observação da raridade dos acidentes entre os técnicos: 4,5% contra 86,6% entre os operários. Como a tortura, os acidentes conhecem as classes sociais.

Sabemos a causa mais frequente dos acidentes: a fadiga muscular, nervosa e mental ou psicológica.[60] Para aproximá-la, é tempo de passarmos, um pouco, para o outro lado da questão: quais são, para os operários, as consequências interiores provocadas pela constante da manufatura (mais uma vez, são homens que aí carregam, na sua carne, na sua experiência, os gestos e procedimentos do trabalho). Ou, de outro modo, quais são as implicações da não realização completa ainda, na construção, dos desejos de Taylor, já superados em outros setores da produção: atribuir ao *brain-staff* toda a massa de conhecimentos que, no passado, estava na cabeça e na habilidade dos trabalhadores.[61]

A MÃO

> [...] *parfois on dirait qu'elle pense.*
>
> Henri Focillon[62]

É preciso seguir o avanço da obra para sentir em ato as grotescas contradições entre realização e seu resultado. A vasta massa de trabalhadores assume as principais funções motoras e operacionais. A força minúscula do servente, multiplicada, sustenta a operação parcial repetida do pedreiro, do carpinteiro ou de qualquer outro: crua energia, é indiferente à sua aplicação. Mas, na ponta oposta da equipe, o trabalhador que dá forma à matéria não pode dispensá-la durante o exercício de sua pró-

---

[59] F. Hebert, *op. cit.*

[60] Philippe Mosse, "Économie et sociologie de la santé", *Après-Demain*, n° 160, jan. 1974.

[61] Frederick W. Taylor, *La Direction des ateliers*, Paris, Dunod, 1930, p. 137.

[62] "Por vezes, diríamos que ela pensa", Henri Focillon, "Éloge de la main", in *Vie des formes*, Paris, PUF, 1943, p. 103.

O canteiro e o desenho

pria habilidade apressada. A operação semiqualificada de um requer a força informe do outro, numa complementaridade sem modulações e mutuamente empobrecedora. Juntos geram o objeto propositadamente imenso pela reprodução ilimitada das mesmas condutas primárias. Vigas e colunas semelhantes suportam centenas de painéis ou milhares de tijolos acumulados diariamente; portas, caixilhos, vidros, tubos, um a um, interminavelmente um a um, formam as figuras obrigadas do projeto. A variedade possível, inscrita concretamente no fundamento subjetivo da manufatura, é empurrada para fora de seu lugar, para a casca que apaga os traços da produção que a permitiria efetivamente. O meio de produção menos caro e mais disponível, a força de trabalho, assegura, com infinidade dos instrumentos e gestos simples, a permanência da velha forma de produção — e desaparece. A imprecisão da mão deve encadear-se em movimentos homogêneos e artificiais para a fabricação da exatidão hipócrita que a dissolve: a massa do produto não conta a massa de trabalho concreto que a faz. O tempo da hora abstrata coagula o espaço e corrói o que não serve ao aumento e à ênfase de sua quantidade.

Mas essa sombria manufatura adota ainda outros meandros e subterfúgios. De novo Poe:

> E somos então forçados a supor uma espécie de inversão, porque o Autômato joga precisamente como um homem não jogaria. Essas ideias, uma vez aceitas, bastam por elas mesmas para sugerir a concepção de um homem escondido no interior.[63]

No interior do autômato a que uma ambígua literatura reduz o operário da construção, que avança para a desqualificação, alguém respira. Sob a ilusão de uma ação puramente heterônoma há que conceber os vestígios de um homem.

Porque necessariamente, entre a dispersão inicial no canteiro e a incorporação prescrita na obra acabada, os materiais e a técnica de sua utilização recolhem e provocam variados cantos da subjetividade — e não há alternativa possível na manufatura. As intervenções concretas fazem vibrar diferentes registros. Mais: dependem dessas vibrações, sem as quais são improdutivas.

---

[63] Edgar Allan Poe, "Le joueur d'échecs de Maelzel", in *Nouvelles histoires extraordinaires*, Paris, L. Joseph Gilbert, 1947, p. 276.

Mas nos falta o costume no trato direto com as injunções mais sutis, fugidias, do trabalho separado. Mistificado, muda de nome, vira arte. Elidido geralmente em suas reais proporções, deixa paz a seus castradores. Que nos sejam perdoadas a linguagem enroscada, contraditória e as alusões inábeis que empregamos: junto à incapacidade, conotam o silêncio milenar que cobre o trabalho. A ergoterapia sabe a profundidade mobilizada — mas sabe como os físicos sabem alguns teoremas, aplicados mas não demonstrados. Como descrever as muitas presenças latentes que o modo simples de produzir reaviva? A dos "primeiros" tempos de nossa história, por exemplo?

De fato, há recomeço no fazer abrangente que começa. Ou melhor, no canteiro, todo começo propõe um recomeço. A lenta maturação e as múltiplas associações do abrigo reanimam as gastas imagens de gênese — mesmo se o ventre é amargo. Diz-se "abrir um canteiro", em sentido inaugural, gerador. São raras outras atividades urbanas que descubram como as que instalam a obra: as valas, os buracos, a lama e a terra remexida agressivamente evocam sensações difusas e divergentes de rancor e memória. Descobrir, como desenterrar raízes ou mortos. O tapume resguarda, tampa, tece um obstáculo para a vista: as perfurações, as falhas escancaradas, revividas, evitam o *voyeur*. A pasta viscosa do concreto logo as encherá e levantará estruturas geométricas... O ritmo da serra, o instante da martelada, a mansidão do ajustamento; dobrar, despejar, misturar, apiloar, alisar, raspar: ações elementares que texturam o tempo com seu passo e o colorem com qualidades gordas. Dias, meses, fases têm densidades, pesos específicos, tonalidades, transparências: a hora é de carne ainda. A duração se desdobra na mão em harmônicos, ressonâncias — e furor.[64]

Freud introduziu a construção no vocabulário da psicanálise.[65] Com a responsabilidade que sempre marca suas metáforas, utiliza o canteiro do arqueólogo e do construtor para aclarar a (re)construção do passado enterrado. Curiosamente, as poucas restrições que faz à metáfora se referem a efeitos de sua exploração atual: por exemplo, afasta a sucessão linear, constante, das etapas. No mais, a adequação, a concordância

---

[64] Gaston Bachelard, *A poética do espaço*, trad. Antonio de Pádua Danesi, São Paulo, Martins Fontes: 1996.

[65] Sigmund Freud, "Construcciones en psicoanálisis", in *Obras completas*, Madri, Biblioteca Nueva, 1968, t. III, pp. 573-83.

são sublinhadas pela supressão do prefixo: prefere construção como termo suficiente, não reconstrução. O acerto da construção — que não é interpretação — depende de seu poder estruturador, imantador, evocador. Será eficaz se atrair rememorações, associações, restos: se acordar, revelar, reunir.

A construção acertada acorda, revela, reúne. Mas, mesmo na nossa construção explorada e cujo objetivo não é o acerto, o operário não pode evitar que nele alguma coisa acorde, se revele e reúna. Manufatureiro, carrega em si uma técnica obrigatoriamente próxima do acerto, da eficácia. Uma pequena ilustração disso: essa técnica lembra ainda muito a que nós "construímos" como a da era dos primeiros utensílios (aqueles que ainda serviam).

> Ao agir o sujeito orienta a maior parte de sua atividade com a ajuda de séries de programas elaborados no discurso da evolução do grupo étnico e que a educação inscreve na sua memória motriz. Ele desenvolve essas cadeias numa situação em que a consciência lúcida... segue uma senoide em que as depressões correspondem às séries maquinais enquanto os picos marcam os ajustamentos das séries às características em que a operação se desenrola [...] As operações complexas de preensão-rotação-transladação, características da manipulação, tendo sido as primeiras a surgir, atravessaram o tempo sem sofrer qualquer transposição. Ainda constituem a base gestual mais corrente, privilégio da mão mais do que arcaica e pouquíssimo especializada do homem... O apanágio da duração, que em paleontologia se liga com as espécies não especializadas, aplica-se também às operações da mão nua, às quais permaneceram ligadas até aos tempos atuais as formas mais perfeitas da construção arquitetônica, da cerâmica, da cestaria e da tecelagem.[66]

As oscilações da consciência lúcida seguem as circunstâncias da operação atualizando a memória motriz que atravessa o tempo sem grandes transformações. Aliás, o equilíbrio de diversos territórios cerebrais depende de atividades desse gênero, lembra ainda Leroi-Gourhan aos inte-

---

[66] André Leroi-Gourhan, *O gesto e a palavra 2. Memórias e ritmos*, trad. Emanuel Godinho, Lisboa, Edições 70, 1987, pp. 28 e 39.

lectuais, inclusive arquitetos. Preensão-rotação-transladação: milhares de vezes retoma o operário da construção essas operações. Assim, construindo, de alguma maneira se constrói, pois, inversamente, esses mesmos territórios, chamados de sua letargia pela atividade manufatureira, põem em diapasão o sujeito inteiro — o que não quer dizer uno. Ocasião pouco frequente, em que a sombra de nossos malencontros compõe figura de cooperação, em que a polarização favorecida pela natureza da operação nos simplifica. Imagens só virtuais, não há dúvida; a projeção é a única a poder remeter o instantâneo coeso da dispersão, como prova a súbita ereção da anamorfose.[67] Mas, na fantasia de um momento, se a imagem é obra e não reflexo separado pela barra de um espelho, na transgressão dos limites fluidos entre fora e dentro, talvez o sujeito surpreenda, no interior das molduras da abertura que é, a passagem do corpo arredondado que o preencheu há muito tempo sempre. Como não reconhecer o que nunca podemos lembrar, o fantasma que ocupa, lá na era mítica anterior a toda suspeita de castração, o centro da plenitude aspirada?

Se a memória motriz atravessa o tempo sem grandes transposições, é que nada tem com ele — e, com perdão especial para a volta, em torno da mão ativa próxima da matéria a aura da gênese ronda, propondo modelo para a construção de nossa re-construção inevitavelmente adiada a partir do século XVI sob a forma de um projeto de memória. (Não tem jeito: como a questão é também de linguagem, a linguagem — sobretudo a nossa — não basta. Há que ativar as mãos, "metê-las na massa", e vigiar de dentro. Pintar, por exemplo.)

Memória motriz e consciência lúcida, no seu movimento pendular, provocam a sincronia de áreas fundamentais. As "primeiras" operações complexas de manipulação mobilizam o sujeito, operário nosso contemporâneo — o mesmo triturado pela divisão capitalista do trabalho vinda de violência recente. O resultado é a dissonância: os comprimentos de onda do pêndulo, da polifonia acenada, não são os da cadência da produção. Interferência: os vagares de um ritmo fundo desarranjam os organizadores da produção. Encontrão: a doce atemporalidade do não cindido contraria a sucessão acelerada. Todas as miragens estão lá — mas massacradas, prensadas, promessas continuamente anuladas, por trás do vidro deformante do sistema. A manufatura reclama, promove essas mi-

---

[67] Jacques Lacan, *O seminário. Livro 11*, trad. Vera Ribeiro, Rio de Janeiro, Zahar, 1985, pp. 79-89.

ragens como condição indispensável — mas não para que sejam esboçadas as premissas de alguma poética da mão. Se no interior do autômato alguém respira, seu gesto deve ser precisamente como o de nenhum homem, truncado, anguloso, sob pena de fracasso, ofensa às regras e desemprego. Contradição doída: sua função é atender às lacunas da manufatura, preencher o não mecanizado sempre novo, cobrir as laterais da estereotipia só tendencial, coisas às quais o homem é o único a poder responder. Mas o gesto conveniente é o do autômato — no interior do qual alguém deve respirar, para poder ser o que não pode ser.

Mais: a abertura de canais secundários que contornam os diques da repressão psicológica, o retorno peneirado por transferência do submerso estimulam efusões e soltam energias que são aspiradas pelo material que espera valorização. Oposto à planificação consciente no processo de produção, o operário é posto em situação de transbordamento da "fonte eminentemente construtora... do processo primário".[68]

Separadas as representações "perversas" originais dos atuais modos de seu apelo no canteiro, a energia a elas associada escoa-se na prática substitutiva controlada. Bastam associações mais ou menos vagas para permitir seu deslocamento. A vida do canteiro, tentamos indicar, é farta em imagens e operações que as favoreçam. A "economia" psíquica, em sublimação programada, também serve à economia política no canteiro.

Se o tapume-paliçada protege o vazamento das "perversões", determinando um espaço carceral,[69] apoia o controle. Se a de-diferenciação[70] alimenta em energia o canteiro, a seriação do de-diferenciado suporta o poder da produtividade dominada. Se a liberação de energia parece caos, o plano, ar sério, civilizado e evangelizador, repõe ordem. Mas, assim como acentua a divisão ao figurar cooperação, o plano, assumindo o papel de "princípio de realidade", solta o operário construtor para as delícias oceânicas do caos — e para logo capturá-lo enriquecido e desprevenido, renovado e indiferente ao seu objeto, a serviço da valorização. Muito refinamento inverossímil? Afinal, a construção representa 50% do Cc social, merece cuidados especiais. Não dissemos que tudo isso é obje-

---

[68] Anton Ehrenzweig, *A ordem oculta da arte*, trad. Luís Corção, Rio de Janeiro, Zahar, 1977.

[69] Michel Foucault, *Vigiar e punir. Nascimento da prisão*, trad. Raquel Ramalhete, Petrópolis, Vozes, 1987.

[70] A. Ehrenzweig, *A ordem oculta da arte, op. cit.*

to de planificação consciente, nem que é atributo exclusivo da construção. Só que nela aparece com maior força.

(Cedo no canteiro — antes do horário contabilizado —, a distribuição de tarefas. A um qualquer cabe, suponhamos, a execução de um muro: dimensões, posições, técnica predeterminados. Reunidas as condições de trabalho — argamassa, tijolos, fios, prumo, pá, colher, desempenadeira etc. —, começa a operação. Esquemas motores elementares: preensão, rotação, levantar, espalhar, recolher etc. Nos gestos, a sabedoria de um caminho já muito trilhado. A monotonia rapidamente não exige mais que a atenção senoide. Na mão, a viscosidade da argamassa, a resistência quebradiça do tijolo, o arranhar dos grãos de areia; no ouvido, os sons ambíguos ásperos-molhados, as batidas para o ajustamento; no corpo, os movimentos repetidos, quase rítmicos, as variações de peso, a gesticulação conhecida. Pouco a pouco, algum prazer transferido, uma "perversão" escapa furtiva, calor de reencontro. A distância das representações deixa adormecida a censura, pensa em outra coisa. Pelo braço entram vibrações mudas: nenhuma palavra tenta ainda dar conta de uma perda que instala nomeando. Logo há transbordamento, excesso, como que luxúria descabida. De tempo em tempo, o recuo para a apreciação, a correção; a cabeça se inclina olhando, em aconchego de repouso grato pelo acerto: o objeto de prazer tem alguma coisa de corpo próprio. Por baixo da casca lúdica, de longe, sobem cantigas de infância ou uma frase associada. No fim do dia, o mestre faz ponto azedo e balanço: se apropria sem mais (obrigado, Rô). Alguma coisa se foi, vai saber o quê. No dia seguinte, tanto melhor se os cantos forem de guerra, comentando o gosto da perda: as pulsões agressivas podem ser mais produtivas. Se ao assobio ensolarado suceder a cara amarrada, talvez o muro avance mais depressa. O mestre grunhe. No corpo mal alimentado, o cansaço, a mão queimada pelo cimento, o pulmão ressecado em anúncio de silicose ganham consideração quase terna: são os sinais presentes únicos do perdido. Mas, mesmo assim, nalgum ponto do dia, o atrito da pá contra uma junta, ou um tijolo bem aninhado, ou o jeito desavergonhado da argamassa se intumescer sob as batidas nalgum ponto do dia, é seguro, alguma outra coisa fez sinal. Talvez volte amanhã.)

No canteiro, a mão e seus movimentos simples guiam máquinas manuais elementares. Ela levanta, amansa, pesa, encosta e ilude: não mostra que contém o trabalhador inteiro. A mão que trabalha, envolvendo o corpo todo na manipulação da matéria, nos faz esquecer as múltiplas passagens que a confundem com o cérebro. O resultado técnico do que

faz não depende somente do dispositivo osteomuscular, em tudo semelhante ao do macaco superior. Tem alicerce, antes de mais nada, na aparelhagem mental:

> A mão humana é humana pelo que dela se separa e não
> pelo que é...[71]

E ainda, apesar da aparência de generalidade, de coisa da espécie, a
memória motriz particulariza:

> São as práticas elementares, cujas séries se constituem des-
> de o nascimento, que marcam mais fortemente o indivíduo [...]
> Os gestos, as atitudes, a maneira de se comportar no banal e no
> quotidiano constituem a parte de ligação ao grupo social de
> origem da qual o indivíduo não se liberta jamais totalmente
> quando é transplantado para uma classe diferente ou uma ou-
> tra etnia.[72]

A história do trabalhador, enquanto sujeito social, poderia empren-
har o que nos deixa — fossem outras as condições de produção. Se a
sociedade e a arte escapassem da burguesia, nos muros haveria mais ocasião para seu exame que em muitas telas.[73] Mas, como ensina Adorno,
enquanto o trabalho for desencontro programado, só o fechamento radical e abafante da arte guarda a esperança de um outro trabalho. Para
que possamos aproveitar sua experiência, entretanto, é conveniente estu-
dá-la não como vestígio de artesanato ou como molde, mas como espécie
de índice negativo da luta de classes na produção, por deixar de lado a
divisão do fazer e do pensar, as séries hierárquicas, o parcelamento fundamental para a dominação.

Há muita memória condensada no arabesco de um gesto. Foi aprendido, automatizado, testado, modificado em condições sociais particulares. Cada timbre de aparelhagem mental e muscular traz a cor de sua ori-

---

[71] A. Leroi-Gourhan, *op. cit.*, vol. 2, pp. 40-1.

[72] *Idem, ibidem*, p. 30.

[73] André Scobeltzine, *L'Art Féodal et son enjeu social*, Paris, Gallimard, 1973;
William Morris, *Political Writings*, Londres, Lawrence and Wishart, 1973; É. Coornaert,
Les Corporations en France avant 1789, *op. cit.*

gem. Mas dispersa a história nos gestos e seus timbres, no corpo e nas tensões psíquicas, poderia o operário pretender na obra a construção retrospectiva de que falamos. Na obra, como na análise, a boa ordem para o sujeito vai do futuro ao passado.[74] No seu fazer, o operário da construção poderia se fazer um "foi", fazendo-se suportável.

> Ora, se é verdade que a obra carrega em si traços do passado, eles não estão (estruturados) em nenhum outro lugar. A obra não traduz, deformando, a lembrança; ela a constitui fantasmaticamente. Ela é uma memória original e o substituto da memória psíquica infantil [...] A obra é uma inscrição originária, mas que é sempre um substituto simbólico. Podemos dizer que, para Freud, toda representação é substitutiva de uma ausência originária de significação: somos sempre enviados de substitutivo em substitutivo, sem que jamais seja atingida uma significação originária, somente fantasmada pelo desejo.[75]

O passado potencial perde-se pela situação mesma do investimento. Os fósseis da história vislumbrada, e que projetada na obra tomaria forma, somem no produto que, desde o início, é do outro. A cada investimento corresponde o entornar de um pouco de infância, gasta no impulso desapropriado pelo capital. Sobra a interdição de enchimento da falha primeira, a confirmação sem consolo do absurdo fundador — mantido aqui não por escolha existencial, mas pela avidez da exploração.

No canteiro, a vizinhança de uma possível poética da mão encalha no só possível. Entretanto, se a poética da mão se avizinha de seus possíveis (imaginários) é porque, mais uma vez, o trabalhador coletivo constitui seu mecanismo específico (etc. etc.). O que poderia assombrar, como se fosse pausa na lógica violadora do sistema, viola ainda mais. O avizinhamento é reclamado por essa manufatura. Avizinhar não é efetivar: é criar, no interior da produção, as condições para maior exploração da força de trabalho. O corte rente dos possíveis (imaginários, promovidos) ao alcance da mão é a base mesma do processo de produção do espaço.

---

[74] J. Lacan, O seminário: Livro 11, op. cit.

[75] Sarah Kofman, L'Enfance de l'Art: une interprétation de l'ésthétique freudienne, Paris, Payot, 1970, pp. 108-9.

ARREMATE

Pararemos por aqui nosso giro pelo canteiro, giro rápido, superficial (portanto, cheio de grosserias), incompleto (quase que só nos ocupamos com alguns modos de separação).

Sem que haja pretensão a sínteses, recordemos algumas das tônicas que sustêm seu funcionamento. (Talvez toda tentativa atual de síntese seja prematura. Como imaginá-las anteriores ao movimento de sua real superação, de sua "negação determinada"? No tempo de sua rejeição efetiva, única forma de projeto que não é projeção no futuro do agora a negar, sua possibilidade nascerá de sua necessidade assumida pelos atuais produtores imediatos enquanto se transformam em produtores globais.)

Essa grave e triste produção, que acena com reflexos imaginários de um outro trabalho, encontra contraponto e fim numa estereotipia que vive de seu oposto. Para cada traço marcante do produto é possível apontar o inverso na produção, assim como na produção os mesmos passos se quebram em oposições que desembocam em antagonismos. O trabalhador é chamado à produção em função da hora abstrata, do valor que adiciona à matéria (como todo trabalhador sob o capital), mas deve uma hora qualificada, concreta (como todo trabalhador sob o capital — mas aqui a contradição é mais dolorida). Os senhores do canteiro forçam seu trabalho a caber na estreiteza de algumas unidades primárias, aquém de todo conjunto mínimo de comportamentos ainda orgânica e significativamente coerentes, para dominá-lo e poder aumentar a extração de mais-valia — mas sua prática deve ser tal que as ressonâncias acordadas pela mão que trabalha estejam sempre presentes. Separado, isolado de si, dos outros e do produto, é responsável por habilidade encadeada que só a colaboração autônoma permitiria. Com o último dos salários, dele são exigidas todas as fadigas: é força motriz e princípio operacional, transporta, empurra, eleva mas deve ser capaz das sutilezas do desaparecimento. Como prêmio, tem o menor dos tempos de vida e de trabalho, abaixo dos de todas as outras categorias socioprofissionais. No produto, também, é o tempo da hora abstrata que conta e dá vida (morte) na proporção de sua quantidade. Nele imerge a verdade, emerge a aparência — mas que é a essência descarnada. A inversão contamina: o uso negará a aparência ainda utilitária do produto, será aparência de uso da aparência do produto. A hora abstrata procurada na produção esvazia a hora do consumo — mas a hora viva da produção material, apagada, deixa angústia na atonia inevitável do produto feito dela. Na projeção solicitada pela matéria à mão, barrada assim que iniciada pela expropriação, separam-se as pulsões, volta Eros que alimenta o narcisismo secundário do "orgulho" profissional — mas solta Tânatos que se multiplica em absorção da autoridade, em espacialidade agressiva, em asco no consumo...

Em mãos mais capazes, o tema não tem fim.

O DESENHO

História

Voltemos ao desenho.

Com a aproximação da total hegemonia burguesa e a adaptação induzida das forças produtivas (isto é, a "revolução industrial"), com o desenvolvimento encomendado do maquinário e da organização do trabalho, métodos e instrumentos para o comando e a comunicação reclamam reformas. Lembramos: como corporificações da união/des-união do trabalho, promovem aumento da mais-valia, principalmente relativa. Os erros decorrentes de ordens frouxas, as irregularidades que exigem uma correção posterior, as hesitações e pausas que a informação imprecisa ou insuficiente engendra impedem o bom rendimento. Assim, a exatidão e a homogeneidade, a repetição e a limitação compõem os novos objetivos: condições para o encadeamento regrado da produção dividida, afastam os poros da manufatura, agora grosseira, para a fome agravada do capital. Entre esses instrumentos, o desenho.

No fim do século XVIII, começo do XIX, o desenho geométrico aparece, no discurso dos que vislumbram novos tempos — em toda a ambiguidade da expressão —, como uma de suas bases mais férteis.[76] A geometria projetiva, marginalizada desde sua primeira formulação sistemática, é retomada: o *Brouillon projet* de Désargues de 1639 só será efetivamente desenvolvido com a *Géométrie descriptive* de Monge em 1799. Ele e seus continuadores, como Poncelet (*Traité des propriétés projectives des figures*, 1822) e Farish, preparam os esquemas de representação con-

---

[76] J. Guilherme, "L'espace technique de la composition architecturale", in *Les Espaces de l'architecture et des architectes*, Cahiers de l'École d'Architecture de Nancy, nº 1, maio 1973, pp. 1-32.

venientes e oportunos para o modo de produção que atinge o poder completo. Fundados sobre a homogeneidade postulada do espaço, articulados a partir da projeção ortogonal, da imóvel disposição dos diedros, da infinita distância do observador e, em parte, da homologia, a ocultação de sua arbitrariedade encontra sintoma na decadência da anamorfose, feita curiosidade de feira. Mas tais esquemas servem ao comando mais seco e detalhado do capitalismo industrial — e é o que conta. Favorecem a mensuração, a ordem, a estereotipia, a verificação (associados a outras providências que escapam ao nosso tema — cuja penetração, entretanto, provoca ecos mesmo em Stendhal, na sua inclinação por uma linguagem depurada como a dos médicos, ou em Ingres, na sua adesão à linha nítida como a traçada por buril).

Acompanhamos o resumo de história do desenho de Yves Deforge:

Os primeiros desenhos técnicos [...] que remontam à Idade Média não exprimem senão as principais intenções do autor; comportavam poucas informações precisas e sugeriam globalmente alguns temas para reflexão... tais desenhos estavam longe de trazer uma informação unívoca, tudo era possível e o bom artesão deveria encontrar como pudesse as intenções do autor [...]

A partir do século XVII, a necessidade de fabricações repetitivas provoca uma evolução dos desenhos no sentido da precisão. A solução é a da codagem homológica, isto é, uma correspondência traço a traço com o real (exemplo, o *Atlas* dito de Colbert) [...] No século XVII, o desenho faz ainda um progresso no sentido da precisão ao respeitar uma escala, o que facilita a reprodução (exemplo, as gravuras de Le Bas para a *Enciclopédia*) [...]

Progressivamente, as representações se normalizam, certas homologias desaparecem em proveito de uma... simbolização arbitrária [...] A informação contida num desenho técnico é percebida da mesma maneira por todo sujeito possuidor dos diferentes códigos. [...]

Um desenho completo é uma ordem.[77]

---

[77] Yves Deforge, *L'Éducation technologique*, Paris, Casterman, 1970, pp. 108-11.

Do desenho que "sugeria globalmente alguns temas para reflexão" e onde "tudo era possível" para o "bom artesão",[78] passamos ao desenho "percebido da mesma maneira" somente pelo "sujeito possuidor dos diferentes códigos" e onde "certas homologias desaparecem em proveito de uma... simbolização arbitrária" — ao "documento contrato" que o Comitê de Normalisation Français designa como "desenho de definição do produto acabado". Há progresso, não podemos duvidar; a exteriorização do conhecimento prático abre caminho — mas a longo prazo — para sua democratização. Antes, porém, e como precondição, o mesmo movimento que retira dos trabalhadores sua autodeterminação relativa e seu saber é também o que faz do desenho uma "ordem" codificada que só os iniciados podem utilizar. Comentário de Agricol Perdiguier:

> [...] as mais belas (catedrais) estavam em pé quando Désargues e Monge vieram nos ensinar, a nós, trabalhadores, como devemos fazer para talhar a pedra e a madeira.[79]

O desenho, gravando um saber meio apropriado, meio derivado da nova situação da produção, envolve de anacronismo o saber ainda exclusivamente transmitido pela experiência. Por outro lado, sua simbolização convencional, já notamos, sustenta uma primeira hierarquização pela exclusão de alguns. O preço da univocidade da informação é seu monopólio inicial e seu estranhamento: editada pelos mestres, sua imagem não inclui mais a familiaridade de que se nutriu.

Mas seu preço diz pouco a respeito de sua extensão. Entre a "codagem homológica" e a "simbolização arbitrária" corre a mesma distância que a que distingue a regulamentação dos tecidos introduzida por Colbert e a fabricação de alfinetes de Adam Smith. De fato:

> Coisa curiosa: por longo tempo, até o século XIX praticamente, o desenho foi raramente um documento de trabalho;

---

[78] Álbum de Villard de Honnecourt, Bibliothèque Nationale, Paris; os estudos de Peter Parler para a catedral de Praga, Akademie der Bildenden Künste, Viena; as vistas de Michel Parler para a catedral de Estrasburgo, Musée de l'Oeuvre Notre-Dame, Estrasburgo; os detalhes para a fachada da catedral de Ulm de Matthäus Boblinger, Musée d'Ulm, Ulm etc.

[79] Agricol Perdiguier, *Mémoires d'un Compagnon*, Paris, Compagnonnage, 1964, pp. 10-8.

não era senão a transcrição das formas do ser acabado, uma imagem geralmente ingênua e exterior das coisas.[80]

Da regulamentação da produção à sua organização, da mensuração externa à sistematização das operações — é nessa passagem que o desenho faz-se adotar como instrumento capital, momento em que se torna urgente definir as parcelas da produção com maior rigor. Questão de organização, portanto, que o generaliza como documento de trabalho. O objetivo de seu uso não é nem a qualidade do produto (as normas da corporação eram muito mais rígidas e detalhadas), nem sua constância (a ausência do desenho fazia, se fosse o caso, da cópia direta um método mais fiel). O que constrange a história do desenho é a divisão desigual do trabalho que avança — e seu outro polo, o acordo a ser imposto aos componentes produzidos pelos trabalhadores divididos. Por baixo, sorrateiramente, o império do valor comanda a reforma. Dizer que o desenho só "sugeria alguns temas para reflexão", que o "bom artesão deveria encontrar como pudesse as intenções do autor" quer dizer não se inquietar com os poros da produção, não fazer do rendimento a lei primeira, comerciar com o excedente ou sonhar apenas com a mais-valia absoluta. Se, mais tarde, o desenho recua do "ser acabado", do objeto tal como se apresenta ao consumo, ao seu esqueleto, se o olhar procura, por cortes e rebatimentos, traspassar sua carne, é menos por desconfiar e para remediar o trabalho que ajuda a desqualificar, que para assegurar a total incorporação do sobretrabalho. A vivissecção do objeto pelo desenho do objeto persegue o acréscimo do depósito de hora abstrata.

Da forma a atingir, como em Sangallo, Bernini ou François d'Orbay, atravessando a oscilação de um François de Cuvilliés,[81] chegamos à descrição da anatomia dos edifícios, de suas juntas, de seus materiais. Da placa do pórtico norte da catedral de Wells, campo para debates, estudos e sugestões, aos detalhes explícitos de Le Baron Jenney, ordens exaustivas de serviço, há inversão do papel do desenho, materializada na troca do gesso pelo vegetal. Se antes propunha forma para o objeto, visando o gozo dos proprietários ou conveniência de utilização, agora se aproxima de uma espécie de combinatória na qual o que guia é a densidade dos mo-

---

[80] Y. Deforge, *L'Éducation technologique, op. cit.*, p. 112.

[81] C. Coulin, *Dessins d'architects*, Paris, Deux Mondes, 1962.

mentos de execução, o arranjo imediato em componedor para as etapas desgarradas.

Cézanne se põe diante de uma cena qualquer à cata do que ilustra reunindo os dedos das duas mãos — como Frank Lloyd Wright. A ilustração, resvalando pela pouca importância atribuída à cena (ou ao objeto), aponta o desejo elusivo de juntar o disperso, desejo já nosso conhecido. O procedimento essencial é simples: acumula módulos de cor, direção, superfície, economicamente selecionados. Verde, azul e laranja; vertical, horizontal e diagonais principais; cone, cilindro e esfera feitos sempre por pequenos planos. Um ritmo globalizante, "cósmico", diria André Lhote (nosso componedor), soma tudo, como a mancha negra costura os rostos ilhados do *Enterro de Ornans* de Courbet. Há delicadezas, *métier*, não negamos. Mas o que queremos destacar é que o olhar atravessa a casca dos corpos na busca de uma gramática aditiva, cujas transações os constituem. E isso a tal ponto que há transbordamento: conteúdo e continente espacial se desfazem na mesma mecânica universalizada.[82] Cézanne determina unidades cuja combinação distingue corpos — mas continua e faz desse movimento princípio universal, instabilizando mesmo o que distinguiu. Reconhecemos as sombras hipostasiadas da divisão técnica do trabalho capitalista. Inclusive, na evidência suposta das unidades selecionadas, filhas de violenta intervenção — ou no aleatório (se preferirem, no oscilante, no vibrante) contorno dos objetos, propostos ao consumo não para uso, mas como quantidade de valor a que é fácil associar ou retirar um pouco. Se Robert Delaunay, prosseguindo no rumo de Cézanne, toma a torre Eiffel como tema, é porque também lá a desencarnadura fecunda a formação e a ordenação dos módulos de um canteiro até hoje exemplar quanto ao rendimento.

O desenho analítico maduro — desenho para a produção analisada com as lentes da burguesia —, querendo ver dentro, coopera na criação de um dentro adaptado às fontes de seu querer, a exploração da produção submetida. Cortes, seções, vistas, níveis, eixos: enquanto o erro admissível cai ao centímetro, o bisturi dos desenhistas escancara a carne preparada do edifício para melhor contabilizar o tempo ocado no recheio conivente. A taxinomia gráfica, enumerando, classificando, tende a rejuntar todas as horas numa figura desprovida de restos.

---

[82] Liliane Brion-Guery, *Cézanne et l'expression de l'espace*, Paris, Flammarion, 1951.

A coordenação da produção assujeitada pode contar com mais tempo paralisado nos objetos produzidos se o "documento contrato" for bem conduzido. A exatidão do traçado que afina suas ordens, às épuras que expulsam dúvidas, correlaciona-se o tempo "exatamente" calculado das operações assim aptas para decomposição e planificação minúsculas. E mais: a medida dos tempos sociais mínimos ("necessários"), aquém dos quais toda redução é negativa, só desse modo é possível e generalizável. Com efeito, a estimação desses tempos que determinam normas de produção requer o conhecimento completo das operações — o que, por sua vez, não pode ser obtido sem a configuração rigorosa do que há que produzir.

Esquematicamente: 1. a corrida pela mais-valia reclama a redução da hora social média de produção; 2. a redução da hora social média supõe, entre outras coisas, o adensamento dos tempos operacionais mínimos; 3. o adensamento dos tempos precisa da transparência esmiuçada da produção dominada, do objeto a produzir e das etapas de produção; 4. a transparência do objeto a produzir e das etapas de produção passa pelo desenho técnico que os determina e abre ao exame.

A relação espaço-tempo, nas suas consequências práticas, é tema que ocupa crescentemente a técnica a partir da segunda metade do século XVI.[83] Nós o reencontramos simplificado no século XVIII.[84] E, já sem outros cuidados, forma hoje o ponto de partida dos tratados da *work simplification*. Voltaremos a esse tema — mas já podemos sentir que a geometrização e a homogeneização do espaço de representação são fenômenos dependentes do predomínio do valor, do tempo e do trabalho abstratos, portanto. Em retorno, porém, são fundamentais para medi-lo e dar-lhe chão. A regularidade de métodos e procedimentos, a sistematização do espaço eliminam as variações da realização não submetida. E, mesmo dependentes, auxiliam na instalação das condições epistemológicas e operacionais que o mantêm.

Com algumas adaptações, as tendências mais eficazes do desenho técnico industrial penetram, durante o século XIX, na manufatura da

---

[83] Alexandre Koyré, "Du monde de l'à-peu-près à l'univers de la précision", in *Études d'histoire de la pensée philosophique*, Paris, Gallimard, 1971, pp. 341-62.

[84] D'Alembert, *Discours préliminaire de l'Encyclopédie*, Paris, Gonthier, 1965: "não há [...] cálculo possível senão pelos números, nem grandeza mensurável senão pela extensão — porque sem o espaço não poderíamos medir exatamente o tempo [...]", p. 31.

construção. As adaptações são principalmente redutoras e imobilizantes. Afastado das máquinas mais complexas e de acuidade crescente, o canteiro, constituído sempre por trabalhadores em colaboração e seus instrumentos elementares, não suportaria tipos mais elaborados de representação. A violência aberta que o capital não pode abandonar aqui é incompatível com o rebuscamento do sistema de informação e transmissão de ordens. Para reproduzir cotidianamente a ruptura nunca estável em cada operário da construção, para reinstalar o embrutecimento ditado pela maneira de produzir, que não pode torná-lo permanente, os meios de controle e direção devem descer a níveis adequados. À conduta policial dos mestres respondem os reduzidos canais iconográficos. Não podemos comparar os desenhos de uma indústria de ponta com os que encontramos numa obra. São meios precários, os da simbolização arquitetônica — mas suficientes e convenientes para a tosca técnica codificada e para a indicação sem rodeios da tarefa de asfixiante estreiteza, exatos no serviço da indigência plástica que determinam. A representação da vontade autoritária, no exercício direto da coação, não tem como escapar ao fechamento em autismo embruscado, à arrogante ruminação de grosseira mesmice.

Mas a violência a que o desenho serve, para ser bem servida, se aplica primeiro nele. Ao seu enclaustramento acompanha uma higiene suspeita, sobretudo porque é maior quando vem a público, em revistas ou prospectos. O traço sem desvios, os ângulos rigorosos, o metro bem afiado, o preto no branco; normógrafo, tira-linhas, compasso, régua, esquadro; na impessoalidade gráfica, nenhuma respiração, nenhum passeio. De sua obrigatória limitação extrai moralismo hipócrita e claudicante alegoria de razão. Nada mais tacanho que a tabuada milimétrica que trama sua gerência — a não ser a linha torturada em concurso de sensibilidade pela mão solta do artista que prende a mão de quem faz. Aliás, saída do 6B é logo dissecada em cotas para a fabricação — e fica como as outras. A mão solta guarda o cetro, mas o cetro só avaliza os gestos do ritual. Qualquer veleidade de arroubos poéticos coalha nas margens da gestão correta. Se Gaudí ainda salta as muralhas da repressão interiorizada, é porque mora no canteiro, desenha pouco e discute o talho de cada pedra. Resultado, porém: leva Güell à falência. A cantada doença de São Guido de Le Corbusier, Aalto e outros tantos, arremeda o que não tem e some nas folhas de execução: sua reverência não é à arte, mas ao capital a que empresta o serviço de seu pastoso engodo.

O canteiro e o desenho

Na indústria, como na arquitetura, há um problema essencial: a representação dos corpos. O engenheiro ou arquiteto concebe um projeto que deve geralmente traduzir por um desenho destinado ao operário, que executará esse projeto. Essa representação por imagens pode se fazer por meio do desenho em perspectiva ou do desenho geometral. [...]

O método da dupla projeção, que consiste em fazer duas projeções ortogonais sobre dois planos perpendiculares, é quase que exclusivamente empregado por engenheiros e arquitetos. [...]

O conjunto dos métodos que permitem construir desenhos geometrais constitui a geometria descritiva criada por Monge (1746-1818), que primeiro expôs metodicamente os procedimentos gráficos que os arquitetos de todos os tempos haviam empregado na arte das construções. Hachette, discípulo e continuador de Monge, disse: "em geometria descritiva, é necessário primeiro resolver um problema de geometria tridimensional antes que a mão possa executar as operações que conduzem à solução gráfica do problema".[85]

Na palavra dos que têm pouco compromisso com a ideologia arquitetural, a verdade encontra menos obstáculos para aparecer, sobretudo se a ingenuidade se associa ao afastamento. No texto citado, reencontramos: o caráter essencial do problema da representação; sua destinação, o operário que executará o projeto; a separação/dependência do objeto e sua representação; a historicidade do procedimento; a não historicidade com que é apresentado ("arquitetos de todos os tempos..."). Esse método "quase que exclusivamente empregado por engenheiros e arquitetos" surge para ser o quase que exclusivamente empregado. O que anulará o caminho imaginado por Hachette, com a força das constantes que submergem. Vamos opor à indigência o monopólio que esse método instaura: apesar de ser restritivo e monogênico, constitui o fundamental do que circula entre o centro de decisões e o canteiro. A partir dessa posição, cobre o campo dos possíveis deixado ao desenho separado, confirmando indiretamente sua função dominante, a de desenho para a produção. É porque é desenho para a produção (de mais-valia) que se encolhe na grelha mongiana até virar sinônimo seu.

---

[85] André Delachet e Jean Moreau, *La Géométrie descriptive*, Paris, PUF, 1968, pp. 5 e 17.

O CONSULADO DA REPRESENTAÇÃO[86]

Com efeito, o movimento ou a relação que, primitivamente, desempenha o papel de intermediário entre os extremos conduz dialeticamente e necessariamente ao resultado seguinte: ele aparece como sua própria mediação, como sujeito cujos momentos não são senão os extremos e dos quais suprime o caráter de pressuposto independente, a fim de se pôr a si mesmo, por essa superação, como o único fator autônomo. Assim, na esfera religiosa, Cristo, mediador entre Deus e os homens (simples instrumento de circulação entre um e outro), torna-se sua unidade, homem-deus, e como tal adquire mais importância que Deus; os santos adquirem mais importância que Cristo; os padres são mais importantes que os santos.[87]

Pois é: o modo de pensar penetra a coisa pensada, se embrenha em suas entranhas e a absorve, como as formas sociais do pensar moldam o modo de pensar. E logo o modo de pensar posa de fonte pura, escotomizadas[88] as formas, enquadrada a coisa. O processo de produção, enquanto processo de extração de mais-valia, cria o intermediário desenho entre o comando e as unidades de produção. Porta-voz: o *designer* ou o arquiteto, também criados seus. E, pouco a pouco, sem desservir suas origens — e, mesmo ao contrário, confirmando-as —, os planos ortogonais de projeção, por exemplo, se projetam como planos arquiteturais determinantes, através do desenho que conformam. Se o desenho, numa aproximação simplista, representava o espaço, o espaço progressivamente será acomodado às formas de representação que, de certo modo e modo certo, o antecipam. As formas do sistema segregam um mediador para transmitir o pensamento dos que as detêm — mediador que rapidamente grava sua marca no que transmite. Em outros termos, a trama simbólica aspira mais e mais o simbolizado ou, na nomenclatura da escola de Ernst Cassirer, a série dos sinais aspira mais e mais o assinala-

---

[86] Ver adendo p. 159.

[87] Karl Marx, "Principes d'une Critique de l'Économie Politique (*Grundrisse*)", in *Oeuvres*, Paris, Gallimard. Bibliothèque de la Pléiade, t. II, 1968, p. 235.

[88] Termo inexistente no dicionário *Aurélio*, mas utilizado às vezes em psicanálise com sentido próximo de denegação; vem de "escotoma", área prejudicada do campo visual. (Nota de 2024.)

O canteiro e o desenho

do.[89] Ponto por ponto, o espaço arquitetural seguirá as normas do espaço de representação: ele se fará homogêneo, regulado, ortogonal, modulado etc. Apresenta a representação de si mesmo. E, se a homologia decai no desenho mais sofisticado, patrocina ainda o monólogo da representação na construção — mas de trás para diante.

Atenção: toda analogia com conceitos como o de assimilação, introduzido por Jean Piaget, é deslocada.[90] E ainda: essa espécie de filiação ao inverso, de primazia dos mecanismos de *feedback*, a lembrar suspeita eficácia simbólica, deixa dúvidas no ar.[91] Já dissemos que, no desenho, é como aparência de relação que as separações do fazer e do pensar, do dever e do poder, da força e dos meios de trabalho se manifestam. E que os laços que o desenho propõe são laços do separado mantido separado. (Aparência: "é o nome dado ao *ser* que imediatamente é em si mesmo um *não-ser*, ser que é em si mesmo imediatamente um não-ser".[92]) Ora, a separação corrompe os polos que separa: castra o trabalhador, impede a criação. Se o desenho se põe como móvel imediato da produção e se imprime nela seu guião simbólico é porque é materialização da separação, reificação da ruptura.[93] Nada a ver, portanto, com a interdeterminação

---

[89] Susanne K. Langer, *Sentimento e forma*, trad. Ana M. Goldberger Coelho e Jacó Guinsburg, São Paulo, Perspectiva, 2003.

[90] Jean Piaget, *Biologia e conhecimento*, trad. Francisco M. Guimarães, Petrópolis, Vozes, 1973, p. 87.

[91] Claude Lévi-Strauss, "A eficácia simbólica", in *Antropologia estrutural*, trad. Chaim Samuel Katz, Rio de Janeiro, Tempo Brasileiro, 1973, pp. 215-36.

[92] G. W. F. Hegel, *Fenomenologia do espírito*, *op. cit.*, pp. 115-6.

[93] "Guião simbólico": estandarte que vai à frente de romarias. Aproveito a oportunidade para citar longamente Ferdinand de Saussure quando recorre à arquitetura para ilustrar a diferença entre relações sintagmáticas e relações associativas ou paradigmáticas, ou seja, duas articulações simbólicas: "A relação sintagmática é em *praesentia*; ela repousa sobre dois ou mais termos igualmente presentes na série efetiva. Ao contrário, a relação associativa une termos *in absentia* numa série mnemônica virtual. Desse duplo ponto de vista, uma unidade linguística é comparável a uma parte determinada de um edifício, uma coluna, por exemplo; ela se encontra, por um lado, numa certa relação com a arquitrave que ela suporta; esse agenciamento de duas unidades igualmente presentes no espaço faz pensar na relação sintagmática; por outro lado, se esta coluna é de ordem dórica, ela evoca a comparação mental com as outras ordens (iônica, coríntia etc.) que são elementos não presentes no espaço: a relação é associativa", Ferdinand de Saussure, *Cours de linguistique générale*, Paris, Payot, 1973, p. 171. Elementos discretos, isoláveis, sem mais vínculos de *métier*, prontos para sustentarem divisão acentuada do trabalho,

dos polos através de estruturas de troca, como faria imaginar a analogia com o conceito de assimilação. No nosso caso, os polos são determinados negativamente e infecciosamente: em cada um fica a ferida gangrenante do vazio do outro. Vazio: furo e despejo, inanidade e falta. E, em vez de estrutura de troca, há barreira: em vez de ponte, cunhas — entre as quais o desenho. Aliás, a transferência, no discurso dos arquitetos, da consideração da forma para a consideração do espaço (o entre-coisas, ex-paz, ex-passo, buraco; em latim, *spatium*: arena) toma valor de sintoma: para a psicanálise, ele é perda, talhe.[94] Espiemos mais de perto.

É como desenho que se apresentam as resistências que enfrenta o projetista, sua "realidade". Ou melhor, é no desenho: as dificuldades são de figuração, de geometria. No jargão dos escritórios, concretizar uma ideia é transcrevê-la no papel, transladar de lá onde está, de além da vaga imagem só vista de olhos fechados, do campo da representação para a ordem de serviço. A única matéria que transforma, dando corpo, a ideia são os códigos do desenho para a produção — mas transforma em transformação contínua de si mesma, para emprestar a noção dos matemáticos. A ideia já vem informada, formada por dentro, por esses signos e as regras de sua combinação. O objeto a fazer desenhado, cujo fazer está preso em impotência, reforça a "perpendicularidade" da representação descrita por Michel Foucault:

> A representação é sempre perpendicular a si mesma: é, ao mesmo tempo, indicação e aparecer, relação a um objeto e manifestação de si.[95]

---

não por acaso os encontrados no estoque de berloques do classicismo arquitetônico, o delírio de cinco séculos de denegação da realidade da construção realmente manufatureira. Saussure escolheu bem suas comparações. Lembro que os elementos citados são formas desprovidas de conteúdo, como as que povoam nosso inconsciente, o baú onde abandonamos e congelamos traços mnemônicos que nos incomodariam muito se ainda estivessem associados às cargas afetivas que provocaram sua denegação. Uns e outros circulam por aí como se fossem inocentes quinquilharias. Mas, se fossem analisados a fundo, mereceriam figurar em bom lugar na lista dos horrores de que somos capazes. (Nota de 2024.)

[94] Mahmoud Sami-Ali, *L'Espace imaginaire*, Paris, Gallimard, 1974.

[95] Michel Foucault, *As palavras e as coisas*, trad. Salma T. Muchail, São Paulo, Martins Fontes, 1992, p. 80. [Adendo de 2024: "perpendicularidade da representação"

O canteiro e o desenho

A indicação vira reflexo quando o objeto não é senão imaginário, toma carne de empréstimo e manifesta o que o deveria indicar, redobrando sua tendência a vir a ser "sempre" (isto é, hoje) manifestação de si. Nesse avesso, o indicado é reaparição do aparecer próprio à representação, além de apresentação da representação de si mesmo, confirmando que "indicar é o experimentar que agora é [um] universal".[96] Jogo turvo: a presença da obra, cuja realização é passiva, apresenta sua representação que, assim, se mostra ser um "universal" vazio. É por isso que a dimensão ainda potencialmente simbólica dos esboços é coada pela norma em uso da rede dos significantes plásticos — e no coador fica o que não convém à produção dividida. Gilbert Durand insiste a propósito do caráter não convencional indispensável ao rearranjo simbólico dos significantes.[97] E a linguagem do desenho para a produção não pode compreender senão signos em sua disposição convencional. Afirmamos, pois, que todo poder e abertura criativa do projetista acaba no esboço: a criação não dispensa o rearranjo simbólico dos significantes. E, obviamente, como só os signos em disposição convencional dão forma à obra, nem sombra de criação atinge nossos edifícios. O esboço fica sendo, se revela criação, luxo sem consequências diretas em face do peso imóvel da mediação feita sujeito por delegação.

(Nota: arranjemos nossos termos. "O desenho imprime seu guião simbólico..." significa: a trama dos significantes plásticos em uso na representação, enquanto tal, enquanto totalidade, é simbólica — no sentido em que aponta um atrás de si, um reverso que, se a propõe, ganha dela figura. Mas, no interior da trama, no seu funcionamento cotidiano, a convenção e a imobilidade são condições para o bom andamento da produção. Portanto, se a estrutura geral é simbólica, cada uma das configurações particulares que informa não o é — ou é tautologicamente,

---

é um tema recorrente no referido livro de Foucault, ilustrado na sua abertura por uma análise fantasiosa, na verdade errada, de *Las Niñas* de Velázquez. Trata-se, segundo Foucault, de uma espécie de desdobramento da representação a qual representa alguma coisa mas, ao mesmo tempo, chama a atenção para si mesma, se auto-apresenta ou re-presenta. Uma variante do ator épico de Brecht, que não desaparece atrás do personagem representado e mostra de algum modo que o está representando.]

[96] G. W. F. Hegel, *Fenomenologia do espírito*, *op. cit.*, p. 91.

[97] Gilbert Durand, *A imaginação simbólica*, trad. Eliane F. Pereira, São Paulo, Cultrix, 1988; e *idem, As estruturas antropológicas do imaginário*, trad. Helder Godinho, São Paulo, Martins Fontes, 1997.

repisando o refrão da estrutura geral. Exemplo oposto: o entrelaçado das cores selecionadas na pintura de uma época é simbólico, metafórico — mas cada pintura que o aceita produz outras estruturas simbólicas relacionadas, metonímicas. Há deslocamento, mesmo se ligeiro, do entrelaçado de que parte. Isso não acontece com o desenho para a produção, cujos desvios, coagidos diretamente por fora, só encontram redundância. A pintura é produtora de sentido por reelaboração de seu material. O desenho para a produção segue um sentido editado pelo modo de produção e sua conjuntura: é heterônomo — menos, entretanto, que o canteiro que dirige. Pintura é rebeldia e, apesar de não escapar à torrente do sistema, procura suas margens ou resiste em posição de escolho. Nossos desenhos para a produção seguem a vala comum de seu eixo, sem vagar para outra escolha.)

Não é honesto comparar linguagem falada (ou escrita) e representação arquitetônica para tentar conservar chance de criação. É no desarranjo, nas esquinas, no branco, nas soluções, nos bueiros, nos lapsos, nos desencontros, nas falhas, na falta, no giro, no tombo da linguagem estabelecida que arte — e verdade — despontam.[98] No esbarrão dos significantes. Ora, construção é coisa séria, envolve doutor e capital. Ou os signos da representação desfilam corretamente, ou no canteiro instalam bordel e o capital não engravida. Arte e criação, verdade e desejo que se danem se forem menos anormais. Se comparação cabe, é com o nhenhenhém de todo dia, a fala de todo mundo, confirmação securizante dos significados da hora, das cesuras compactuantes que a manipulação da rede dos significantes distribui e redistribui para a comodidade da ideologia. Então, sim, vale: nos dois casos, a troca é a mesma. Caminho vira centro; centro, calçada; patológico, normal; palavra, coisa; violência, razão — e representação, coisa a representar. E fica combinado: tudo de cabeça para baixo em ordem e progresso.

Como, nessas circunstâncias, achar chocante que o desenho, materialização da ruptura, saia do vazio que o gera, tome os corpos, tenha regras e governe? Governa como preposto — mas não sofre ênclise, guarda seu acento, se apresenta como fator autônomo, mesmo não sendo. Representação é o seguinte: (segue o curso rançoso mas constante nas faculdades de engenharia e arquitetura, desenho técnico, geometria des-

---

[98] Jacques Lacan, "A instância da letra no inconsciente ou a razão desde Freud", in *Escritos*, trad. Vera Ribeiro, Rio de Janeiro, Zahar, 1998, pp. 496-533.

O canteiro e o desenho

critiva etc.) — e ponto. De mansinho, lá do seu silêncio, do seu canto, de sua situação dita modesta, de sua inodora banalidade, dispõe dos que se agitam. Não entra no jogo, fica de fora: continente é sua lei e o jogo sua atualização.

Mais uma vez, Cézanne, o das últimas aquarelas. No limite, suas maçãs seriam pedaços de tela branca rodeados por módulos de cor mais ou menos distintos. Vem por fora — e o que faz, de repente, sai do nível do suporte, recua como fundo. O que não faz, as maçãs, salta e avança. Nada, intervalo, ostenta relevo. Para que a ilusão não se denuncie, é preciso que os módulos tenham um quê de quebradiço, de descontínuo. O mesmo salto num quadro como o *Enterro de Cristo* da National Gallery, duvidosamente atribuído a Michelangelo, não ganha o mesmo efeito: as formas ligadas deixam chapada a parte inacabada. Mas, se o entorno, que é o que trabalha em Cézanne, for conturbado, separado em cacos, sua montagem pode redundar em emigração da presença que invade, então, o que é ausência. E, no intervalo de pintura que constitui o corpo, o contorno — necessariamente múltiplo para que a passagem se realize — tem de tender para a maior pregnância visual, reforçando a inversão pela aplicação dos princípios estudados pela *Gestalttheorie*: para o cone, o cilindro, a esfera etc. Também aqui o vazio, que toma corpo a partir do esfarelamento, exibe lei e estrutura. Pouco a pouco, vão se depositando os traços obrigatórios do sistema de representação solicitado por nossas relações de produção. Da produção separada (do entorno partido) ressaem os "universais": a tecedura dos diedros ortogonais, da combinatória modular; a tessitura das figuras geométricas simples, dos volumes corridos — ocultação, contraponto, germe da divisão. Arranjo de unidades mínimas provocadas de operações do trabalho (de cacos coloridos): as porções de produto declarado pronto, soma jamais justificável de horas coalhadas, têm por critério de delimitação as conveniências da troca e, como consequência, a generalização de sua raiz. (Não fosse a vantagem de, pelos cortes que decreta, funcionalizar a eles o uso do qual retiram todo impulso produtivo. Por que não produzir e usar simultaneamente, como acontece com o *sukiyaki* de Barthes?[99] Do "um" determinante mina o disperso seu inverso: daí o fantasma dos corpos atados pelas algemas dos "universais", *tropos* do vácuo disseminado e dissimulado. A assunção do papel do sujeito pelo desenho relega o sujeito ao infinito das

---

[99] Roland Barthes, *L'Empire des signes*, Genebra, Skira, 1970, pp. 30-4.

projeções descritivas, descrição do exílio reificador de toda autonomia. Oco dos "universais" plásticos generalizados: na sua estrita dispersão, estruturam o mediador em carreira de estrela, fiel servidor da divisão, autista grosseiro filho da luta de classes sob o capitalismo, legislador do espaço.

Voltemos ao nosso projetista, a esta altura de nosso texto quase exclusivamente montado pelas regras da representação. Certo, os técnicos oporão, aqui e lá, outras limitações. Mas, vindas do mesmo universo, ao qual são mesmo até mais afeiçoadas (dos substantivos feição e afeição), essas limitações confirmam ainda uma vez a hegemonia dos veículos estereotipados. Quando contrariam o projetista é para adequá-lo melhor a eles. Seu "realismo" operacional injeta o selo da trama mongiana hipostasiada inclusive nos conceitos comuns do cálculo, como se a espessura da matéria se tivesse condensado em roda de suas coordenadas. E, se o modo de utilização do material escorrega na linha da aberração — escorregões que assumimos como evidente avanço —, sua conceituação obediente cauciona a compatibilidade imaginária com o molde. Alguns exemplos rápidos: vários conceitos do cálculo estrutural — a compressão (na direção do eixo), a tração (*idem*), a flexão (afastamento perpendicular ao eixo), o momento (dupla perpendicular ao eixo), a torção (*idem*) etc. — são conceitos de base linear e ortogonal. Em oposição, porque as formas curvas tridimensionais não se inclinam facilmente diante dessa raquítica aparelhagem teórica, suas vantagens estruturais são abandonadas. Essa adoção, essa interiorização dos esquemas secretados pelo comando da produção esquartejada germina pesadas raízes. Esboçada desde os primeiros tratados de resistência dos materiais, como as *Leçons* de Navier, datadas de 1826, ela atravessa de lado a lado o ensino técnico e a prática de hoje.

O caso do concreto armado é típico: material pronto para seguir os desenvolvimentos curvos das tensões, na maioria de seus empregos atuais adota o esqueleto paralelepipedal cômodo para aqueles cuja finalidade está centrada na mais-valia. Basta comparar, para somente visualizar sua má aplicação e desvio crescentes, algumas propostas de Freyssinet (exemplo: os hangares para dirigíveis em Orly, 1916) e Maillart (exemplo: ponte de Valtschiel, Suíça, 1925-26), isto é, propostas marginais em relação ao uso "corrente" (acorrentado) submetido a normas vindas de outra preocupação, com as formas em ângulo reto de não importa qual edifício de nossas cidades. Mas evitemos idealizações: os exemplos de Freyssinet e Maillart são isolados.

O canteiro e o desenho

No começo de sua história, o concreto foi moldado nas mesmas formas e funções que as usuais em outros materiais, com missão de substituição. Das caixas de flor de Monier (1849) ou da barca de Lambot (1848), passando pelos *brevets* de Barret e Coignet, até primeiras investidas comerciais (com a Actien-Gesellschaft für Béton und Monierbau, que, de 1887 a 1891, construiu 320 pontes e barcos), seu aproveitamento foi híbrido e secundário, seja na França, seu país de origem, seja na Inglaterra, apesar de Tall e Drake, ou nos EUA, apesar de Ward. Entretanto, já nesse período, a teoria e as experiências dominantes adotam diretivas extranaturais para esse material. Exemplos: o *brevet* para uma viga (1865), os estudos de Bauschinger sobre colunas (1885), as teorias de Koenen (1886) sobre vigas e lajes. Sabemos: o conhecimento do concreto armado se procura e empresta de fora, da região da madeira e do ferro, caminhos batidos. Mas esse modo de pensar ficou e, mesmo, se exacerbou. É ele que a organização de François Hennebique, graças à qual a técnica do concreto armado chega a 31 países, entre 1894 e 1906, divulga. Em traços grossos, ele orienta a ebulição teórica do fim do século XIX e início do XX (Coignet, Melan, Rabut, Bauschinger, Thuille, Christophe, Ritier etc.). Ao que respondem em eco as propostas nascentes para a generalização de seu recurso, como os planos para uma cidade industrial de Tony Garnier (1902), e a primeira aplicação dita coerente do princípio da ossatura, no imóvel na rua Franklin, nº 25 bis (1903), pelos irmãos Pérret: estruturas cúbicas em cujo esteio segue a parte maior da arquitetura contemporânea. Material de substituição em que são substituídas suas férteis possibilidades intrínsecas pelas convenientes para a extração de sobretrabalho, o concreto não será aproveitado sem deformações senão em trabalhos de exceção como os já indicados: os de Maillart a partir de 1901, de Freyssinet a partir de 1907.

O poder escorregadio do nosso sistema se revela mais claramente se escavarmos nas pseudobizarrices que são, no fundo, sintomas "falantes". Pontalis aconselha, repetindo uma velha verdade da psicanálise:

> [...] exercitar o ouvido (para captar) as anomalias do discurso: é de lá que a verdade nos faz sinal.[100]

---

[100] Jean-B. Pontalis, *Psicanálise depois de Freud*, trad. Wamberto H. Ferreira, Petrópolis, Vozes, 1972, p. 59.

Tais bizarrices são frequentes no interior do discurso técnico sobre o concreto armado e na sua aplicação. Tomemos uma, ao azar: a laje--cogumelo. A laje contínua apoiada em colunas isoladas, com a única interposição dos capitéis, e cuja cofragem não inclui nenhuma dificuldade, é uma solução característica do concreto armado.[101] Mas, aplicada no projeto fantasia de Anatole de Baudot (intitulado *Grand Espace Couvert Eclairé pour le Haut*), em que os pilares nervurados continuam as membranas portantes do teto, modelo retomado por Maillart na loja Giesshübel de Zurique (1910) e, mais tarde, por Frank Loyd Wright na Johnson Wax (1936), sem esquecer a variação de Gaudí para o parque Güell (1900-1910), essa solução teve poucos prolongamentos. Raros ressurgimentos: mas sob a responsabilidade dos melhores. Na usina Gatti de Roma, onde Pier Luigi Nervi emprega pilares-cogumelo associados a lajes com nervuras dispostas segundo as linhas isostáticas dos principais momentos de flexão (o conjunto pré-fabricado por baixo custo, notemos) ou no hipódromo de Madri, de Eduardo Torroja, conjugados com membranas também de concreto. Torroja se espanta:

> É certo que nunca se pôde explicar por que o capitel repugna tanto, hoje, à sensibilidade estética do artista, o qual se deleitou durante séculos com sua forma esculpida.[102]

Bizarrice: estamos diante de um cruzamento de determinações colidentes como em todo sintoma. A divisão manufatureira do trabalho impõe a separação rígida das equipes: as que fazem a ossatura não são as mesmas que erguem as paredes. Ora, a forma nitidamente paralelepipedal se presta mais tranquilamente à sucessão descontínua das equipes isoladas. A acomodação recíproca primária deixa atingir um rendimento superior; o encaixe retangular evita adaptações, surpresas. Mas é aqui que há tropeção. Porque a norma estreita da manufatura seria mais respeitada se paredes e ossatura fossem separadas completamente, como em alguns projetos de Niemeyer (Pampulha). Somente assim haveria radical autonomia funcional das equipes, isto é, sua separação total, como recomenda a técnica de dominação. Portanto, as razões anteriores para afastar a laje-cogumelo desaparecem. Entretanto, o contágio dos meios de

---

[101] Eduardo Torroja, *Les Structures architecturales*, Paris, Eyrolles, 1971, p. 248.

[102] *Idem*, *ibidem*, p. 246.

O canteiro e o desenho

representação, do ajeitamento simplista das intervenções intervaladas, do hábito ocluso a que conduzem produz transudação de nome variado: estética, moral e objetividade. O belo, o bom, o moral correto (ou seja, o que provoca maior rendimento) é o espaço cúbico sem capitéis. Derrame da norma, dessaber do despotismo, triunfo da rede simbólica.

Ortogonal, signo do espírito.

No (dia) 4 de janeiro, falávamos disso com meu grande amigo Élie Faure: Eh, bem, em que grau de aberração caímos. A reta, o ângulo reto, signos do espírito, da ordem, do domínio, são considerados como manifestações brutas e primárias. A isso invectivam: 'Americano!'

Este signo +, isto é, uma reta cortando uma outra reta fazendo quatro ângulos retos, este signo é o gesto mesmo da consciência humana, o signo que desenhamos intuitivamente, gráfico simbólico do espírito humano, introdutor de ordem.

Este gráfico ao qual — por qual caminho intuitivo? — demos o sentido do mais, da adição, da aquisição. Signo construtor.[103]

Le Corbusier costuma deixar suas estruturas à vista; em particular, nos seus textos. Impossível, sem querer, ser mais explícito — evidentemente porque não quer sê-lo. Mesmo o vazio da óbvia censura da posição mais corriqueira desse signo para o nosso mundo ocidental cristão: na cruz, tem conotações que é difícil não registrar. Ou, ainda, a clara evocação das brumas da razão — ou intuição; com acurácia, a palavra ressurge nos dois pontos em que a rede simbólica se revela determinando: no desenho, na linguagem, nesta ordem.

Os imperativos mais comuns da exploração do canteiro submetido autoritariamente, o afastamento da decisão e da matéria conduzem a paradigmas operacionais que a técnica introjeta ao preço da contradição interna. Assim, as aversões do gênero da que apontamos pela laje-cogumelo não são privilégio do "artista". J.-B. Ache (do qual tiramos muitas das informações sobre a história do concreto armado) nota:

---

[103] Le Corbusier, *Quand les cathédrales étaient blanches*, Paris, Gonthier, 1965, p. 61.

Parece que um material que podemos verter, mesmo se é provido de uma armação que podemos, aliás, encurvar, não pode verdadeiramente justificar o aspecto retilíneo, cubista, da arquitetura desta época.[104]

A propósito, no conjunto, as relações da arquitetura moderna com a tecnologia, altamente valorizadas no discurso de críticos e promotores, caem em ambiguidade se por tecnologia é preciso ler somente a dos materiais e sua aplicação, noções ideológicas, desligadas da aproximação simultânea da tecnologia de dominação e de exploração que nelas causa alterações patogênicas.[105] É o que acontece na interpretação de Banham, por exemplo:

> Ao se separarem de aspectos filosóficos do futurismo, embora esperando manter o prestígio deste como uma arte da Era da Máquina, os teóricos e os projetistas do fim da década de 1920 separaram-se, não apenas de suas raízes históricas, mas também de seu ponto de apoio no mundo da tecnologia [...] A corrente principal do movimento moderno havia começado a perder de vista este aspecto da tecnologia [...] como se pode ver: a) pela escolha que fizeram de formas simbólicas e de processos mentais simbólicos, e b) pelo uso que fizeram da teoria dos tipos.[106]

Ao tratamento ideológico da tecnologia correspondem abstrações apressadas, como a coberta pela palavra "simbólico", aqui em uso diferente do nosso. Simbólico, no texto de Banham, marca as alusões a mecanismo nos edifícios industriais, a alegoria de limpeza e probidade nos bancos, a mimese de diarreia luxuosa nos clubes e hotéis, a sugestão de equilíbrio simétrico nos palácios. Abuso, mimese, alegoria e sugestão. Porque, se por simbólico entendermos a trama de articulações e oposições que estruturam de longe o campo e o conteúdo simbolizado — e que

---

[104] Jean-Baptiste Ache, *Eléments d'une histoire de l'art de bâtir*, Paris, Moniteur des Travaux Publics, 1970, p. 407.

[105] S. Marglin, "Origens e funções do parcelamento das tarefas (para que servem os patrões?)", in K. Marx, *Crítica da divisão do trabalho*, *op. cit.*

[106] Reyner Banham, *Teoria e projeto na primeira era da máquina*, trad. Ana M. Goldberger Coelho, São Paulo, Perspectiva, 1979, pp. 511-2.

O canteiro e o desenho

só encontra referência numa outra trama de articulações de oposições, nas relações de produção —, então, já vimos, ou cada edifício não simboliza nada, ou é pura redundância do sistema que induz, simultaneamente, seu corpo, sua representação e a técnica que o informa, sem quebras maiores. Ou seja, nessa segunda versão, é exatamente a dimensão simbólica da obra ou dos processos mentais que melhor se adapta à tecnologia, igualmente sensível à mesma orientação apontada pela mesma causa, a exploração. Não há perda de vista, corte, como crê Banham — mas encontro necessariamente ambíguo de formações que, monocéfalas, nem por isso são regularmente isomórficas. Diga-se, de passagem, que nessas superposições falhas mais facilmente localizamos o lugar de onde vem o encontro de base que o desencontro superficial indica negando. Como as figurinhas de Villard de Honnercourt, que, em luta, se inscrevem numa forma geométrica simples.

A história do concreto armado, como a história de todos os materiais e de toda a técnica construtiva sob o capital, é uma história de marionetes. Aplicado em ossatura, substituindo o ferro, sofreu as deformações (ou a especialização condizente com sua "rentabilidade" em larga escala). Nos desenhos, o reticulado ortogonal seleciona suas formas e compõe o espaço como *a priori* sem data. De tempo em tempo abre brecha para alguma variação. Mas nem por isso desvia seu espraiamento irresistível por vários setores. Por sua ubiquidade e transubstancialidade, sutilmente, arma um modo de regulação interno e recíproco que, com seus ares de coisa imanente ao lugar em que se aloja, aluga ao que é comandado farda de comandante. Qualquer tentativa de rompimento em algum dos setores constitui sedição, perturbação da ordem geral — e a reação dos outros logo abafa o desgarre, desenlouquece o trânsfuga. Os dramas qualificados como heroicos da arquitetura e da técnica construtiva moderna não contam revolta ou subversão — mas ajustamentos do sistema a si mesmo, isto é, aperfeiçoamento da violência.

Se fosse o caso de encontrar um índice para o que somente roçamos, proporíamos a rigidificação da ossatura em concreto armado por triangulação — esse resto de um enfoque bidimensional, aspirado pelo plano da representação, estas barras em X que a má consciência dos projetistas, reconhecendo a marca tradicional do erro, mascara sob o revestimento. Mas os revestimentos, cedo ou tarde, racham.

A crítica da técnica e de sua objetividade de casca, entretanto, não é o nosso tema. Voltemos uma outra vez à realidade de papel do desenhista.

Resumimos a razão de seu posto: a divisão da produção em componentes antagônicos, resultado de sua gravitação em volta da mais-valia e não de alguma a-histórica necessidade, abre um corte que pede o curativo traiçoeiro do projeto, do partido, do desenho para que a produção seja ainda viável. O posto do desenhista, portanto, fica fora da produção imediata, lá de onde remete o complemento da divisão, complemento que pode também querer dizer "o que falta para".[107]

---

[107] Um dos aspectos da separação entre desenho e canteiro é sua efetivação simplória através das mais elementares operações técnicas. Quando digo que o desenhista se separa do canteiro, isto deve ser tomado ao pé da letra. Primeiro isola-se da parte mais suja, poeirenta e molhada para proteger o desenho; depois sai de lá e se instala na *loggia*; passa em seguida para a sede do controle da obra etc. A separação adquire ainda dimensões metonímica e metafórica. Metonímica — seus instrumentos passam a ser reduções dos instrumentos do canteiro: reguinha, esquadrinho, compassinho etc. Metafórica — a redução da escala passa do 1/1 a 1/20 ou 1/100. O que equivale a se distanciar vinte a cem vezes mais da obra do que se permanecesse no canteiro. E o clímax: desenha o todo do que há que fazer, precisamente o que era função e resultado do andamento produtivo autônomo da totalidade do corpo produtivo. Sem mais esta função exercida diretamente no canteiro, o trabalhador coletivo se reduz ao fato anterior à produção de ter sido comprado pelo mesmo capitalista, um a um, separadamente. Com o que o desenho totalizante conclui, arremata, deixa claro que a antiga função de determinação progressiva da configuração final da obra pelo corpo produtivo estava condenada. E, com ela, a própria autoativação, o teor dinâmico sintético da autodeterminação. O desenho totalizante devolve os trabalhadores à sua dispersão diante do mercado da força de trabalho.

Estas passagens múltiplas mas convergentes permitem uma observação marginal nesse momento, mas de alcance geral. Para explicitá-la recorro a uma citação de Adorno: "A autonomia não significa literalmente nada mais [...] senão o fato de se dar a si mesmo a lei. [...] esconde-se nessa concepção o teor de experiência própria à sociedade burguesa, a saber que somente essa autonomia torna a sociedade livre e maior ao lhe permitir de escapar a toda tutela [...] dito de outro modo, a legalidade aparece como uma função da liberdade — ou inversamente: a liberdade aparece como uma função da legalidade" (Theodor W. Adorno, *La Critique de la raison pure de Kant*, Paris, Klincksieck, 2024, pp. 65-6). Ao negar à classe trabalhadora a autonomia, ou seja, a liberdade de se autodeterminar, de se dar sua própria lei, a burguesia desmente na prática seu próprio mito, o de apresentar seus próprios interesses como interesses de toda a sociedade. Ao contrário, impede outras classes sociais de aplicar o que ela mesma julga ser indispensável para uma sociedade "livre e maior". Mente ao apresentar o projeto separado como indispensável para a formação do trabalhador coletivo, pois sabe, por aplicar a si mesma o princípio da legalidade autônoma como condição para a liberdade, que o inverso não pode ser verdadeiro. A marcha da história não coincide com o progresso social.

A forma ultraconcentrada de exposição em *O canteiro e o desenho*, outro artifício para evitar a censura que não houve, também desserviu sua leitura. (Nota de 2024.)

(Nota, aproveitando a deixa: há polissemia do tipo indicado por Octave Mannoni[108] nas palavras-chave da arquitetura: ao lado dos deslocamentos da cúmplice poesia em moda, outros, menos exaltantes, as envolvem em sombra. "Projeto" pode ser o sartriano se aceitarmos a acepção dos puros; é, também, ao mesmo tempo, o que se joga com força, lança lá adiante para os outros: as épuras que ordenam, imagem arremessada, projétil burguês na luta de classes cotidiana; "desenho" é, como já foi observado, desígnio, intento, ordem (de serviço), prescrição — e designar é nomear, pôr em código, dar nome, dedo em riste; "partido" é o que deixou o lugar da produção, do verbo partir, ir-se embora, depois de parti-la, dividi-la em partes, e se constitui em partido, facção, lado, para tirar partido, ganho, a partir da produção assim partida. Os sintomas são lamentavelmente incertos para os que os veem como saúde e virtude.)

Que não se diga que as informações que voltam do canteiro são integradas numa síntese dinâmica qualquer de conhecimentos adaptados pouco a pouco às relações homem-matéria e que, enquanto tal, adubam a cabeça do projetista. Nada a ver, insistimos, com a assimilação de Piaget. Porque só voltam desastres ou *faits divers*. As correções que os desastres, não raros, forçam são o reconhecimento de que o absurdo ultrapassou os limites, que a elasticidade do trabalho e da matéria deformados não resistiu às violações exageradas — e nada mais. É interessante notar que os desastres da matéria (desabamentos, inclinações, fissuras, infiltrações etc.) são mais frequentemente assinalados por correções que os do trabalho. Lembramos, porém: os acidentes de todo tipo e que decorrem em grande parte do projeto, bem como as doenças profissionais, cujas principais têm por causa o cimento do concreto e os vapores tóxicos da pintura de revestimento, dão à construção o título de área mais perigosa da produção. Que se verifique se um só traço do projeto é mudado em função dessas observações.

Os *faits divers* são amontoados como receitas: não colocar azulejos com água de cal; rebaixar o emboço no encontro de dois materiais; deixar no concreto furos para os condutores; usar argamassa espessa e fraca na última fieira de tijolos antes da laje. Na sua descontinuidade minúscula não chegam nem a caricatura de saber constituído — além de serem, muitas vezes, falsas.

---

[108] Octave Mannoni, "A elipse e a barra", in *Chaves para o imaginário. Epistemologia e pensamento contemporâneo*, trad. Lígia M. P. Vassallo, Petrópolis, Vozes, 1973.

Assim, entre os bordos do absurdo, além do qual todo avanço traz desastres, e uma espécie de caroço de receitas heteróclitas, sobra um intervalo enchido de irresponsabilidade jamais julgada — e de desenho que nenhum pudor impede de se atribuir mistérios de *Kunstwollen*. Por isso, quando falamos dos bordos do absurdo, não nos referíamos ao absurdo como situado além desses bordos — mas aquém. Além, é seu desmascaramento que irrompe na forma do desastre.

Em face do papel, mediado por instrumentos capazes unicamente de emitir instruções precisas, o projetista exibe um comportamento que é como que ilustração do pintor de *O retrato oval* de Poe — se no modelo a esposa-amante Arte estivesse misturada. De um lado, um homem só, de outro, o suporte que registra e reage; de um lado, veleidades de propor forma, de outro, a resistência da matéria. Mas que inversão, apesar das aparências. A leitura rápida da caracterização que Adorno faz do artista:

> O artista que traz em si a obra de arte não é o indivíduo que em cada caso a produz: por seu trabalho, por sua passiva atividade, o artista se faz lugar-tenente do sujeito social e total; submetendo-se à necessidade da obra de arte, o artista elimina dela tudo o que pudesse dever pura e simplesmente à acidentalidade de sua individuação.[109]

Pode parecer conveniente para dar o contorno do projetista funcionário da exploração. Mas a necessidade a que se submete não é a da obra de arte: é a da porta estreita que leva à produtividade acelerada. O desenho que resiste não resiste em nome próprio, mas obedecendo os caminhos da produção que dirige. Tristemente, a ilustração é embuste.

A representação homogênea e sistemática generaliza, com o poder da mediação que assume sub-repticiamente o controle dos polos aos quais deveria servir. Num deles, os mesmos parâmetros nas equações do comando, gerando hábitos que se consolidam mais e mais, e, no outro, a resposta quase automatizada. O código reduzido, aplicado continuamente e com exclusividade, dissolve e engole o que veicula. Correlativamente, as ordens recebidas sempre na sua tradução regular e acanhada eliminam as oportunidades de variação significativa na resposta. O comando

---

[109] Theodor W. Adorno, *Notas de literatura*, Barcelona, Ariel, 1962, p. 134.

uniforme acelera o gesto — mas corta o que não consegue prever. Em cima, a inércia do sistema de representação freia os esforços para a reatualização do campo simbólico, sem o que a arte não vive. Embaixo, os movimentos padronizados quase desconhecem a matéria, previamente contrariada até colar-se a eles. As consequências são centrífugas — mas amarradas à circunscrição da força centrípeta resultante da consideração invariante e eversiva,[110] única e dessecante da mais-valia.

A prática coesa da construção autodeterminada, espicaçada em especializações fechadas e desnorteadas pelo capital, desaparecida, deixa sua aura, agora só auricídia, para a mediação exterior tornada núcleo. A separação teórica rígida entre técnica e estética,[111] injustificável diante do fazer que as reúne,[112] deixa as duas sem nenhum fundamento respeitável. E só se reencontram, mas já deturpadas pela segregação, no mundo da representação: é na projeção, isto é, fora do que ainda podem pretender de tolhida racionalidade própria, que se superpõem pelo efeito da tradução redutora. Mas a operação não é inócua, pois esses poucos recursos da tradução têm o mérito de trazer o que lhes falta: sistema fechado, ilusória totalidade que ofusca as separações que o capital interna no canteiro, espalha coerência artificial, figura de organicidade imaginária, sobre o que é transposto na sua retícula. De requisito do aprimoramento do processo de valorização do capital, a representação que dá exatidão ao comando e permite presteza de execução transborda o campo de sua causa e cumpre mais outras missões.

Mediação entre o pensar e o fazer separados, tinge os polos que liga com sua própria constituição. Estética e medida ("proporção"), técnica e regularidade, fabricação perfeita e desaparecimento da mão sob o tra-

---

[110] "Eversiva". Mais uma extravagância de vocabulário: "que vira de pernas para o ar, subverte." A consideração tautológica da mais-valia, valor adicionado ao valor, valorização do valor, elimina qualquer outro objetivo, seja de uso ou de fruição. No começo do parágrafo seguinte aparece "auricídia" — "sede, cobiça de ouro" —, cuja única função parece ser ecoar "aura", a qual por sua vez tem por papel mostrar que conheço Walter Benjamin, numa aliteração gratuita. Não é porque escrevi uma bobagem que tenho que defendê-la a qualquer custo. Pernosticismo, ponto. Minha desculpa de possível censura não explica nenhuma derrapagem. O que desserve o texto, que, como se dizia da URSS: "globalmente", vale ainda. (Nota de 2024.)

[111] Martin Heidegger, "A questão da técnica", *Cadernos de Tradução*, nº 2, 1997, FFLCH-USP, pp. 87-91.

[112] Pierre Francastel, *Art et technique*, Paris, Denoël, 1972, em particular pp. 154-220.

çado reproduzido maniacamente são coisas em fusão lá na tela da projeção mongiana.

Vejamos algumas definições do arquiteturólogo Boudon:

> As definições relativas ao espaço arquitetural se precisam, pois, aqui num sistema epistemológico da arquitetura. Esse espaço é definido como o conjunto do espaço verdadeiro dos edifícios e do espaço mental do arquiteto (ou de qualquer outra pessoa) projetando no espaço verdadeiro. Essa projeção se efetua por uma dialética concepção-percepção: do mesmo modo que a concepção do espaço arquitetural faz intervir a percepção, a percepção desse espaço arquitetural não pode não fazer intervir a concepção. Perceber o espaço arquitetural dos edifícios é o perceber como tendo-sido-concebido. Eu não posso apreciar o espaço arquitetural de um edifício sem referência à concepção que a precedeu. Entre os dois espaços — espaço verdadeiro dos edifícios e espaço mental dos arquitetos — se efetua uma passagem cujas regras, a elucidar, são as de uma escala. Entendemos por esse termo o relacionamento das medidas de um espaço com as medidas de um outro espaço, e por proporção o relacionamento das medidas de um espaço com outras medidas desse mesmo espaço.[113]

Curioso como os ideólogos da arquitetura dominante passam junto e bolem as questões primeiras sem as (querer) ver. A "escala" é apresentada como "conceito fundamental de uma arquiteturologia".[114] Os termos gerais das definições citadas não nos devem iludir. Por arquiteto há que compreender o projetista completamente separado da produção: é o que o contexto do livro demonstra. Não fosse assim, cairíamos na banalidade da afirmação segundo a qual toda obra humana carrega traços de projeto, de previsão, ao contrário da abelha de Marx. Por isso, a mediação nesse caso insubstituível, o desenho que "põe em relação as medidas de um espaço com as medidas de um outro espaço", metamorfoseado em escala, constitui o fundamento. A circularidade não parece incomodar:

---

[113] Philippe Boudon, "Sur l'espace architectural", in *Essai d'epistémologie de l'architecture*, Paris, Dunod, 1971, pp. 59-60.

[114] Título do capítulo 6, *idem, ibidem*, pp. 51-67.

O canteiro e o desenho

de uma relação histórica e determinada por um modo de produção sai um "conceito abstrato". E, maravilha, tal conceito dá conta do produto da relação de produção particular. Mas, como agora está coberto por um "conceito abstrato", para a "epistemologia" arquitetônica ganhar asas a-históricas.

A figura da projeção percorre o texto de Boudon: o espaço mental é projetado no verdadeiro e inversamente (sendo que o verdadeiro é o da apreciação, não o da produção e do uso, convenientemente omitidos). Na projeção, passa só luz do projetor ao campo iluminado. O que a tela não deve receber fica no aparelho — ou antes, dada a natureza do filme. Entre os dois, recua o peso próprio da sala em sombra que garante a passagem. Mas, apesar do recuo, assombra o conjunto com o efeito de sua presença evasiva (dando desenho ao cone luminoso, por exemplo) — o que esquecemos no nosso conforto hipnotizado. Nem por isso, entretanto, é forçoso entrar em conivência com a magia e aceitar que esse agente — aqui, com nome de guerra "escala" — fique secreto: sujeita gravemente o que coordena no interior de suas condições. Mais que luz, é sombra que a projeção contém. Se for feito pé firme no nome de guerra dissimulador, porém, que ele seja adotado ao pé da letra: "linha graduada, dividida em partes iguais, que indica a relação das dimensões ou distâncias marcadas sobre um plano com as dimensões ou distâncias (reais)" (sentido cuja formulação quase coincidente com a de Boudon não acolhe os mistérios estéticos da arquiteturologia e despe a escala de outras pretensões); "tabela de serviço"; "hierarquia". E, lembrando ainda que fazer escala é "entrar em (porto) situado entre o de partida e o de destino"; que escalar é "assaltar", "saquear", "designar (pessoas) para serviços em horas ou lugares diferentes", "golpear".

E mais, não marginalizamos o seguinte: a palavra "escala", em música, só é aplicada com pertinência quando a referência é a gama temperada criada por Werckmeister, com seus intervalos iguais. Elaborada no fim do século XVII (data um pouco adiantada se comparada à da exaltação da representação em arquitetura, mas, mesmo assim, data), não se torna popular senão na segunda metade do século XVIII. Bach ainda a emprega (*O cravo bem temperado*) ao lado da gama pitagórica (*Suítes para violino solo*). Mas basta um século e meio de escala temperada para marcar, até seu centro, a música ocidental e fazê-la adotar postura de princípio universal. Se olharmos para a história anterior, as correspondências continuam. A noção de gama, entre nós, aparece no século XI, com Guy d'Arezzo. Institui um sistema de notação e de codificação dos intervalos musicais da gama diatônica maior no mesmo momento em que começa a se diferenciar nos canteiros o arquiteto, cujo título permanece *maître-maçon*, e surge, sob formas particulares, seu instrumento, o desenho. Mais tarde, os esforços de Gioseffo Zarlino, no século XVI, para juntar a gama de Pitágoras com a de Aristóxenes, ecoam em Palladio, por exemplo, que ousa proporcionar alguns volumes acompanhando acordes até então proibidos. Se sua atitude reflete os começos da matematização e da infinitização do espaço plástico, guarda, porém, os seccionamentos das ordens.[115] Como na física: a matemática reina como escritura, mas as figuras geométricas clássicas ainda cortam o universo com suas leis particulares.[116] Entretanto, voltando ao que nos interessa, a definitiva homogeneização e mensurabilização do espaço é condição indispensável para a total desapropriação do canteiro de toda e qualquer autonomia. Ora, um tal espaço — e nenhum outro — merece ser chamado "espaço da escala temperada", da representação projetiva ortogonal regular mensurável e radicalizada. Espaço de um tempo, esse que acolhe sem atritos a escala.

Mas, de qualquer modo, Boudon tem razão sem ter. A escala entendida como mediação entre "o espaço mental" e "o espaço verdadeiro", se nada mais é que o sistema de representação rebatizado, é elemento-chave para o estudo da arquitetura de hoje. Sem a pretensão a sangue azul, entretanto. De fato, em nenhum outro caso se manifesta tanto como nos que Boudon aponta sua ausência. Como na coluna de Adolf Loos. É que lá aparece em vulgar escancaramento: a presença do desenho — da escala — e do partido (outro conceito nuclear para Boudon) salta de tal modo, afirmando-se como "único fator autônomo", que sua verdade arrisca desnudamento.

No polo do projetista, a concepção não se transforma suficientemente para poder vir a ser real. Trancada no curto intervalo que vai do conceber à barreira da representação, fica abstrata, não se perde em determinações concretas, único movimento que lhe daria abertura.[117] De certo modo, só no nível do desenho que precede o desenho para execução,

---

[115] Palladio, *The Four Books of Architecture*, Nova York, Dover, 1965.

[116] Galileu Galilei, *Sensate Esperienze* e *Certe Dimostrazioni*, organização de Franz Brunetti e Ludovico Geymonat, Bari, Laterza, 1971: "[...] o universo [...] é escrito em linguagem matemática, e os caracteres são triângulos, círculos e outras figuras geométricas", p. 248.

[117] A. Ehrenzweig, *A ordem oculta da arte, op. cit.*

O canteiro e o desenho

durante o momento do esboço, a concepção tem ainda possibilidade de evoluir. Sem ironia, não é senão como desenho, no domínio da pintura (ou da escultura, se houver maquete), que pode a arquitetura ser tomada a sério. No polo oposto, o desenho (aí exclusivamente desenho para execução) aterra sobre o canteiro e permanece idêntico a si mesmo durante todo o movimento da produção, envolve seu corpo de matéria como que sem o tocar. Forma, não se dilui na sua substância: a paralisia que a separação do pensar e do fazer obriga ao desenho da obra — paralisia que é mais uma face do despotismo — impede qualquer metabolismo. No produto, o desenho continua em si, opaco e obtuso.

O desenho é o que é em função da separação entre meios e força de trabalho, separação que gera juntos desenho e projetista, agentes seus. Filhos do mesmo ventre, guardam laços de origem. A existência de um é o aval do outro. Se o pensar separado pressupõe o desenho que comanda, o desenho, como é, pressupõe o pensar separado. No produto, a separação é contada pelo desenho. Porque os laços de origem que guardam do ventre da separação perduram nas cicatrizes que ambos carregam. Cheguemos um pouco mais perto dos vestígios da separação no desenho, folgado no corpo que reveste como roupa de empréstimo,[118] emparedado pela tarefa que lhe coube.

O DESENHO SEPARADO

Vimos (esquematicamente, em tentativa, várias vezes enleada, para propor algumas hipóteses de trabalho) o seguinte:

1. O desenho de representação do objeto a construir, ordem de serviço, não é coisa de todos os tempos. Está preso, por essência, ao modo de produção capitalista. Sua constituição, seus pressupostos, sua extensão são determinados pelas injunções desse sistema. Em outras ocasiões (cursos, seminários) tentamos mostrar que as etapas de sua história evoluem subordinadas à história das relações de produção capitalistas — e,

---

[118] Este tema foi desenvolvido num artigo sobre o desenho (de arquitetura) no Renascimento; um aspecto da "verticalização" da representação mencionada por Foucault. Ver "A função modeladora do desenho no Renascimento" a sair em *Arquitetura e trabalho livre III*. Neste artigo falo como o desenho de arquitetura, em geral, mas sobretudo no Renascimento, parece sobreposto, descolado, impresso sobre o material real. (Nota de 2024.)

especificamente, no canteiro. Inexiste (como o conhecemos) antes do século XI; sofre alterações fundamentais nos séculos XVI e XIX; não há motivo para supormos que continue (ou que continue o mesmo) quando essa relações forem superadas (ah, embutida teima!).

2. O desenho ocupa, a partir do século XIX, uma função central, a de mediador generalizado na construção — função acentuada nos nossos dias. E, dessa posição, alastra a trama que lhe é insuflada pelas características da divisão do trabalho nessa manufatura por tudo o que nele se apoia; concepção, produção, produto, técnica... Seu poder de constante velada, entretanto, vai além. Por dentro, conforma normas e critérios à distância. Muito há a dizer sobre o uso, a circulação, a percepção dos espaços que ordena. Nada diremos, por enquanto. Mas juntemos um só exemplo, simplesmente anotado aqui, da força de seu canto desafinado — menos açucarado que o das sereias, capaz, entretanto, de burlar mesmo os desconfiados.[119]

Na área das noções muito estimadas pelos arquitetos, os quais as incluem no que denominam, com culposa ingenuidade e enjoativo ufanismo, "imaginário" arquitetônico, encontramos as de equilíbrio e harmonia. Equilíbrio e harmonia de massas, volumes, texturas, cores, tensões: a todos os componentes da plástica propõem a atribuição de seu retesamento, de sua imobilidade congênita. Arnheim assim define o equilíbrio:

> Numa composição equilibrada, todos os fatores de forma, de direção, de localização etc. determinam-se mutuamente, de modo que nenhuma mudança parece possível e que o conjunto assume o caráter de "necessidade" de todas as suas partes. Uma composição desequilibrada tem um aspecto acidental, transitório...[120]

Estranha noção, essa de equilíbrio. Aparentemente ameaçada e instável, como se fosse suspeitada sua manha e fraca base, triângulo torto

---

[119] Alusão a *A sereia e o desconfiado* (1965) de Roberto Schwarz. Após Rodrigo Lefèvre, ele foi o primeiro leitor de *O canteiro e o desenho*, posteriormente recomendando o ensaio a Bento Prado Jr., que o publicou nos números 2 e 3 da revista *Almanaque*. (Nota de 2024.)

[120] Rudolf Arnheim, "Aspects perceptifs et esthétiques de la réponse-mouvement", in *Vers une psychologie de l'art*, Paris, Seghers, 1973, p. 86.

O canteiro e o desenho

pesando em vértice. Joga com fantasia de trinca: compõe-se de partes disjuntas, cuja coexistência apertada deságua em "necessidade", a qual, em giro acrobático, volta e cobre as partes, por sua intervenção empelicadas, no ato, de traiçoeira "necessidade". Fácil ver a que finalidade serve. "Nenhuma mudança parece possível" — ou seja, vizinhança de morte. No desenho dito equilibrado, todo rastro de vida é apagado, em amarga repetição do revestimento. Mais, "o conjunto assume o caráter de necessidade": o que é resultado de violência, da esgarçadura do construtor em projetista e executante, vira consequência indesviável de ser. O desequilíbrio (que só é ameaça para o equilíbrio dessa violência mortal, obviamente instável) recordaria o movimento capado e a transitoriedade do modo de produção. É o que denuncia Adorno ao falar de harmonia, no comentário de M. Jimenez:

> A regressão à harmonia no sentido tradicional e à ideologia do fechado constitui o pecado original da obra de arte, ao qual ela não escapa jamais totalmente, mas contra o qual ela tem o dever de constantemente lutar: a negação determinada se torna assim a marca da autenticidade. A ideologia do fechado, presente no classicismo, pretende, à semelhança da sociedade unidimensional da qual ela é, por assim dizer, uma emanação, integrar no interior de uma totalidade opressiva e harmoniosa os elementos rebeldes.[121]

Mesmo se recusamos, nas condições atuais, chamar de arte a obra "dos" arquitetos, ainda então o equilíbrio e a harmonia convergem para oprimir. A totalidade que congelam oprime de diversas maneiras. Resistindo a toda mudança, às promessas da negação determinada, freando a história que quer fechar. Ou oferecendo ao canteiro sua imagem atemporal que oculta a sucessão das horas abstratas, das equipes, o tempo roubado que a fixa — e sua "necessidade" que corta pela raiz os movimentos transformadores eventualmente esboçados pelos produtores imediatos, ao desautorizar implicitamente sua "acidental" participação, sempre inquietante. De fato, o que posa de necessário faz cara amarrada de lei que não admite exceções ou derivações. Harmonia, diz-se também, que

---

[121] Marc Jimenez, *Adorno: art, idéologie et théorie de l'art*, Paris, Union Générale d'Éditions 10/18, 1973, p. 295.

Sérgio Ferro

deve reinar entre o capital e o trabalho. Entre, no meio, adiando o combate. Nos dois empregos, esconde a luta de classes para que mais os senhores dominem.

A evolução provável do projetista e do executante separados passa pela sua negação, negação que será gênese de uma nova manifestação do construtor em unidade superior (e não em regressão à figura mítica do artesão, unidade ainda abstrata do fazer e do pensar). Impossível sua apreensão antecipada: só no formar-se proporá o que será. Mas sua emergência pressentida induz os que com ela perderão privilégios à reação — que se acentua com a aproximação da emergência.[122]

No século XIX, a obra banal não rejeita sua incorporação pelo padrão urbano, respeita as convenções globalizantes editadas sob Napoleão III, por exemplo.[123] O cenário do pretenso equilíbrio harmônico tem a extensão simples da cidade. Com a arquitetura moderna, entretanto, cada obra, banal ou não, procura gritar sua estratificada separação.

A heteronomia do canteiro é sintomaticamente eclipsada pela forma autossuficiente que o desenho da obra persegue. Autossuficiência que, em resumo, não é mais que o inchamento simplório das regras gestálticas da "boa" forma: simplicidade, clareza, proximidade e semelhança.[124] Tais regras têm modos variados de manifestação: estão presentes nos volumes nus de Mies van der Rohe ou Gropius; nas combinações modulares do hospital de Veneza de Le Corbusier ou dos conjuntos do Ateliê 5; nos contrastes binários de Niemeyer (sede do Partido Comunista Francês, Olivetti); no esquematismo funcional de Louis Kahn; no tecnicismo barroco de Kenzo Tange; no grafismo espacializado de Archigram etc. Uma

---

[122] Parágrafo que errou em suas previsões. Bem ao contrário, não houve formação de um "novo tipo de construtor" que reuniria o pensar e o fazer construtivos numa nova síntese, exceto em alguns raros e prometedores canteiros, alternativos e emancipatórios, envolvendo populações excluídas de nossa sociedade de consumo. Em vez do "novo construtor", o que veio depois do momento em que escrevi este texto foi o lastimável pós-modernismo, mera inversão ainda mais negativa e degradante do modernismo. Pós-modernismo que mobilizou por um tempo carradas de intelectuais em geral, fora desse triste intervalo, bastante respeitáveis. Pareciam ter ouvido variantes de amanhãs cantantes! (Nota de 2024.)

[123] Stephen A. Kurtz, "Eclectic Classicism", *Progressive Architecture*, nº 7, 1970, p. 94.

[124] Rudolf Arnheim, *Arte e percepção visual*, trad. Ivonne T. de Faria, São Paulo, Pioneira, 1980.

O canteiro e o desenho

regra qualquer da gramática da representação (o "partido" em sentido mais amplo), sublinhada, comanda a percepção e oferece princípio de equilíbrio e harmonia. Pouco conta a escolha por si mesma: conta a diferenciação. Como acontece com as gírias das gangues, cuja meta é distinguir os que estão fora — fazendo-se, por isso mesmo, semelhantes a todas as outras. Sua coesão formal depende do ilhamento: outra vez, a separação sobredetermina. Haveria escape para gozação nesse ponto, não fosse a dor que ronda embaixo sufocada. Porque o retraimento em auto-colimação que os arquitetos imaginam para a obra, penoso como ginástica em barra, tenso contra o estreitamento dos lábios de seu vão, descamba logo em miserável homogeneidade não tencionada. A pseudoindividualização, a tara do caracol, refinada no desenho, é denunciada instantaneamente. E pelo próprio desenho — que pode ser tudo, menos deixar de ser desenho de representação: teatro, ausência do que mostra.

Ora, essa ênfase toda, esse enroladinho desandado ficam ainda mais esquisitos se considerarmos que tal efeito epidérmico, mesmo sem a redundância maníaca, é resultado inevitável: a construção hoje; enfiada em negócios picados, não tem como não andar aos saltos. Entretanto, o isolamento acarretado (que, por outro lado, as leis do ego valorizado pelo sistema obrigam à percepção) ganha novo impulso, requalificado por um formalismo exacerbado. A crise pressentida provoca uma reação, próxima da mancha fóbica, em que a reiteração dos mecanismos defensivos tenta desesperadamente esquivar sua evidência crescente. Mais, e continuando a acusar a instabilidade da harmonia sobreposta, o isolamento (que não é distinção) é outra vez bisado, em geral, por uma margeação da forma que podemos associar à ação dos bordos em pintura, cesura e suporte da regra. Façamos mais uma volta.

O suporte, o campo tal como é definido por um contorno, tem sido pouco examinado pelas teorias da pintura. O que é? O plano limitado dentro do qual situamos o fato plástico. Sua função primeira é separar o que transmite, o que contém, do resto, recurso de comunicação que corta interferências do ambiente.[125] Mas que corta também o que é comunicado daquilo que o envolve — o que abre espaço para muita peripécia. Exemplo: um anúncio qualquer, através dos efeitos do seu campo, empurra para além dele o que possa conturbar sua mensagem. Clareza di-

---

[125] Meyer Schapiro, "Champ et véhicule dans les signes iconiques", *Critique*, nº 315-316, pp. 843-66.

dática, supressão de ruídos — e, ao mesmo tempo, fermento: o elemento isolado cresce, centra a atenção, chama com eloquência maior.[126] Sutil modo de valorização, age como se não agisse, dissolvido na enganosa atonia do retângulo comum ou de outra configuração qualquer. Além disso, induz estruturas e forças, secretamente, sem deixar patente sua regulação. O campo, na comunicação visual, é negação ativa — mas furtivamente ativa, como se não houvesse paradoxo, imperceptível. Joga forte, orientando a distribuição das formas no seu interior, mas sem quase se fazer notar. Ora seus estímulos reanimam os da composição, como em *A disputa do Santo Sacramento* de Rafael (Vaticano); ora os contrariam sugerindo desconforto, como no *Retábulo de Issenheim* de Grünewald (Colmar). Sua sensibilidade especial, em grande parte devida à inconsciência com que é manipulado, descreve em detalhes as vacilações de nossas posições históricas fundamentais — e estas posições. Aparentemente, um dado, é capaz de todas as modulações e astúcias. Referência calada, determina subterraneamente.

> [O campo] constitui um continente dentro do qual há uma maior independência do espaço circundante. A moldura de um quadro cria um continente deste tipo. É um cerco que, em certa medida, protege o jogo das forças da imagem da influência entorpecedora do ambiente.[127]

Em síntese, esse branco ordenador, cujos efeitos são equivalentes aos da moldura e das margens, implanta sob o que é figurado uma base que lhe garante, indiferente ao que seja, algumas vantagens:

1. Isolamento (formal, com repercussão favorecida pela centração);
2. Disciplina (dada pela trama das estruturas induzidas que importam reflexos, ilusórios mas convenientes, segundo o caso, de "necessidade" — de lei — a realçar ou transgredir);
3. Penetração (através da fenda aberta em nossos critérios corriqueiros de julgamento).

---

[126] Efeitos de centração estudados por Jean Piaget; "O desenvolvimento da percepção em função da idade", in *Tratado de psicologia experimental: 6. A percepção*, trad. Álvaro Cabral, Rio de Janeiro, Forense, 1969: "[...] os elementos escolhidos ou encontrados [pelo olhar] seriam superestimados em relação àqueles que não são", p. 7.

[127] R. Arnheim, *Arte e percepção visual, op. cit.*, p. 4.

O canteiro e o desenho

O vazio do fundo, quebrando o contato da imagem com o que a rodeia, consegue que mesmo o absurdo, se proposto, nos persuada. Afirma: não é real, é representação. Suspende, por não virem ao caso, as resistências do hábito. Os anjos voam em pintura "naturalmente", para o desconsolo de Courbet. Mas, atenção, a suspensão é só da resistência: assim não há mais por que não ouvir o apelo plástico, sob o abraço descontraído de suas evocações. Um cartaz: a *star* romanceia com o sabonete; como nos abrimos, entram e se instalam. Desviado o olhar, continuam dentro — sem ter passado por nenhuma alfândega. De certo modo, a cena enquadrada jamais alucina, pois a pirueta de sua penetração vem de nunca se confundir com o real. Mesmo quando se trata de *trompe-l'oeil*: nos atrai justo no momento em que nos damos conta de que nos engana. Nesse ângulo, a anamorfose parece inversa: diz a verdade quando nos ilude. Só que a ilusão é tão evanescente quanto a verdade.

Ora, o poder dos bordos foi sempre utilizado em arquitetura: das colunas gordas laterais dos templos gregos às teorias da modenatura; do *encorbellement* românico ao edifício da Pirelli de Milão. Mas, assim como na pintura burguesa de cavalete a moldura rebuscada em ouro rediz o que já é dito pela conformação das margens (o rompimento de relações — diplomáticas, exclusivamente — entre interior e exterior, entre o individual e o social), assim também o desenho de arquitetura burguês busca, vincando suas arestas, reforçar seu isolamento periclitante. As maneiras de o fazer são sem número: diferenciação do aparelho, colunas engajadas, espessamento das empenas, espaçamento relativo maior das aberturas, mudança de cor ou material etc. Em cada plano de projeção promovido a plano arquitetural, uma espécie qualquer de margeação repete o engodo, enquadramento encarregado de nos convencer de que a obra é independente. As consequências são semelhantes às obtidas em pintura — mas vão além. A separação grifada, livre de sua absorção pelo reconhecimento temático, comum em pintura, dá à regra de organização da forma poder, estabilidade e credibilidade superiores. Claramente formal, não disputada ou desviada por nenhuma outra solicitação, avessa a questionamento e movimento, sobe fraudulosamente à categoria das necessidades, feto de significante. É chão do que chamamos harmonia: identidade a si mesma da regra monotonamente redita, seu passeio indiferente pela matéria, nossa roupa folgada. Sua teimosia vira demonstração do que repete (o isolamento). E incha com a suspeita crescente de que a violência é o fundo do desenho: nunca como agora os bordos foram cantados com tanta exaltação. A poética dos cantos, em moda, é a poética da reação — se é que a reação suporta poesia. Mas essa mania é reacionária ainda em outros serviços e que poderíamos esquematizar da seguinte maneira:

No fluxo (que a exploração faz brotar inexaurivelmente) de horas (mortas, apagadas da vida que apagam) extraídas do trabalhador (como numa hemorragia sem escalas), há que pôr, arbitrariamente, escalas (fora de onde têm origem, é óbvio). No contínuo de seu fluir, vazios. Porque, mesmo se o objetivo é aumentar o fluxo, antes tem de ter alquimia: realização da mercadoria (realização: adotar a forma do equivalente universal). Um pacote de horas contra o ouro que lhes dá peso, lastro. Mas a troca não pode ser tão descarada. Um pacote é casa, outro canhão. (Uso é fácil produzir.) E quem paga com as horas engolfadas no ouro recebe o peso da casa, o lastro do canhão. Tudo certo. Menos o saber em que ponto termina a casa e começa a cadeira — quais as fronteiras de cada coisa. Lembremos: para que o fluxo jorre com boa vazão, a produção tem de ficar para cá e o consumo para lá (apesar de a produção ser consumidora e o consumo, produtivo; tanto pior se o divórcio homologado não chegar à cama). E os pacotes, portanto, têm de ser embrulhados e expedidos. (O excesso de nossas embalagens assinala a fragilidade da decisão que precisa a quantidade de horas que compõem um pacote.) A produção poderia ser (e é) ininterrupta. "Acabado" o prédio, prossegue, intitulada então limpeza, conserto, restauro, decoração, reforma... e até o *bulldozer* que o derruba é passo para sua renovação. O novo prédio é o anterior — ou melhor, nem um e nem o outro merecem o artigo definido. Correlativamente, o canteiro consome cimento em piso antes que o piso pisado seja consumido. Não exageremos: digamos que a produção anda em senoides (e aos saltos, vimos) — e que, por vezes, o valor de uso é um pouquinho menos aleatório. Entretanto, não importa como, não há meio de contornar a transubstanciação da hora em ouro e do ouro em hora. (O cálculo econômico de Bettelheim ou outros tipos de cálculo estão por nascer.) Com a fragmentação do trabalho, em particular do manufatureiro, nenhum trabalhador isolado atinge mais a mercadoria (ver citação de Marx no início): precisa de outros para empilhar coletivamente o tempo arbitrado. Não atinge quer dizer também: não escolhe seu término, seu fim, além de sua finalidade. Daí o outro serviço cumprido pelos arquitetos: o corte que juntam à costura do trabalho separado. Alinhavam: somam superfícies, cubos, massas. Talham: emolduram, harmonizam, equilibram. Por exemplo: a) um conjunto bem encaixadinho de paralelepípedos formando um paralelepípedo maior (o bloco principal), um vo-

O canteiro e o desenho

lume irregular (auditório), talvez um tubo (escadas): o alinhavo; b) duas empenas cegas, duas lajes (superior e inferior) mais avançadas, uma fachada em pano-de-vidro, outra em brise-soleil, pilotis para que a moldura não se perca no solo, gravitação mimada pelo volume e pelo tubo em torno do bloco principal ("equilíbrio dinâmico"): o talho. Poderíamos ter descrito o Ministério da Educação (Rio de Janeiro) se esmerássemos a separação com uma maqueta de Lipchitz e conchas e cavalos-marinhos em azul e branco, azul e branco, azul e branco... Contra a transgressão, o movimento, a transformação permanentes, contra o medo da noite, do informe, da revolução, a paralisia aspirada pela burguesia encontra prosélitos nas molduras, nas margens — na harmonia e no equilíbrio assegurados por sua discreta colaboração. Beiras: fora espera o abismo do Outro — e dos outros que ressuscitarão.

Em resumo, a harmonia e o equilíbrio, em colusão com a ranhura tirânica do emoldar, oprimem porque separam:

1. O trabalhador de seu trabalho e de seu produto (transpor, adaptando, nossas observações sobre o volume);

2. O produto da produção (figurando seu inverso: a-temporalidade x sucessão, totalidade x seccionamento, necessidade x violência);

3. O produto de outro produto (cortando o fluxo das horas apropriadas na produção, 1º ato);

4. E confundem todos os produtos (manifestando o desenho, isto é, a separação no papel de mediação, 2º ato).

A harmonia e o equilíbrio oprimem em função do princípio mesmo que os anima — o princípio geral da opressão: a separação, sua fonte e sua fraqueza. O desenho, com suas categorias atuais, é filho da separação. Se a produção é separada, o desenho, para impor-se como norma (regra e medida) de coagulação do trabalho dividido no produto que é mercadoria, não pode se perder no movimento da produção. Para rejuntar o trabalho dividido, faz-se direção despótica — e, portanto, separada. Separado, o desenho vai buscar força para convencer em si mesmo. Daí ser desenho só, em si. Na ausência de necessidade efetivamente real que resultaria de sua dispersão transformadora no movimento da produção, procura envolver-se de "necessidades" abstratas — harmonia, equilíbrio, margeação... Mas tais recursos têm como corolário o aprofundamento da separação. O desenho separado da produção, ao hipostasiar sua intervenção autoritária, se exibe como desenho da separação. Inclui a separação, agora sua essência — seu conceito. Filho, absorve sua origem. E, no seu isolamento desesperado, só lhe resta a separação como coisa a edificar, isto é, exaltar. O verbo desenhar aumenta sua tendência intransitiva; mediação por onde transitam ordens, só a si mesmo prefere dar passagem, numa constrição que endurece seu ensimesmamento. E é quando cai sob o domínio absoluto, imobilizante daquilo a que serve ao servir para a divisão do trabalho: o valor. Somos, então, obrigados a reconhecer que a forma de "tipo zero", essas formas desprovidas de significação por si mesmas, é uma das corporificações da forma valor.

Epifania

Porque há mais: há visagem de isomorfismo (nem estrutural, nem funcional) entre a resultante e sua causa. Isomorfismo que devemos acolher como penetra inevitável, se abrirmos agora espaço para a consideração de outras sobredeterminações que conformam esse desenho que é o nosso tema.[128] Desenvolvamos um pouco.

No desenho do espaço autoritariamente homogeneizado, em que o poder do capital fez, de certo modo, "do meio, a mensagem", vimos que as mais extravagantes disposições recebem nobres nomes: traçados harmônicos, proporção, modulação, modenatura, ritmo, equilíbrio, escala... Que sejam nomes antigos de batismo de achados duvidosos em templos ou palácios, não legitima seu uso novo — mas põe sombra no uso antigo que a pátina do tempo talvez tenha dourado demais.[129] No desenho — e, portanto, na obra que dirige —, uma espécie abastardada de homeomorfose estica ou encolhe as dimensões convenientes das coisas buscando acordos deslocados: a trave de uma porta vai procurar o plano horizontal da base de uma janela distante de mais de 10 m; um cilindro, não se sabe por que envoltório de um sanitário, assume o papel de cheio que vem do buraco de uma escada; dois planos laterais, empenas, continuam além do paralelepípedo em que, por um *a priori*, a casa fica contida, até a vertical que dá fim ao beiral; os blocos de um conjunto se perfilam em

---

[128] Jean Laplanche e Jean-B. Pontalis, *Vocabulário de psicanálise*, trad. Pedro Tamen, São Paulo, Martins Fontes, 1970.

[129] M. Horkheimer e T. W. Adorno, *Dialética do esclarecimento, op. cit.* Para os autores, Ulisses encarna já o espírito burguês: "Ulisses [...] revela-se precisamente como um protótipo do indivíduo burguês..." e "Ulisses vive segundo o princípio primordial que constituiu outrora a sociedade burguesa...", pp. 53 e 66; ver, em particular, o capítulo "Ulisses ou mito e esclarecimento".

O canteiro e o desenho

paralelismos ou desfilam em variações de 30°, 45° ou 60°... (a enumeração dos tiques, cacofonias, redundâncias, ecos-plásticos, nomes que quadram melhor que os nobres, é desnecessária e nauseante. Basta olhar em volta e ver.)[130] Ritmos primários (do tipo ½, cheio/vazio, +/-), simetrias candidatas a refinado dinamismo, eixos, banais jogos de espelho, inundação de ângulos retos, alinhamentos kleinianos: eis a sintaxe dominante. (Observação: sem que fosse nosso propósito, indicamos ponto por ponto o gênero de estruturação formal à qual R. Mucchielli, no teste da aldeia imaginária, atribui o valor de índice de "sistematização completa do pensamento", "ausência total do realismo, de adaptabilidade", "geometrização esquizofrênica do pensamento".)[131] A rede de tais acordos (?), correspondências (?), cesuras, estereotipia da representação gráfica espacializada, se espalha indiferente ao que cobre, do detalhe ao plano de massa, assim como guia a produção sem a penetrar realmente. Todo o receituário para a "boa" forma arquitetônica pode ser condensado num rígido sistema de primárias relações abstratas que ignoram toda particularidade e ligam exteriormente o que, na verdade, nada tem a ver entre si.[132]

Por outro lado, essa sintaxe, estrangeira ao que desenha, desqualifica. A brutalidade autoritária homogeneíza os que submete, fazendo-os seres-do-medo; do mesmo modo, as normas autistas da representação todo-poderosa corroem a diferença. Arquitetura = jogo sábio de volumes, independentemente do que eles são, como são, por que são, para quem são. O diverso é unificado (desconhecido) pela ditadura do ponto de vista, pela projeção de um filtro de semelhança; mas sob a ficção da distinção (efeito mítico do ponto de vista) afirma-se o seu inverso, o domínio

---

[130] André Lhote, *Traités du paysage et de la figure*, Paris, Grasset, 1970.

[131] Roger Mucchielli, *Le Jeu du monde et le test du village imaginaire*, Paris, PUF, 1960, p. 285.

[132] Sinto informar aos arquitetos que este é o conceito de Hegel do termo "composição", o com/por, o pôr junto, não importa o quê. "O que constitui o caráter do mecanismo, é que, qualquer que seja a relação que existe entre os [termos] reunidos, essa relação é para eles uma [relação] estrangeira, que não concerne em nada à sua natureza, e, mesmo se é associada à aparência de um Um, não consiste em nada além de uma composição, mistura, amontoado etc." (G. W. F. Hegel, *Science de la logique*, t. II, *La Doctrine du concept*, Paris, Aubier, 1981, p. 217). Na época em que dei aulas na FAU-USP, o ateliê de projeto era chamado "ateliê de composição". (Nota de 2024.)

absoluto de uma única perspectiva. Discutindo Gentile da Fabriano, Francastel mostra que:

> A relação que, numa obra de arte [...] associa elementos díspares tanto por sua origem natural como por sua importância no conjunto figurado é, antes de mais nada, uma relação exterior à significação própria dos elementos.[133]

E aproxima esse procedimento ao esboço social da figura do príncipe. Assim, a sintaxe unitária, decorrente do poder desgarrado, pulveriza num mesmo pó o heterogêneo. Na perseidade dos espaços atuais, cada componente é falseado e obrigado a seguir o enquadramento que o desconhece. O receituário harmônico — crisálida sem evolução, crivo em que só atravessa a voz monopolizada — se identifica à linguagem que descamba em não mais que meio para informar, dar ordens, denunciada por Horkheimer:

> A dissolução semântica da linguagem num sistema de signos que pratica a lógica ultrapassa o domínio lógico. Ela resulta de uma situação que vê completar-se a expropriação da linguagem e sua transferência ao monopólio.[134]

Ou ainda, em outro local:

> A sociedade burguesa está dominada pelo equivalente. Ela torna o heterogêneo comparável, reduzindo-o a grandezas abstratas [...] O que se continua a exigir insistentemente é a destruição dos deuses e das qualidades.[135]

É claro, se há "dissolução semântica", há também redução a uma sintaxe unidimensional; sua invasão não encontra a oposição dos elementos esvaziados. Não é preciso muito procurar para achar a raiz isomór-

---

[133] Pierre Francastel, *La Figure et le lieu. L'ordre visuel du Quattrocento*, Paris, Gallimard, 1967, p. 125.

[134] Max Horkheimer, "Conservation de soi", in *Éclipse de la raison*, Paris, Payot, 1974, p. 220. [Este texto não consta na edição brasileira de *Eclipse da razão* (São Paulo, Editora da UNESP, 2016). (N. do O.)]

[135] M. Horkheimer e T. W. Adorno, *Dialética do esclarecimento*, *op. cit.*, p. 23.

fica do nosso desenho — o valor enquanto valor de troca. Se o tempo é aplainado pela "hora social média", o espaço é homogeneizado pela trama imutável; inversamente, se toda particularidade espacial é marginalizada, o tempo variegado dos trabalhos concretos não é o contado. O cheiro que exala essa malha urdida pelo capital é necessariamente uma das ressonâncias do trabalho abstratizado. Não há mistério, aparentemente: o desenho que possibilita a mercantilização atual do espaço é, coerentemente, o desenho do trabalho seco da unidade universal.

> Nós denominamos um universal um tal simples que é por meio da negação; nem isto nem aquilo — um não-isto —, e indiferente também a ser isto ou aquilo.[136]

Se a forma se desprega do que envolve, é para pregar a forma mercadoria envolvida no desprendimento. O desenho, que o modo de produção separa da produção imediata, está em toda obra e em nenhuma, está como se não estivesse e é indiferente a estar ou não: reflete a categoria do universal, ser com a determinação de ser abstração. Se o desenho indica a obra a fazer, como indicação, não pode tocar a singularidade da obra; na verdade, diz somente o que há de mais universal. E é como universal que se achega de início, a esse outro universal, o valor.[137]

(Mas, cuidado, é preciso andar com cautela aqui. Porque, se afirmamos que o espaço homogêneo que domina o desenho arquitetônico, isto é, que o conduz como princípio aos resultados que estamos percorrendo, é isomórfico ao valor enquanto valor de troca, a inversão da frase — artifício corrente — é perigosa. O valor não é signo, nem sistema de signos.)[138]

O processo de valorização do capital requer a abstração (abstrair: separar, destacar, raptar, afastar) do desenho de representação. Vimos que o desenho, na função segunda de vínculo do separado que guarda separado, mantém a generalidade abstrata correspondente à da separação (da abstração) violenta que fundamenta o sistema. Por isso, a totalidade (harmônica e equilibrada, projetiva e mongiana) do separado (trabalho,

---

[136] G. W. F. Hegel, *Fenomenologia do espírito*, op. cit., p. 87.

[137] K. Marx, "Principes d'une critique de l'économie politique (*Grundrisse*)", in *Oeuvres*, op. cit., pp. 208-17.

[138] *Idem, ibidem*, nota p. 215.

meios de produção, produtos do trabalho) jamais se cola ao que pespega perstrição.[139] Suas amarras se gravam nas coisas — mas como cordas que ferem sem se unir à carne prisioneira. Quanto mais coordena, mais mostra distância. Sua constrição fica registrada por deformações, cortes, inadequações, carências, raiva. Ou melhor, como é a outra face da abstração, a mesma violência do rapto retornando, esses sinais que confirma já vêm de seu primeiro movimento. "Coisa universal onde toda individualidade, toda particularidade é negada e apagada" (definição do valor de troca),[140] o desenho, indicação, dedo apontado para o que não é, não pode senão resvalar sobre a carne das coisas, ferindo, talvez. Falta o mergulho para deixar de ser "coisa universal" — e perder a autoridade. Mergulho de derivação, de dediferenciação, de renovação no trabalho livre. Antes, cai de seu próprio impulso, por insensibilidade inerente, por inédia, por atonia que obriga ao que dirige. Cai na tautologia de sua abstração, mesmo se todo dia visita canteiros; na "dissolução semântica" provocada pela perspectiva única de seu olhar de Medusa. (Mais cuidado ainda: mesmo cortada sua cabeça, esse olhar continua a espalhar seus efeitos. Perseu soube usá-los a seu favor, como máscara, e Atenas, no seu escudo. Talismã, serve contra o mau-olhado — benfazejo, provavelmente, também para os que pensam que revolução é só tomar o poder e preservar as conquistas da burguesia.)

A prioridade do valor no sistema dá causa ao desenho tal qual é. Mas nada exige que causa e efeito tenham também laços de isomorfismo — mais, de relação simbólica. Se insistimos, entretanto, em que o desenho tem seu campo no interior dos bordos do absurdo, entre caroços de receitas e desastre, no vazio em que a matéria caotizada se torna objeto de irresponsável distribuição, é que a superposição daquela separação e deste vazio abre um vácuo em que os axiomas do sistema são aspirados como num escândalo. Repetindo: o desenho, modo de aparição das dis-

---

[139] "Pespega perstrição", ou seja, impinge aperto, amarra com força, deixando marcas fundas mas sem penetrar, imiscuir-se com o material que comanda. Um pouco abaixo, "por inédia, por atonia", ou seja, por absoluta falta de alimentos, por fraqueza. Juntas, estas características apontam para a contradição, a antinomia inerente ao desenho separado. Ele é extremamente impositivo mas, por seu fechamento em si mesmo, é igualmente destituído de raízes na realidade exterior. Em termos hegelianos, nunca se abandona a seu outro, o material que, entretanto, informa e modela. É o protótipo da determinação rígida mas alheia ao que determina. (Nota de 2024.)

[140] *Idem*, *ibidem*, p. 209.

tâncias que pedem superação hoje impossível, começa no plano do imaginário, das identificações especulares em que vira presa das marcas do "homem-em-geral" do momento. Redizendo ainda: é por não ser mais que forma de "tipo zero" que a força de sua causa o contagia integralmente. Ligadura exterior dos componentes escorregadios da manufatura (aos quais, por assim serem, enquadra militarmente em suas próprias normas), mais que qualquer outro desenho para a produção repete maniacamente sua história. Quase autogâmico, sem dúvida autólatra, hipocritamente autotélico, seu automorfismo não é autônomo: é instrumental — mas tão serviçal que introjeta seu mestre, sobretudo quando se crê em inspirada levitação. Entretanto, se o tesouro tem "forma estética" (harmonia etc.), tem também "forma bruta"[141] e os materiais opacos e vulgares dos edifícios banais declamam outras origens — e, portanto, outras regras. E ainda: apesar de não-tesouros, as fábricas aqui entram em coro. Banco, casa, fábrica, ontem, hoje: em todos os casos, no lusco-fusco em que deita sua imutabilidade, por baixo, a constante do desenho indica o ponto de onde vem sua sombra universal. O isomorfismo que afirmamos não é de superfície (a alusão barata do bronze dourado do *Seagram's Building*, por exemplo): é lá dentro, no poder por todo canto homiziado, na extensão, na homogeneidade homocêntrica alastrada, na infraestrutura que a encruzilhada se situa. O desenho é como vetor apontado para o centro lógico e concreto de nosso tempo (o valor) — e tão puxado na sua direção que sua extremidade, sua raiz, nele se confunde. Esse é o centro que mira nos alvos a explorar: a inteira circunferência do espaço.

Mais devagar. Se o desenho interioriza sua causa, exterioriza o que dele foi feito, derramando-se além de seu contorno. Hífen cortando o que une, suspenso entre criação e criatura indireta, da criação faz criatura sua, e da criatura, imagem com corpo de seu corpo sem espessura — mas de fora, como fôrma e não forma. De sua posição no estuário da divisão, retorna como fonte do que o alimenta e imprime ao espaço a textura de seus poucos significantes. Ausente, enquanto desenho propriamente dito, das formas que orienta, aparece fugidio na consideração analítica da forma percebida. Como o valor, que só na consideração analítica da troca mostra sua impalpável presença, pede recuo para entregar-se a nós em todo o seu extenso campo. Mas, ainda como o valor, nem por ser impalpável na obra tem pequena virulência. Se o valor só se manifesta no fe-

---

[141] K. Marx, *O capital*, *op. cit.*, v. 1, t. 1, p. 113.

nômeno da troca, o relacionamento plástico do díspar o conota, o simboliza, se adotarmos a definição, um tanto perigosa, de G. Durand:

> [...] símbolo enquanto signo que remete a um indizível e invisível significado, sendo assim obrigado a encarnar concretamente uma adequação que lhe escapa, pelo jogo de redundâncias [...] que corrigem e completam inesgotavelmente a inadequação.[142]

Esperamos já ter iluminado (tenuemente, sabemos) esses temas. Continuemos, retomando algumas considerações de Marx:

> A moeda é o intermediário concreto que permite aos valores de troca receber uma forma correspondente à sua vocação de universalidade [...] O tempo de trabalho [...] enquanto objeto universal não pode existir senão de forma simbólica [...]
> Um produto particular (mercadoria, material) deve tornar-se suporte da moeda, ser a propriedade de cada valor de troca. O suporte no qual esse símbolo é representado não é indiferente, porque o que é exigido do símbolo está contido nas particularidades — características conceituais, proporções determinadas — da coisa a simbolizar [...]
> As propriedades que a mercadoria possui como valor de troca, e às quais suas qualidades naturais não são adequadas, exprimem o que temos o direito de exigir das mercadorias que são por excelência a matéria da moeda.[143]

O produto é mercadoria. Sua forma, de início, sobre isso nada nos fala. A troca transfere sua universalidade enquanto encarnação do trabalho abstrato para um produto particular, o suporte da moeda. Por um movimento inverso, esse suporte particular vira a abstração coisificada, cortesia do universal que comparece ao baile das coisas. Mas, com a percepção das fissuras crescentes do sistema, complemento da prioridade indisputada do valor, essa única coisificação não basta mais. A impossi-

---

[142] G. Durand, *A imaginação simbólica, op. cit.*, p. 19.

[143] K. Marx, "Principes d'une Critique de l'Économie Politique (*Grundrisse*)", in *Oeuvres, op. cit.*, pp. 221 e 226-7.

O canteiro e o desenho

bilidade de torná-lo tangível em cada mercadoria — a não ser mediatamente, na moeda fetichizada — aguça tensões irremediáveis (por algum tempo ainda). Ora, essas tensões excitadas, essa angústia provocada por sua onipresença escapadiça, por seu caráter evanescente, tem de desguiar impelem o desenho a procurar modos para simbolizá-lo (ou pelo menos alegorizá-lo). Atacado de misofobia (não é separação?), o valor escorre sem se deixar acarinhar, sem dar segurança, levantando maus presságios e rancor. Temos de agarrá-lo (é o nosso fundamento!): que o desenho nos ajude a diminuir sua esquivança. Sobretudo quando os objetos que projeta concentram grande massa (de valor) como os objetos arquitetônicos: o símbolo, que é meia encarnação, fica facilitado por sua densidade.

A redundância, nos disse Durand, é natural na busca de adequação simbólica. Ora, vimos, a perseidade do desenho acompanha seu espalhamento horizontal — o que nos lembra de sua insistência "perpendicular" notada por Foucault, da aparição de si mesmo que sempre indica fazendo a "experiência que o (isto) é um universal". Pois bem, no desenho que anula redundantemente a especificidade da coisa (sem ser explícito), o valor, negação também da particularidade da coisa, de suas "qualidades naturais", se apresenta em miragem. Miragem: inesgotável inadequação da encarnação. Assim, é no modo da ruptura do objeto que o valor tenta aparecer, na capa que, agora já agressiva porque embebida de angústia, espezinha sua positividade bruta. Sutilezas, mas importantes: esse desenho que se esconde mal, "ser que é em si mesmo imediatamente um não ser", por sua oscilação entre aparecer e sumir, convém ainda mais para a função simbólica. Outra vez: a inadequada encarnação remete a essa espécie de abafada pulsação do valor, dissimulada presença.

Façamos um desvio — talvez nos enrolemos menos tomando caminhos indiretos. Utilizemos, em parcial e tosca analogia, os esquemas da linguística — autorizados por Saussure, de quem invertemos uma metáfora.[144]

Na primeira parte do nosso texto apresentamos uma hipótese de trabalho segundo a qual o núcleo do canteiro é a polimórfica separação. O fazer indistinto, contínuo "anterior" (anterioridade não necessariamente histórica, mas construída, do tipo futuro-anterior), é permeado por diferenças, cortes, fraturas. As equipes, as etapas, os trabalhadores diferenciados são, ao mesmo tempo, confinados em oposições múltiplas;

---

[144] Ferdinand de Saussure, *Curso de linguística geral*, trad. Antônio Chelini, José Paulo Paes e Izidoro Blikstein, São Paulo, Cultrix, 2004.

o separado é apertado conflitantemente (os tempos das equipes, por exemplo), relativizado: um começa onde outro termina. A intervenção do capital, até esse nível de observação, parece puramente negativa: cada pedaço do "trabalhador coletivo" se define por oposição aos outros. O trabalho, sob sua coação, é mediatamente abstratizado, pois a negação simples trama sua distribuição. O princípio da separação, intrinsecamente arbitrário, tende logo a procurar vez e motivações (técnicas, funcionais), sem atingi-las jamais totalmente.

Correlativamente, paralelamente, simultaneamente, o desenho passa por transformações equivalentes. Entre o "tema para reflexão" e a "representação normalizada", elabora seus significantes. Descarna o objeto, divide seu corpo com seus traços. Para a divisão, compõe uma série de oposições: projeções verticais e horizontais, cheio e vazio, contínuo e tracejado, liso e hachurado, grosso e fino, geométrico e livre, volume e superfície, opaco e transparente, fechado e aberto... A seleção, homológica ou não, também nele jamais obtém plena motivação — é convencional e arbitrária. (É óbvio, junto ao desenho há outros instrumentos do comando, articulados semelhantemente, que não mencionamos.)

Esses dois movimentos — na verdade, esse movimento duplo — pouco a pouco sedimentam a organização atual do canteiro, socialmente absorvida e utilizada, que recebemos como se fosse inevitável herança. As duas séries de diferenciações, suas bases negativas, se invertem e insuflam nas tarefas, nas partes, nos componentes que determinam, uma espécie de positividade. Conformadas por duas intervenções separadoras, viram unidades elementares de nossa prática, dotadas de quase evidência, de simulacro de substância própria, de ares de razão imanente (assim como o desenho separador produz os universais plásticos, cuja positividade, vimos no exemplo de Cézanne, é feita de vazio). Partes e componentes que se propõem hoje "naturalmente" ao projeto, à produção: estrutura — paredes — revestimentos — pintura; concretar — levantar — cobrir — pintar etc. No mesmo passo em que são delimitadas, se estruturam em sequências e séries alternativas regulares (em sintagmas e paradigmas). Tais e tais tarefas e peças devem se suceder numa certa ordem (exemplo, os transportes de concreto que discutimos), sendo que há possibilidade, em geral, de trocá-las por outras mais ou menos associadas e/ou equivalentes (substituição do carrinho por preparação no local, do guincho por esteiras etc.). Forçando a conhecida tese, diríamos que a produção do espaço se estrutura como linguagem. Mesmo sua linearidade (discutível) encontra par na sucessão inerente a essa manufatura. Obser-

O canteiro e o desenho

vemos novamente, porém, que a "evidência" das unidades que manipulamos é o resultado de duplo movimento separador orientado pelo capital — e nada mais. Toda motivação é procurada *a posteriori*. Notemos ainda que o significado do signo (plástico) é um conceito, e não uma coisa imediatamente referida. Assim, a ordem de serviço propõe uma abstração: reencontramos aquela distância do canteiro que já apontamos ao comentar a realidade de papel do projetista, entre caroço de receitas e limites do desastre.

A língua é uma forma e não uma substância.[145]

Afirmação que acusa nossa inclinação para substancializar a língua — como, em outro campo, substancializamos o valor (no ouro, ou até na hora, esquecendo que a hora que institui o valor é hora abstrata e não concreta — e que essa abstração é radicalmente absurda). E o mesmo se dá com a nossa organização do canteiro. Face a face, nos lados opostos da barra que os separa, o desenho e o canteiro abstratizado, expressões da separação, entram numa relação cujo motor é ela mesma — mas cujo condutor é a luta diária de classes. A "natureza" do desenho, do canteiro, da técnica, da arquitetura não é responsável pelo que vemos: é o suporte material dessas relações. Que cada uma dessas "naturezas" seja carregada, seja entranhada pelos vestígios dessas relações, realimentando-as em *feedback*, nada mais aceitável. Mas o que nelas é ocasionado não pode ser confundido com o movimento de seu conceito. Assim, cada termo da relação marca o oposto — mas sempre de fora, ou melhor, de dentro do vazio das separações. Um exemplo, evidentemente esquematizado. Um traço grosso = uma parede. Em certos locais (pias, sanitários), o material da parede (tijolos, pedras) é manchado, umedecido pelo trabalho (cozinhar, conservar o corpo). É necessário revestir: logo, uma equipe especializada se forma (quando antes o mesmo artesão bastava). Ora, esconder as manchas do trabalho, vimos, é coisa que se generaliza com outras funções (securizantes). A importância adquirida pela equipe de rebocadores de todo tipo leva ao seu registro pelo desenho: ao lado do traço grosso, o traço fino aparece. Introduzido o uso dos dois traços (separados os significantes), eles se espalham, levando o revestimento aonde é inútil, desvinculando-o de suas funções (sótãos, porões). Mas logo, com

---

[145] *Idem, ibidem*, p. 141.

o formalismo contemporâneo exacerbado, com a espacialização do grafismo, com a separação mesmo dos significantes, os dois traços podem vir a ser tratados isoladamente (de novo, mas de maneira diferente), em elegante contraponto de traços duplos e simples. Na obra, bruto e revestido, aparente e liso são alternados — mas seguindo agora orientações exclusivamente plásticas. Ora, como essa redução de revestimentos pode propiciar uma agradável "lua de mel" para o empreendedor (pois vende pelo preço de mercado, sem descontar o que economiza), ela fica logo bela — e o uso da alternância logo também se estende, acabando com a "lua de mel". Mas, com isso, a técnica do revestimento muda — e, mesmo, a da alvenaria. O que fica à vista tem de ser bem-feito (esconder que foi feito) e o revestimento tem de evitar sujar além de seus limites, o que leva a juntas, rebaixamentos etc. Paremos por aqui. A interação existe, mas, como já notamos, o que a dirige não é a assimilação (Piaget): é o trabalho da separação. O desenho registra o revestimento quando este se faz tarefa separada; os traços separados ocasionam alterações práticas que acentuam a separação revestimento/não-revestimento, revestimento e suas funções, trabalhador do reboco e o da alvenaria. Diferenciadas as funções, diferenciam-se os significantes, e inversamente. Diferenciados os significantes, eles começam a ter caminhos próprios: o que mais afasta um edifício do século XIX de um atual é essa aparência crescente de folheado, de somatório, de *puzzle*. Sempre uma separação, um vazio provoca divisão no lado oposto.

A analogia poderia continuar: as solidariedades sintagmáticas e as regularidades associativas (paradigmáticas) ultrapassam os limites da unidade e estruturam o campo todo do discurso; do mesmo modo, há solidariedades espaciais ou de etapas inteiras da construção (estrutura, equipamento, vedação) que recordam as sintagmáticas — como há grupos alternativos (de regras que sustentam a harmonia e o equilíbrio, de modelos estruturais) que recordam as possibilidades paradigmáticas gerais etc. Mas, de qualquer modo, a um certo momento é preciso abandoná-la. Temos de reconhecer que a arbitrariedade (o correlato da diferença sistemática em linguística) não pode ser, sem mais, equiparada à violência (o correlato da separação conflitante no canteiro). A arbitrariedade em linguística é "diferencial": sustenta oposições de elementos do mesmo peso. A violência institui desigualdades, explorações, domínios; nos dois lados da barra, o peso é diferente. Capital de um lado, trabalho do outro, desigualdade que se reflete no poder superior do desenho (e dos outros instrumentos do comando), figura do capital, ao talhar canteiro e

O canteiro e o desenho

147

"trabalhador-coletivo". Por isso, aliás, a "insignificância" da fonética (diacrônica) não tem paralelo no desenho: suas alterações são sempre significativas, acompanham as evoluções da luta de classes. Esconder essa quebra da analogia seria compactuar com a ocultação da violência que o desenho inclui.

Ora, essa quebra da analogia nos apoia, pois é esse peso diferente, essa dominância do lado dos significantes que põe a ponte simbólica entre desenho e valor. Pesar mais que o termo significado implica: abafá-lo, cobri-lo — mas deixando sempre um resto, um excesso "perpendicular" —, impor-lhe a marca de sua redundância, homogeneizá-lo pela supremacia de sua constituição mongiana, violentá-lo, imprimir-lhe seus automatismos decorrentes do autismo feito da diferença de peso, dispersá-lo pela impossibilidade de pôr limite ao excesso, atravessar-lhe a carne como continente que inunda seu conteúdo... Pesar mais, no lado que pesa mais, implica cair em angústia diante do próprio inchamento, diante da ilusória infinitude do corpo-próprio. Em reação ambígua que reforça o que toma por suas leis constituintes na esperança de achar os contornos não históricos, supostamente "essenciais", de um território para a aspiração de legitimidade autônoma e que oculte sua violência original. Implica a tragédia da separação — cujo modelo, a separação do corpo materno, Sami-Ali relaciona com o desenvolvimento da espacialidade de tipo euclidiano e com a aquisição da linguagem: separação desejada e recusada, inevitavelmente problemática, jamais fácil, deixando no homem a falha primeira da castração. A realização do campo (corpo) próprio (irrealizável totalmente) é procurada no endurecimento das identificações e introjeções iniciais — campo negado por isso mesmo e feito, no ato, universal. Introjetada sua primeira imagem, o valor, o desenho não pode senão repeti-lo na desesperada tentativa de dizer-se a si mesmo — isto é, de desaparecer, já que é indicação, desenho para a produção. Fim, portanto, da analogia.

O ouro, suporte da moeda, pode ser visto como símbolo, mas é mais que signo; o desenho, que é essencialmente signo, tem menos problemas enquanto rede simbólica. Função que, sem dúvida, será sempre dependente — mas inevitável, já que a função principal não reclama mais que uma forma de "tipo zero". Dissemos antes: por poder ser qualquer, é único e totalitário esse desenho. Agora, como um dos símbolos do valor, vimos que esse seu papel é determinante de alguns de seus traços: é desenho do universal. Insistimos também em notar que, desenho separado, fruto da separação, não sai de si e no produto continua opaco e obtuso, folgado no corpo que reveste mesmo se procura motivações que o diluam. Mostramos então que, separado, não serve nem à criação, nem à produção, mas impõe-se como norma exterior. Podemos já precisar essa espécie de não adequação estrutural: como símbolo do valor, como ensaio de sua impossível encarnação, num movimento de denegação de sua ausência efetiva (absurda abstração) ou da ameaça de sua ausência (fim dessa absurda abstração), o desenho é feito fetiche. E, como fetiche, imobilizado, é usado como que para negar o que mostra, a cicatriz do valor — o que redetermina seus primeiros momentos.

Falamos de forma de "tipo zero". Mas logo evitamos a passagem direta, duvidosa, pelo conceito de "eficácia simbólica": se o símbolo tem eficácia é porque objetiva um conceito eficaz. Se, em tese, o desenho pode ser qualquer desde que forme o "trabalhador coletivo", esse "desde que" traz uma sintaxe particular: o esquematismo geométrico desenvolvido sobre o axioma do espaço regular e homogêneo. Mas o esquematismo e a homogeneidade são determinações dependentes de uma função genérica do desenho: o "trabalhador coletivo" não é procurado senão para a extração de mais-valia e o aprimoramento do desenho visa seu aumento. Por isso, se a sintaxe é particular medida em relação ao campo das possibilidades do desenho, no interior de si mesma é apropriada à universalidade do valor no nosso modo de produção. O instrumento revela o para-o-que-serve. A generalidade da função produz um instrumento compativelmente genérico. Como o valor a que serve tem escorregadia presença, apesar de ser o fundamento, o desenho-instrumento encarrega-se também (obrigatoriamente) de uma função simbólica. Tenta dar corpo ao valor. Ora, a organização da produção exprime o modo de produção e, em outro modo, será outra. O desenho que organiza a produção para a extração da mais-valia não é o mesmo que servirá a outros fins. Não é, portanto, o resultado de suspeita racionalidade genérica. É o que deve ser para o que serve. Mas aquilo a que serve, se procura encarnação que lhe dê credibilidade, não pode mostrar de onde vem, pois lá se levanta sobre a violência. Daí a contradição imanente a esse desenho: é desenho para a produção — mas, como a produção é processo de valorização do capital, o seu reticulado não deve exibir a produção ou, mais exatamente, a separação da produção. Denegação da possibilidade da ausência do valor enquanto valor de troca, de sua transitoriedade, tentativa de sua encarnação; denegação, por outro lado, da violência e da separação em que se assenta — o desenho oscila entre o mostrar e o não mostrar próprios do fetiche.

O canteiro e o desenho

No conflito entre o peso da percepção não desejada e a força do contradesejo, chegou a um compromisso [...][146]

LUSCO-FUSCO ENTRE LUSCO E FUSCO

O desenho é desenho para a produção, "para" — e não "da". Não foi retirado dela como momento seu, como negação determinada. Ao contrário, a viola. Seria menos componente de técnica de produção que peça central de técnica de dominação — se houvesse como distingui-las. Uma ilustração, a nosso ver, modelar.

Manfredo Tafuri, Bruno Zevi, Robert Klein, Nicolaus Pevsner, Pierre Francastel, Erwin Panofsky, Anthony Blunt,[147] quase todos os historiadores da arte são unânimes em situar a cúpula de Santa Maria del Fiore (Florença) como o ponto em que a arquitetura gira na direção que é a nossa. Curiosamente, só Tafuri fala, e de passagem, do canteiro — apesar de a fonte comum a todos, Vasari, dele se ocupar longamente.[148] Ocultação de hábito.

Vasari, no seu entusiasmo por Brunelleschi, conta anedotas que propõe à imitação de seus leitores. A desordem aparente, o jeito descontínuo apoiam seu valor sintomático. Vejamos algumas delas.

A perspectiva (nosso desenho de então) já surge com dupla função. Por um lado, reduz a enorme obra a uma escala que permite o controle de todos os seus momentos e partes: código para a centralização, registro e memória para as ordens de serviço. Por outro, arma contra os operários que, impedidos de examinar o projeto, não podem mais colaborar

---

[146] Sigmund Freud, "Le fétichisme", *Nouvelle Revue de Psychanalyse. Objets du Fétichisme*, nº 2, 1970, p. 21.

[147] Manfredo Tafuri (*L'Architettura dell'Umanesimo*, *op. cit.*); Bruno Zevi (*Saber ver a arquitetura*, trad. Maria Isabel Gaspar e Gaëtan Martins de Oliveira, São Paulo, Martins Fontes, 1994); Robert Klein (*A forma e o inteligível*, trad. Cely Arena, São Paulo, Edusp, 1998); Nikolaus Pevsner (*Perspectiva da arquitetura europeia*, Lisboa, Ulisseia, 1943); Pierre Francastel (*Études de sociologie de l'art*, Paris, Denoël/Gonthier, 1970); Erwin Panofsky (*A perspectiva como forma simbólica*, trad. Elisabete Nunes, Lisboa, Edições 70, 1993); Anthony Blunt (*Teoria artística na Itália, 1450-1600*, trad. João Moura Jr., São Paulo, Cosac Naify, 2001).

[148] Giorgio Vasari, *Le Vite dei più Eccellenti Pittori, Scultori e Architetti*, Milão, Sansoni, 1915.

inteligentemente — e contra os outros arquitetos. Para provar sua eficácia nessa função, Brunelleschi não hesita, por exemplo, em encenar doença, fazendo o detestado Ghiberti perder a direção da obra por desconhecer as manhas de seu desenho. A perspectiva entra na arquitetura e, imediatamente, se põe em guerra.

É conhecida a primeira experiência de Brunelleschi com a perspectiva. Desenha uma cena de Florença composta unicamente por edifícios (o Batistério). No lugar do céu aplica um espelho (a descrição do procedimento utilizado para chegar ao desenho não é muito clara nem em Manetti, seu primeiro biógrafo, nem em Vasari). No ponto correspondente ao de fuga, faz um pequeno orifício. Através dele, a cena é vista num segundo espelho colocado diante do desenho. Os dois planos são dispostos de tal maneira que a imagem do desenho no espelho é prolongada pelas imagens da paisagem urbana. Em particular, o céu de toda a imagem final, com o jogo dos dois espelhos, é o próprio céu de Florença. A ilusão, garante Manetti, a todos maravilha.[149] Pergunta: é o "real" que Brunelleschi representa, ou, em vez, conforma o "real" à "representação"? Onde termina o desenho? O que ilude, elide, nessa ilusão? Desde então, sutilmente o desenho que trama infunde o que "representa" com sua força discreta.

Outras anedotas nos aproximam mais do canteiro. Assim, diante de uma greve por aumento de salários (já extremamente diversificados), importa operários não florentinos, conseguindo quebrá-la. E só aceita novamente os primeiros por salários inferiores aos que ocasionaram a greve (em outros termos, é feroz no zelo pela mais-valia absoluta). Ou ainda: preocupado com a perda de tempo e energia, instala no alto da cúpula uma cantina ("fordizada", na acepção de Gramsci), evitando que os operários desçam para comer, beber, se reunir e conversar (reconhecemos a meta: a mais-valia relativa).

Em outras obras, a volta ao antigo, totalmente despida de pretensões, literárias ou eruditas, é orientada com rigor. Rigor não arqueológico, mas na imposição de seu molde aos trabalhadores acostumados em outra tradição, aberta a variações pessoais (ver, por exemplo, capitéis românicos e góticos). Dórico, jônico, coríntio, pouco importa e em cada caso sua aplicação muda; importa a destruição do saber anterior, das

---

[149] R. Klein, *A forma e o inteligível*, *op. cit.*, pp. 280-3.

O canteiro e o desenho

normas corporativistas.[150] A submissão dos trabalhadores passa por sua decomposição forçada. Estrutura modular ("a beleza é estrutura; a matéria, por sua natureza, informe", conforme Marsílio Ficino), regularidade das tramas (San Lorenzo e Santo Spirito, em Florença; capela Pazzi; sua generalização, esboçada por Rossellino em Pienza, hoje sustenta nossos planos urbanísticos), repetição dos gestos do trabalho (o talhe uniforme da pedra, por exemplo, adotado desde o gótico para diminuir o valor do trabalho de cantaria, da mais poderosa corporação da construção):[151] ignorância provocada e nova organização do canteiro, homogeneização espacial e centralização no valor. Na perspectiva, há duas constantes: centro e reticulação do espaço. A reticulação do espaço é o contraponto do centro; o trabalho esvaziado, em começo de abstratização, o do olho do mestre.

Retroprojeção de esquemas ainda não válidos? Não nos esqueçamos que quem financia o Duomo é a Arte della Lana. O que é? Causa principal da revolta dos Ciompi,[152] conhece e aplica com extrema brutalidade os princípios da manufatura.[153] No início do século XV, reconstituída a "normalidade", há que reestimular o mercado e reacumular capitais em Florença. Desde o gótico, com as catedrais, sabe-se onde realizar essas metas: no canteiro. Operários consomem, mestres acumulam. Ora, a Arte della Lana tem a experiência da produção manufatureira de tecidos,[154] da exploração dos *ongles bleus*: a reorganização do canteiro encontra, através do mesmo empresário, modelo e estímulo. O trabalho, até então relativamente livre e autônomo, enquadrado e disciplinado, desliza em simplificação progressiva. Resultado: os salários, que haviam subido depois da Peste Negra,[155] no meio do século seguinte caem à metade. E,

---

[150] M. Tafuri, *L'Architettura dell'Umanesimo*, *op. cit.*, pp. 15-29.

[151] A. Scobeltzine, *L'Art Féodal et son enjeu social*, *op. cit.*

[152] Ocorrida em junho e agosto de 1378. Ver Michel Mollat e Pierre Wolf, *Ongles Bleus, Jacques et Ciompi, les révolutions populaires en Europe aux XIV et XV siècles*, Paris, Calman-Lévy, 1970, pp. 143-63.

[153] Jean Gimpel, *La Révolution Industrielle du Moyen Âge*, Paris, Seuil, 1975, pp. 93-112.

[154] Karl Marx e Friedrich Engels, *A ideologia alemã*, trad. Luis Claudio de Castro e Costa, São Paulo, Martins Fontes, 1989, p. 70.

[155] Pierre Jaccard, *História social do trabalho*, trad. Rui de Moura, Lisboa, Horizonte, 1974.

logo, qualquer ensaio de organização operária sofre impiedosa persegui-ção.[156] Instalação da manufatura no canteiro, separação do desenho pa-ra dominá-lo, ascensão da mais-valia (absoluta e relativa), homogeneiza-ção euclidiana do espaço, diferenciação social e artística final do arqui-teto não são somente fenômenos contemporâneos: como numa perspec-tiva, seu ponto de confluência é o Duomo, o novo centro de Florença. A única coisa que falta, a difração de tudo isso por um discurso "humanis-ta", não tarda: em breve, Alberti ocupa o vazio.

Deixemos Brunelleschi. A melhor demonstração de que o desenho serve à técnica de dominação nos é fornecida pelas inúmeras oposições aparentes que ele mantém com o canteiro. Formulemos mais uma hipó-tese absurda: suponhamos uma manufatura ferida somente por algumas das manifestações da separação. E imaginemos um desenho que se limi-tasse à técnica de produção (o que não tem sentido, sabemos; além disso, o desenho que fosse exclusivamente parte da técnica de produção não seria desenho "para", mas "da" produção — o que quer dizer: alterabi-lidade do projeto na produção; sua elaboração pelos produtores imedia-tos e, em parte, na produção; o desaparecimento do arquiteto separado, figurinha do capital). Tal desenho, em esquema, deveria seguir as seguin-tes orientações:

1. Do princípio da divisão das equipes de trabalho (que ocasionaria, por exemplo, várias descontinuidades formais a serem claramente respei-tadas na obra);

2. Do sentido da multiplicidade de normas (caso típico, o do sistema de medidas: poderia ser regular nas estruturas para facilitar e economizar fôrmas, armações e cálculo; modulado nos componentes produzidos fo-ra do canteiro, como portas e caixilhos; mas fluido e não modulado no resto; a unidade de produção é o trabalhador de imprecisão intrínseca — raramente, fora etapas semelhantes às apontadas, a exatidão e a repe-tição convêm);

3. Do princípio da clareza construtiva (que facilitaria a produção pelo entendimento, a todo momento possível, do objeto a ser produzido; razão que levaria também à manutenção dos traços do trabalho, trans-formando cada obra num veículo pedagógico);

4. Do princípio da prioridade das condições de trabalho (que visaria a segurança e a preservação do conhecimento).

---

[156] Henri Pirenne, "As cidades como centros econômicos", in *História econômica e social da Idade Média*, São Paulo, Mestre Jou, 1966, pp. 175-84.

(Deveria, naturalmente, seguir mais outras orientações do mesmo gênero. Mas estas são suficientes para o que queremos mostrar no momento.)

Ora, é quase impossível encontrar desenho arquitetônico assim determinado. Um ou outro de Le Corbusier, alguns de Tátlin, os primeiros de Niemeyer talvez e, em geral, só parcialmente. Exceção: Gaudí, sempre marginalizado como bizarro pela arquiteturologia oficial.

Já discutimos alguns pares de oposições desenho/canteiro anteriormente: entre a heteronomia do canteiro e a aparência de autonomia que persegue o desenho; entre a sucessão dos trabalhos e a atemporalidade da harmonia e do equilíbrio prezados; entre a descontinuidade da produção e a totalidade fechada do partido; entre o modo manufatureiro de construir e as séries padronizadas; entre os volumes arquitetônicos e as equipes em induzida diáspora; entre o código do desenho e o trabalhador que a ele não tem acesso; entre a estereotipia das formas e a mão. Essas oposições caracterizam o desenho atual. Em vão procuraríamos vestígios de nossa hipótese absurda (supremacia da técnica de produção sobre a técnica de dominação);[157] ou inexistem ou são totalmente absorvidos pelos contrários. Entretanto, é ela que arquitetos e técnicos, quando se metem a falar, afirmam como a que os inspira. Compreendemos: criados dedicados, são dispensados de coerência.

O desenho não mostra facilmente o que é. Reconhecemos que é impelido, de começo, na direção da resistência. Sua função, pela enésima vez, é fornecer esqueleto em torno do qual possa se cristalizar o trabalho separado: nasce, portanto, como seu inverso. Mas, sob a aparência de vínculo, na verdade agrava a separação por ser separado. O que o desenhista denega, insistindo na aparência — sublinha, se paramenta. Sem maiores hesitações: confusamente percebe que, desenhando, já cumpriu seu dever principal. Existe, logo pensa (no lugar dos que domina). Os desenvolvimentos seguintes necessários ao bom andamento da produção, as microscópicas subdivisões, estão potencialmente contidos no ato mes-

---

[157] Quando escrevi O canteiro e o desenho, em 1975, não poderia ter conhecimento do trabalho de Jean-Pierre Épron, Comprendre l'Éclectisme (Paris, Institut Français d'Architecture/Norma Éditions, 1997). Nesse livro, Épron mostra que "nossa hipótese absurda" não era tão absurda assim. Ela havia inspirado parte da arquitetura eclética do século XIX francês, a que chamo ecletismo técnico. Sua prática era bastante semelhante à que tínhamos ensaiado na Arquitetura Nova, com uma diferença: não pretendíamos dominar o canteiro de obras dos métiers, mas nos integrarmos a ele. (Nota de 2024.)

mo de sua constituição, no destino que a venda da força de trabalho lhe atribui: impedir autodeterminação. A alienação econômica da força de trabalho sofre remate definitivo com a acefalia em que arquitetos e técnicos a confinam; o resto vem como corolário "espontâneo" — quase. E é o que não poderia ser revelado de cara, esta castração que bisa a primeira. Mas, malgrado a insistência, o desenho obrigatoriamente mostra o que é esticando o próprio impulso da inversão, no desenrolar dos trejeitos harmônicos assim azedados, na exasperação da máscara que ganha translucidez. A totalidade enfatizada não é totalização em processo jamais concluído — é a mentira do se paramentar dizendo a verdade, foz do mentar separação, mal mentir não separação do qual não se livra, força chata das coisas. A ferida que ajuda a afundar, fica nela atestada.

Vamos recordar, antes de terminar.

Há dupla paramentação: a do projetista e a do desenho. Deixaremos de lado a do projetista, assunto triste de uma tristeza triste demais. Uma observação, entretanto.

Seu protótipo é Michelangelo (apesar de ter sempre tentado desabusar seus fiéis): "Vossa função é talhar a pedra, trabalhar a madeira, erguer as paredes. Fazer vosso ofício e executar as minhas ordens. Quanto a saber o que tenho na cabeça, vós não o sabereis jamais — isso seria contrário à minha dignidade", declara aos operários hostis à sua direção no canteiro de São Pedro, em 1551. E, numa discussão com o papa Marcelo II, acrescenta em 1555:

> Eu não sou e não quero ser obrigado, por nenhum preço, a dizer nem a Vossa Senhoria, nem a ninguém, o que eu devo e quero fazer. Vosso papel é juntar dinheiro e fiscalizar roubalheiras. Quanto ao plano, eu vos peço deixar a mim o cuidado.[158]

Também não discutiremos aqui como, em contrapartida, toda a obra que Michelangelo gravita com centro na marca sofrida da separação, da castração. (Percorrer longamente, "flutuantemente", a *Pietà Rondanini* — 1555-1564 — e ver.) Sua indiscutível dignidade ainda não é paramento, mas parte autêntica da amarga e contraditória resposta ao trágico acordar do nosso tempo

---

[158] Marcel Marnat, *Michel-Ange*, Paris, Gallimard, 1974, pp. 240-1.

O canteiro e o desenho

Caro m'è 'l sonno, e più l'esser di sasso
mentre che 'l danno e la vergogna dura;
non veder, non sentir m'è gran ventura
però non mi destar, deh, parla basso.[159]

hoje decrépito. Quatrocentos anos depois, o quadro é o seguinte:

O que ressalta de todas as análises feitas e das entrevistas é, de uma maneira massiva e espetacular, eu diria mesmo exibida, a importância do sentimento de impotência.[160]

Da tragédia ao melodrama, da dor ao medo, do pudor em se ver erigido em "divino" à reivindicação de respeito por esse *métier* feito em tartufarias mal escondidas. Impotência, é o que sentem: mas como não senti-la se sua pré-potência, seu poder são feitos da interrupção de muito abraço engatilhado? Se é do vazio do outro que esperam ganhar plenitude? Se a má-fé, cem anos depois de Marx, não cabe mais no álibi da inconsciência ou da ideologia — e sua única saída passa pelo autoritarismo?

Deixemos de lado os sórdidos paramentos do projetista.

Conhecemos os paramentos do desenho. Cada princípio de nossa hipótese absurda recebe resposta em contramão; encontramos:

1. Formas sintéticas e homogêneas para o que é extrema divisão;

2. Unicidade de critérios, imposição de regularidade, exatidão e repetição em todos os níveis;

3. Quase total ausência de clareza construtiva, etapas e funções confundidas;

4. Nenhuma preocupação com as condições de trabalho: a hegemonia da produção requer que a prioridade aparente seja dada ao produto;

5. Nenhuma preocupação formadora: não é o operário capaz que conta, mas o capaz de ser dominado — para o que a formação útil pode ser negativa;

6. Etc. etc.

---

[159] *Rime*, n° 247.

[160] F. Lugassy, "Caracteristiques psychologiques des architectes", *Cahiers de l'École d'Architecture de Nancy. Les Espaces de L'Architecture et des Architectes*, n° 1, 1973, p. 3.

Se a fala dos arquitetos expõe incoerência com sua prática, seu desenho não. Desde que o processo de produção movimenta simultaneamente o processo de valorização do capital, é sendo como é que lhe corresponde. (A explicação mais aprofundada dessa conveniência tem de ser feita a partir de duas análises da construção que não desenvolvemos neste texto: a da economia política e a da semiologia. O que segue é só uma nota final.)

Fundamentalmente, o desenho é instrumento de quem não espera a participação lúcida do operário — mesmo se o canteiro não a dispensa. Não espera porque não quer e não pode — ou não serviria ao capital. Na sua essência, portanto, é forma de direção de energias e habilidades, tomadas, *a priori*, como imbecis. A meta dessas extravagâncias, sabemos, é provocar dispersão, separação. Ora, o desenho está lá, na frente do projetista — e, se está lá, é porque as energias dispersas que dirige são imbecis. Rápido giro. Provocador de dispersão, o desenho faz ver, a quem o faz, a meta como realidade efetiva. E, daí em diante, o que aparece do outro lado através de seu filtro (que é só o que conhece o projetista) tem semelhança com formigueiro de formigas atabalhoadas sem cabeça. Com o que o desejo do capitalista entra em prazerosa alucinação: caos na terra, aguardando sua lei, sua contenção, seu empastamento.

Ver-se é impraticável — ou só indiretamente. O desenho é bomba para separação — e é o que não nos pode deixar ver. Onde vemos o desenho fora dele? Não na obra pronta em que se reconstrói e continua em si. Seu verdadeiro espelho é a massa informe dos trabalhadores castrados, em cuja direção os raios da visão que orienta divergem, já que é massa dispersa. Ora, se divergem, no sentido inverso, convergem. No polo da convergência, sua lente que assim só pode ser una e coesa, fonte do fogo de Pentecostes que cria o "trabalhador coletivo". Simples. A trapaça foi feita antes, no momento da compra da força de trabalho. Compra-se força, habilidade — e a parte da cabeça necessária ao bom funcionamento motor, mas não o resto que tem de ficar do lado de fora do tapume. Instituída a oligofrenia, aparece o desenho, e, se está lá, na frente do projetista... etc.

Assim, desenho = uno, coeso. Ou seja, enquadramento, harmonização e tudo o mais que estudamos. Seu desacordo aparente com o canteiro surge de sua própria situação, inevitavelmente: de fato, é acordo. Mas, se o giro é rápido, a imagem fascinante, o raciocínio simples (à altura dos arquitetos), sobra a trapaça. E uma essência que nela estabelece raiz fica um pouco estremecida. O projetista, então, de duas, uma: ou muda a es-

O canteiro e o desenho

sência (hipótese em que perde o *imprimatur* do capitalista), ou repisa, repete, retoma a estremecida até... até que o repisar, o repetir, o retomar a denuncie sem mais perdão.

POSFÁCIO[161]

Este texto não teve prefácio: seria redundância introduzir uma introdução. Nem apresentação: não há conveniência (de tipo diverso) em comprometer alguém com ele. Nem dedicatória: os que a merecem, meus dois companheiros de arquitetura, sabem que a eles caberia, em outra hora. O registro de sua presença deixei para o plural do "nós" — que me agrada também por seu ar mofento. Creio que gostaríamos, os três, de ainda oferecê-lo aos trabalhadores da construção, não o tivesse eu tornado tão obtuso e banguela.

Mas, à guisa de fecho e marcando que não é texto acabado, reabro sem ter finalizado — e me calo em gancho, atirando algumas provocações lá no nó em que seu tema toma forma, nó que já podemos começar a construir.

1. Michelangelo. (*Pietà Rondanini*) Cristo — de quem a vida foi tirada — e a Mãe: dois corpos. Em seguida, do ombro da Mãe sai o novo corpo de Cristo: dois feitos de um, um que é dois, dois procurando um. Sobra, pendente, o braço cortado do primeiro corpo.

2. Palladio. A fenda da simetria, produtora do fantasma do todo, vinco de inversão, grita a elipse da castração.

3. Rafael. O ponto da fuga comanda o debate dos sábios. Furo, vórtice, vácuo. Cézanne o elimina — multiplicando.

4. Correggio. Corrige, isto é, tapeia. Põe o ponto da fuga no centro do céu, tampa com nuvens, espalha anjinhos nos bordos — todo bordo é ávido de carne macia. O fetichista denega com meias.

---

[161] Sempre me recusei a decodificar este posfácio. Não o farei nem desta vez. É evidente seu diálogo com a psicanálise, presente em todo o texto. Mas a deixei voluntariamente na sombra. Já tinha problemas suficientes com as constantes referências a Marx. Não precisava de mais outros com Freud. Mas, se as rastrearem, verão que são numerosas. Na cadeia, eu havia lido as obras completas de Freud numa edição espanhola e os *Écrits* de Lacan ao chegar na França — estavam ainda fresquinhos na minha cabeça. Quanto à dedicatória que não convinha naquele tempo sombrio precisar, há tempo já a esclareci: cabe a meus dois irmãos, Rodrigo Lefèvre e Flávio Império. (Nota de 2024.)

5. Bramante. No centro do mundo, o Vaticano. No centro do Vaticano, o altar. No centro do altar, a hóstia. "Tomai, isto é o meu corpo" (Marcos 14, 22). É que lá se cruzam as fendas da simetria.

6. Bernini. Abre a colunata em duas pernas. No meio, um obelisco. No eixo que une altar e obelisco, da janela, o papa ergue o dedo: "Em nome-do-pai...".

7. Sansovino (praça de São Marcos). As diferentes espessuras das paredes — cortes — servem de pretexto para cornijas. Laços: um enorme cordão amarrando a enorme colunata — e dividem na vertical para juntar na horizontal. Ritmo: cesura.

8. Michelangelo. Na biblioteca de Florença cava vales para colunas que nada sustentam.

No Juízo Final, Cristo separa uns dos outros: o espaço se aplaina na dor. Os condenados entram na terra, os chamados saem, como condenados. No canto oposto às serpentes — neutralizadas pela visão da serpente da lei do Pai —, Amã trai a iconografia: em vez da força, crucificado num cepo. Lapsus. Na outra extremidade, Judite corta a cabeça de Holofernes, Davi a de Golias.

9. Michelangelo. Da porta ao Juízo, percorre a Bíblia ao contrário: Noé, Dilúvio, Sacrifício de Caim e Abel, Pecado e Expulsão do Paraíso, Eva, Adão, Gênese. Entre a Separação da Luz e das Trevas e o Juízo Final — como é lógico, anterior à Gênese —, Jonas, o que foi comido pela baleia, o que voltou ao ventre, em postura que avança na curvatura inversa da abóbada, olhar horrorizado posto na Separação.

Adendo a "O consulado da representação" (2024)

A segunda parte sobre "O desenho", como disse na nota de introdução, foi a mais problemática. Não tinha mais as pistas abertas por Marx. Devo algumas explicações e sobre o capítulo "O consulado da representação". O que escrevo a seguir, deverá ser um espécie de preâmbulo a ele. Vamos lá.

"O consulado da representação" concentra uma dificuldade metodológica que não pude evitar. Marx sempre apresenta uma estrutura de determinado aspecto da sociedade antes do seu desenvolvimento histórico. Foi o que tentei fazer. Escrevi primeiro "O canteiro e o desenho", o rascunho original da teoria da estrutura econômica e social no presente do meu campo, a construção. Muitos anos depois e após vários esboços, escrevi *Construção do desenho clássico*,[162] a história da gênese dessa estrutura. E o esboço permaneceu somente esboçado até a recente elaboração de *A contrapelo*, onde tento remediar esta lacuna. A história menor, a do quotidiano, raramente acompanha passo a passo a exigência da história maior, a de fundo. E na verdade, o argumento do capítulo é simples. Trata-se da estudar a separação entre desenho e canteiro, separação que ao mesmo tempo os constitui *como* campos particulares, um através do outro, e alimenta o conflito permanente de suas relações recíprocas. Como não há sobreposição entre as duas histórias, construo uma hipótese em que costuro as duas preenchendo o que falta com um pouco de imaginação. Vale o que vale. Trata-se de um resumo de "Adendo 2".[163]

Até meados do século XIII, não existiam desenhos globalizantes das obras a construir. O desenho, ou melhor, os desenhos, acompanhavam momentos dispersos de diferentes *métiers*. A eles forneciam antecipações parciais, detalhamentos e dimensionamento. A partir dos esquemas ou maquetes sumários, mais alguns desses desenhos, os trabalhadores formavam o corpo construtivo adaptado à obra prevista e segundo a experiência acumulada pelos diversos *métiers* da construção. Esses *métiers*, seu saber e saber fazer, constituíam o "monopólio" dos trabalhadores. Eram sua arma. Somente os trabalhadores dos diversos *métiers*, reunidos em coletivos autônomos, sabiam construir obras de certa envergadura. Imaginem sua força nas negociações: sem eles nada poderia ser feito. Assim equipados, levavam adiante a obra cujo resultado somente seria conhecido no final dos trabalhos. Seu núcleo, repito, era o trabalhador coletivo e seu horizonte, aberto: o resultado seria o fruto do andamento produtivo, de seus percalços, surpresas e achados. Um procedimento sobretudo antiteleológico. A configuração final pode ser comparada com jardins ingleses que seguem os convites de desenvolvimento do acaso local.

Este modo operatório constituía um paradigma produtivo com coerência específica extremamente pregnante pois tinha como fundamento a cooperação livre e criativa do conjunto do corpo produtivo. Seu teor

---

[162] Sérgio Ferro, *Construção do desenho clássico*, Belo Horizonte, MOM, 2021.

[163] *A contrapelo* é uma versão retrabalhada de outro texto, *Non finito*, a ser publicada no volume III de *Arquitetura e trabalho livre*.

de solidariedade dependia da coesão e entendimento no processo de trabalho. A abundante invenção formal tinha fundamento nos meandros da própria estrutura. Os segredos de canteiro eram por vezes de extrema simplicidade, como o do ângulo reto obtido pelo triângulo 3/4/5. Se o processo de sua elaboração ficasse evidente, o segredo seria facilmente descoberto. Ora, o tesouro secreto, necessariamente coletivo pois envolvia diversos *métiers*, era o bem comum indispensável para a sobrevivência do grupo. Foi capaz de resistir, mal ou bem, durante cinco séculos de assédio, traições, sabotagens, infiltrações etc. Daí decorria extraordinária fertilidade e variedade formal, impulsionadas pela necessidade constante de camuflagem renovada para tais regras. Imaginem a alegria inerente à quase obrigação de variação formal fantasiosa para enganar curiosos. Nem Ruskin, nem Morris sonharam com esta necessidade de se divertir trabalhando. Fourier foi criticado por Marx precisamente por isto! Seguramente meu entusiasmo por estas práticas me faz enfeitar um pouco sua realidade. Mas avisei: este microtexto é, por natureza, meio fictício.

Este paradigma produtivo não resistiu aos ataques do que é mal chamado de acumulação primitiva. Primeiro porque não é somente "primitiva", mas permanente. Segundo, porque foi obrigado a se adaptar continuamente a condições clandestinas e, por vezes, de luta feroz e suja.

Dou um exemplo de motivações político/religiosas que abalaram tal paradigma. Igreja e sociedade laica viviam misturadas durante a Alta Idade Média. Reis, imperadores, senhores feudais se intrometiam em todas as decisões em tese exclusivas da Igreja. Isto ocorreu até, mais ou menos, o ano 1000. Por várias razões, a partir dessa data e até praticamente o Renascimento, a Igreja se separou rigidamente da sociedade laica, zelando minuciosamente por sua autonomia e direitos privativos em relação ao mundo celeste. Essa separação é conhecida como a reforma gregoriana. Entretanto esse processo encontrou alguns entraves. Principalmente no caso de construções religiosas de grande porte, como as catedrais, obras de transição entre os paradigmas construtivos. Elas implicavam inúmeras responsabilidades que deveriam ser obrigatoriamente compartilhadas pela Igreja e pela sociedade civil urbana: desocupações de terrenos, redes de transporte, acolhimento dos construtores e materiais, financiamento etc. Essas obras, além do mais, duravam anos, décadas e às vezes mais ainda. Impossível empreendê-las sem planejamento conjunto e metas mais ou menos estabelecidas. Para selar os acordos nem sempre fáceis de obter, foi necessário estabelecer documentos que os registrassem. Foi o que provocou a primeira grande reviravolta nas relações entre can-

O canteiro e o desenho

teiro e desenho. Ela tornou-se estrutural e se mantém até hoje. É dela que se ocupa o capítulo "O consulado da representação". A hegemonia do canteiro, característica do românico e do primeiro gótico, dá lugar lentamente, mas ao custo de muita violência, à hegemonia do desenho, com todas as pesadas consequências sociais implícitas nessa mutação. A tônica processual característica da prática dos *métiers* associados até então num mesmo corpo produtivo cede diante da obrigação do resultado configurado como acordo jurídico imutável. Esse acordo assume frequentemente a forma de grandes fachadas desenhadas com esmero. Notem a inversão estrutural. O procedimento determinado pela reforma gregoriana tomou a contramão da prática aberta e extremamente criativa do românico e do primeiro gótico: predeterminava o resultado, eliminando praticamente o processo anterior de invenção permanente no canteiro.

O encarregado da inscrição em documento fiável do acordo "gregoriano" entre as partes, Igreja e administração urbana, foi, "naturalmente", o mestre das corporações fundamentais da construção, o mestre dos *métiers* da pedra, da madeira e, mais raramente, dos metais. Obrigados nas cidades a adotarem a organização corporativista, rapidamente o grupo dos trabalhadores iguais foi descaracterizado pela introdução de hierarquias, nas quais, obviamente, os mestres ocuparam o topo. Normalmente, os mestres eram responsáveis pela observação estrita das regras corporativas, pelos deveres coletivos, pelos segredos profissionais e sua transmissão pelas correntes em geral ocultas do mundo operário. Ele era o que sabia desenhar por ter-se especializado nesta tarefa. Desenhos de conjunto inexistiam.

O mestre se encontra quase sem querer num impasse. Deve fazer um desenho globalizante inédito até então. Deve detalhar componentes construtivos quando a prudência exigia que não o fossem para proteger o segredo e o poder de barganha. Deve antecipar quando a boa tática nas negociações era surpreender com o inesperado. Deve inverter uma prática flexível e móvel em outra estreitamente finalizada. E isto a partir de uma função, a da maestria, que impunha o contrário como norma etc. etc. etc. Uma posição contraditória e eminentemente traumatizante para o próprio mestre e suas obrigações oficiais.

Freud estudou o que pode ocorrer com o sujeito emaranhado em embrulhadas desse tipo. Para escapar dessas situações angustiantes, "[...] a tarefa que o eu se propõe de considerar como não ocorrida, a representação intolerável [*isto é, fazer de conta que o beco sem saída não é verdadeiro, não existe de verdade*], é diretamente insolúvel para ele [...] Porém há algo que se pode considerar equivalente à solução desejada, e que é conseguir debilitar a representação de que se trata privando-a do afeto [*insuportável*] a ela inerente".[164] Não vou detalhar o que esse "debilitar" pressupõe, nem tenho capacidade para isto. Tornar débil, enfraquecer, causar perdas, tirar recursos, desvigorar, afrouxar etc. Eufemizar, diz um doutor a Freud. Tal atitude faz parte do universo da denegação.

Já dissemos: é tentar o impossível. Tentar não perceber o intolerável, o que pressupõe, de algum modo, que já o percebemos, pois tentamos desapercebê-lo, recusar a percepção indesejada. Como isto é impossível, resta a possibilidade de fintar, de contornar o problema. É o que Freud chama "debilitar". Na percepção traumatizante há pelo menos dois componentes: o fato traumatizante em si e a carga afetiva que o acompanha, a intolerável. A denegação começa separando estes dois componentes e os registrando em camadas distintas no repolho do nosso cérebro. O fato traumatizante, desligado de seu efeito traumatizante, pode voltar a frequentar nossa consciência mas com a roupagem do inconsciente, isto é, como imagem visual. Em geral essa sua representação visual se apresenta simultaneamente com grande nitidez e uma total indiferença emocional, pois, relembro, esta última, a carga afetiva traumatizante, foi exportada para outro departamento mental. Nitidez e frieza são marcas registradas da imagem tolerada por ter sido neutralizada.

A carga afetiva traumática, entretanto, passa por mutações muito mais profundas. Estas mutações, em geral, envolvem inversões radicais de origem bem primitiva. A primeira delas é a da troca de interiorização, absorção, por rejeição, vômito. A origem da afeição traumática é sempre positiva, desejo de absorver o que dá prazer. Mas se o engolido se fizer desprezível, amargo ou decepcionante, ele é posto para fora, literalmente na rua, para a exterioridade das coisas ruins, o real não simbolizável. Em termos melosos, o amor vira ódio sem mediação. Ora, na metade do século XIII assistiu-se à eclosão de inúmeras inversões substanciais. A mais emblemática me parece ser a da liberdade anterior quanto à aparência final da obra; liberdade que contraria a nova necessidade de precisar *d'avance* a configuração do acordo entre laicos e religiosos. O ponteiro do tempo troca sua trajetória do agora para o depois, montando o depois sobre o agora. Das decisões situadas no presente, pouco a pouco adicionadas, ao retrocesso de decisões postuladas *a priori*. Troca-se o agir de-

---

[164] Sigmund Freud, "Las neuropsicosis de defense", in *Obras completas I*, Madri, Biblioteca Nueva, 1967, p. 175.

terminante pela operação predeterminada, a evolução pela involução. Inverte-se a história sagrada: a criatura precede a criação. Junte-se a isto mestre feito patrão, igual transformado em desigual, parceiros substituídos por adversários, companheiros tornando-se assalariados. Em pouco tempo, a fratria se inverte, transformando-se em luta de classes; o futuro se imobiliza no antecipado e se fecha o horizonte dos possíveis na mesmice renascente. A melhor ilustração dessas peripécias é o classicismo que impõe sua imobilidade mítica por cinco séculos de pirataria mundial desenfreada e somente se retira para deixar passar a hecatombe do Modernismo, um classicismo envergonhado.

Todas essas ressonâncias do termo debilitação pressupõem um afastamento afetivo, um desprendimento emocional. Freud desvincula, nesses casos, a lembrança factual de um vago sentimento de injustiça por ter que enfrentar uma situação radicalmente contraditória. Este sentimento rapidamente se converte em aversão aguda, rancorosa e agressiva contra as testemunhas competentes de seu drama, isto é, seus antigos companheiros de ofício. Sem entrar em detalhes, são sintomas que acompanham uma mudança de lado, passando a uma aliança com o antigo adversário, o empreendedor. Numa palavra, o protoarquiteto trai seus antigos companheiros de *métier*. E fica num mato sem cachorro. Objetivamente, resta-lhe apenas o saber desenhar como não se sabia desenhar antes.

Em resumo, queria dizer simplesmente que a forma rejeita qualquer conteúdo explícito. Ela pertence a um nível do inconsciente onde não há representação de palavras. Sobram, como nas ciências humanas, conjecturas mais ou menos cabíveis. O fracasso das iconologias não é fortuito. Nem o do capítulo "O consulado da representação". Nele, eu deveria ter salientado mais a dimensão fictícia intrínseca ao desenho, o qual compõe no ar, sem ocupar-se, enquanto é traçado, com sua plausibilidade construtiva. O desenho vislumbra o resultado, sem se ocupar de como chegar lá. Essa autonomia vazia é uma das manifestações longínquas do valor se autovalorizando.

Sobre O *canteiro e o desenho*[1]

SOBRE O CAPÍTULO "O DESENHO"

O DESENHO SEPARADO — DO CLÁSSICO AO NEOCLÁSSICO

(Observação: a oposição entre canteiro de obras e desenho, que meu texto constata, tem uma história e uma memória ainda ativas. Durante vários anos, estudei-as em meus cursos. Hoje posso apenas resumir seu esquema, pois a idade e a preguiça são obstáculos à revisão de notas espalhadas na desordem de minhas gavetas. Foram retirados alguns textos intercalados que serão incluídos no terceiro volume de *Arquitetura e trabalho livre*.)

A oposição ainda atual entre canteiro e desenho foi precedida por sua relativa unidade. Os trabalhos dos especialistas confirmam isso. Podemos caracterizar tal união como a da cooperação simples: um grupo de trabalhadores que tem praticamente o mesmo nível, competências muito abertas e muito pouca hierarquia. O desenho, muito elementar, ainda é seu atributo. Esse tipo de cooperação dura aproximadamente até o apogeu do gótico. Como o desenho ainda não tem vida independente

---

[1] Escritos entre 2001 e 2003, estes comentários a O *canteiro e o desenho* são o balanço acadêmico de encerramento das funções de Sérgio Ferro na Escola de Arquitetura de Grenoble. A tradução foi feita por Iraci D. Poleti. Quando possível, autores estrangeiros foram citados nas edições brasileiras a partir de pesquisa bibliográfica de Iná Camargo Costa. A presente versão difere da publicada originalmente em *Arquitetura e trabalho livre* (São Paulo, Cosac Naify, 2006). A pedido do autor, dela foram retirados "A função modeladora do desenho no Renascimento", "O palimpsesto do Palácio Thiene" e "Um desenho para a Porta Pia", que serão publicadas separadamente no terceiro volume de *Arquitetura e trabalho livre* pela Editora 34. Também foi suprimida a "Introdução" original, tendo em vista que foi incorporada parcialmente na da presente edição. (N. do O.)

do canteiro de obras, as análises existentes baseiam-se no trabalho e no às vezes mítico construtor de catedrais. Depois, praticamente não se fala mais disso.[2]

Depois do apogeu do gótico, vai surgir no meio da massa mais ou menos homogênea dos trabalhadores, destacar-se e dominá-los, o esboço do arquiteto e de sua arma, o desenho separado.

> *He is nat worthy to be called waister of the crafte that is nat cunnying em drawynge and purturynce.*[3]

Dessa forma, o arquiteto ainda é considerado, em alguns textos do século XIII, como o operário principal (*principalis artifex*). Ele sabe também manejar o cinzel e a régua do agrimensor, assim como o talhador de pedra sabe, quando a oportunidade se apresenta, projetar planos. Mas o desenvolvimento do gótico acarreta uma complicação das tarefas e seu duplo corolário: a divisão mais nítida do trabalho e a especialização do talhador de pedra; este, que no século XII podia ora preparar o revestimento de pedra de uma parede, ora executar frisos ornamentais ou capitéis historiados, deve especializar-se na talha ou na escultura [...] o próprio arquiteto deve dedicar um tempo maior que antes à elaboração do projeto [...] a multiplicação dos desenhos de arquitetura é um fenômeno que acompanha a emancipação do arquiteto em relação aos outros membros do canteiro de obras.[4]

Antes da "emancipação" do arquiteto, um tempo de unidade variada em suas manifestações. *Grosso modo*, é o período do românico e do

---

[2] Ver os trabalhos de Colombier, Kimper, Suckale, Haas, Banner, Recht etc. Com nuances, suas análises convergem para o modelo da cooperação simples, embora seu vocabulário seja outro. Ver especialmente, de Wolfgang Schöller, "Le dessin d'architecture à l'époque gothique", in Roland Recht (org.), *Les Bâtisseurs des cathédrales gothiques*, Estrasburgo, Éditions des Musées, 1989, pp. 226-36.

[3] "Não é digno do título de arquiteto quem não é especialista em desenho e representação", William Horman, *Vulgaria*, 1519.

[4] Roland Recht, "Art gothique: une introduction", in *Les Bâtisseurs des cathédrales gothiques, op. cit.*, p. 24.

primeiro gótico.[5] O canteiro de obras constituía-se a partir de um conjunto relativamente orgânico, com uma divisão de funções não muito rígida e conservava o desenho como uma de suas tarefas.

Nosso tema aqui — o desenho separado — começa com a ruptura desse conjunto bastante homogêneo. Trata-se, aliás, do sinal mais importante do afastamento crescente entre arquiteto e canteiro. A iconografia da época registra-o por meio da mudança dos emblemas do arquiteto: no início, o compasso, o esquadro, o nível ou a régua são grandes como os de um contramestre; mais tarde, há apenas o compasso e o esquadro em tamanho reduzido, ferramentas do projeto, sem canteiro de obras. E, sinal de sua ascensão, as luvas (lembrem-se do bastante citado sermão de Nicolas de Biard). A primazia do canteiro de obras começa a declinar à medida que o desenho se fortalece. É muito instrutivo acompanhar detalhadamente a passagem da geometria construtiva do grande compasso, arte inaugural dos construtores, tesouro e síntese de seus "segredos" e competências, para a geometria formal do pequeno compasso, renda de curvas e contracurvas que se comunicam livremente no arabesco gratuito. Um serve para a construção que dita formas; o outro, para as formas às quais a construção deve se adaptar. Uma parte do fazer para seu resultado; o outro antecipa o resultado obrigando o fazer. Ora, dado que comandar de fora da confusão do canteiro torna respeitável, o arquiteto começa sua escalada na estima do poder. A partir de então, guardam-se seus desenhos (aqueles destinados aos clientes, não os da prescrição dos trabalhos), seu nome (Pierre de Montreil, Gautier de Varinfroy, Jacques de Fauran, Peter Parler, Ulrich d'Ensingen etc.) e até seu corpo (seu túmulo ocupa lugares de honra no interior das catedrais).

Entretanto, observemos isto:

> Alguns fatores permitem afirmar que a técnica da construção na Idade Média, até o início do século XIII pelo menos, podia dispensar desenhos em pequena escala [...] A ideia arquitetural só assumia sua forma definitiva à medida que se construía o edifício [...] toda construção consistia em praticar eternamente tradições artesanais precisas cujos princípios eram conhecidos por cada artesão, mesmo que se tratasse de um edifício ambicioso. Bastava pôr-se de acordo quanto a algumas medidas

---

[5] André Scolbetzine, *L'Art Féodal et son enjeu social*, Paris, Gallimard, 1973.

Sobre O *canteiro e o desenho*

de base, dadas pelo arquiteto, e quanto à indicação da disposição geral notificada com a ajuda de um desenho.[6]

Ora, no início do século XIII, muitas das grandes catedrais, complexas e maravilhosas, já estavam construídas. Podemos pensar, então, que a complicação crescente do gótico, a divisão e a especialização das tarefas de que fala Recht devem ser associadas à "multiplicação dos desenhos" — mas na ordem inversa. Visto que se sabia fazer "edifícios ambiciosos" sem divisão e especialização, a "complicação" introduzida pela "multiplicação dos desenhos", cuja trama de entrelaços provém do pequeno compasso, é que foi determinante. O afastamento crescente do arquiteto do mundo do "contramestre" acompanha a evolução do gótico para seu momento tardio, o *flamboyant*. O que marca essa passagem consiste nisto: a perda da possibilidade de elaboração do projeto pelo canteiro de obras. "A ideia arquitetural" não podia mais "assumir sua forma definitiva [...] à medida que se ergue o edifício". A figura do produto acabado se impõe no início, afastando ao máximo a intervenção autônoma dos trabalhadores. O canteiro perde seus modos de expressão. Bastou um deslocamento aparentemente anódino, o do desenho para além do tapume, para que um bom número de coisas mudasse radicalmente. A título de exemplo, as relações teleológicas ancestrais: o fim cristalizado comandando a produção de maneira constrangedora — em vez de um devir aberto com fim flexível. Isso já obriga ao abandono de algumas "tradições artesanais" precisas, aquelas ligadas à competência construtiva autônoma. O desenho muito detalhado da fachada da catedral de Estrasburgo, guardado no Musée de L'Oeuvre bem ao lado, prescreve uma filigrana de colunetas a ser sobreposta ao maciço construtivo; seu próprio perfil alongado impede que elas sejam feitas só de pedra. Centenas de pequenos braços de metal ligam-nas ao maciço — e provocam, no inverno, o arrebentamento das colunetas que, até hoje, têm que ser constantemente restauradas. O saber fazer dos talhadores de pedra — se tivessem direito à palavra — teria afastado o abuso do desenho. É evidente, aqui, que os meandros do projeto devidos ao pequeno compasso obrigam ao abandono de algumas "tradições artesanais". Guardemos na memória o

---

[6] Werner Müller, "Le dessin technique à l'époque gothique", in R. Recht (org.), *Les Bâtisseurs des cathédrales gothiques*, *op. cit.*, p. 237.

cerne do que se passa: o canteiro de obras não tem mais seu fim em si — não progride mais a partir de si — mas deve realizar um dever ser frequentemente contrário à sua lógica própria. Aquilo a que se dirige segue um pensamento que não é o seu.

Por que essa mudança lenta mas inexorável? Os historiadores, de Pirenne a Le Goff, conhecem bem o contexto que a cerca. Tanto a construção de muralhas quanto a das catedrais, dois imensos canteiros para a escala das cidades nascentes ou em desenvolvimento, mostraram-se muito propícios ao desenvolvimento econômico. Uma espécie de *New Deal* medieval. Através de múltiplas redes, massas consideráveis de dinheiro (no início, vindas geralmente do exterior) começavam a acumular--se aqui e acolá: entre alguns mestres de obras que, além dos artesãos e dos aprendizes, exploravam os recém-chegados em fuga do estreito mundo feudal e em busca da "liberdade" urbana, ou entre comerciantes que tiravam proveito do desenvolvimento provocado por essas atividades (os operários comiam, moravam, vestiam-se etc.) etc. Essas massas de dinheiro, aproveitando-se igualmente do êxodo rural, podiam começar a servir de capital (usurário, comercial e, logo depois, manufatureiro — na fabricação de tecidos, por exemplo). Ainda causa surpresa o tamanho das catedrais, frequentemente desproporcional ao de suas cidades. Diz-se que era por causa da fé — mas as verdadeiras razões são muito terrestres.

Percebeu-se de modo mais ou menos claro — e sobretudo na produção de outras construções — que o dinheiro que entrava no canteiro de obras saía com lucro, e que, pagando menos aos operários ou fazendo-os trabalharem mais, fora do que era o costume das corporações, a vantagem aumentava. Para pagar menos, era interessante quebrar a autonomia do canteiro, dividir e especializar as tarefas, misturar os trabalhadores qualificados com os imigrantes chegados em quantidade, sem formação, sem ferramentas e sem meios de subsistência, rompendo, assim, a homogeneidade ancestral. Os empresários ou proprietários que revendiam suas construções o compreenderam depressa, comparando o preço de custo com o preço de venda. Rapidamente tudo isso se generalizou, entrando definitivamente nos canteiros de obras das fortificações e das catedrais, reformulando o ponto de partida pelo retorno do resultado. Isso explica a divisão habitual entre o gótico das origens e o gótico tardio. Entre os dois, o desenho havia aprendido o funcionamento poderoso de seu jogo, de sua posição descentrada em relação ao canteiro de obras.

Sobre *O canteiro e o desenho*

A concentração dos meios de produção entre as mãos de capitalistas é portanto a condição material de toda cooperação entre os assalariados.[7]

O sistema das corporações desaparece em seu conjunto, o mestre bem como o artesão, quando o capitalista e o trabalhador aparecem.[8]

Chamo subordinação formal do trabalho ao capital a forma que se baseia na mais-valia absoluta, porque ela não se distingue senão formalmente dos modos antigos de produção... do ponto de vista tecnológico, o processo de trabalho se situa exatamente como antes [...] na subordinação formal do trabalho há coerção ao sobretrabalho [...]"[9]

A separação dos trabalhadores das "condições de seu trabalho", a abolição das coerções corporativistas e a "coerção do sobretrabalho" já formam sistema no tempo de Brunelleschi, o pai fundador de nossa profissão de arquiteto. Sua "vida" por Vasari é muito clara a esse respeito. É a amarga aurora da manufatura da construção, sob o patrocínio dos manufatureiros do setor de tecidos (seda) da Arte della Lana. Há muito tempo estavam nos negócios: o pai de São Francisco de Assis já era um deles. Brunelleschi escondia seus desenhos (separação das condições de trabalho), quebrava greves contratando "amarelos" de outras cidades (adeus às corporações), impedia que os operários descessem dos andaimes ao meio-dia (coerção ao sobretrabalho) etc. Um mestre em clarividência. Nada de fundamental mudou no plano técnico da construção — exceto o desenho octogonal desastroso do Duomo, as rachaduras que ele provocou e a aparelhagem dos tijolos em "espinhas de peixe", inutilmente complexas. Sua grua giratória era velha de alguns séculos.

Mas, se voltarmos ao que para nós é mais importante aqui, o desenho, é necessário constatar que Brunelleschi introduz algo que fará escola:

---

[7] Karl Marx, *Le Capital*, in *Oeuvres*, Paris, Gallimard, Bibliothèque de La Pléiade, t. I, 1965, p. 869.

[8] Karl Marx, "Principes d'une Critique de l'Économie Politique (*Grundrisse*)", in *Oeuvres*, Paris, Gallimard, Bibliothèque de la Pléiade, t. II, 1968, p. 349, nota.

[9] Karl Marx, *Matériaux pour l'économie*, in *Oevres*, *op. cit.*, t. II, pp. 369-70.

a ordem clássica no interior das igrejas que desenha — o coríntio, principalmente. Ele será imediatamente seguido por Alberti, Bramante etc. — e, durante séculos, o clássico torna-se a língua oficial dos arquitetos.

Tafuri já observou isto: a introdução do clássico responde à necessidade, para a nova estrutura de produção, de descartar e calar a expressão autônoma dos trabalhadores da construção, sua criatividade dispersa devido à fluidez das tarefas e à abertura permanente do objetivo, em resumo, à prioridade do processo sobre o resultado. Desaparecimento das tradições da cooperação simples. Começa, em contrapartida, a longa história do desprezo com que os tratados de arquitetura descrevem o operário, sua incapacidade, seu mau gosto instável, sua falta de *virtù*. Esta é reservada ao herói nascente — o gênio artista, cheio de astúcias, de façanhas, de ousadias capciosas: as "vidas" de Vasari são férteis em notícias sensacionalistas que ilustram esses comportamentos espertos.

E elogios sem fim para a nova perspectiva — na "vida" de Brunelleschi ainda. Inútil lembrar os termos enfáticos que enfeitam a descrição de suas astúcias para divulgar as maravilhas da nova "ciência", comentadas *ad nauseam* pela literatura sobre a arte. Um quadro que se coloca no lugar de uma construção existente, mistificação óptica. Ele nos ludibria — mas o ato é cheio de ambiguidades. O quadro é cópia, mas nada impede o contrário. A construção pode imitar um quadro, um projeto, a ponto de confundi-los. A perspectiva, pelo próprio efeito de ilusão antecipadora, prepara a hegemonia do resultado a ser admirado em relação ao processo que entra em crise. Se olhar pelo buraco preparado por Brunelleschi no centro do quadro/construção, o espectador admirativo vê toda a cena se ordenar segundo sua visão. Ele está no centro, na base, na origem do espetáculo — e, dissimuladamente, pela imagem do pequeno buraco no espelho (o ponto de fuga da perspectiva), ele vê seu próprio olho — ou o de Brunelleschi. É o olho do mestre que põe ordem no visível. Do núcleo da imagem (que da representação ilusionista pode passar à antecipação minuciosa), o gênio nos olha — nos cede passageiramente seu lugar, aquele para onde tudo deve convergir. A disposição clara das construções colocadas conforme a trama ortogonal do piso exibe a força da concepção do projeto contra os imprevistos da produção livre. Como certificar melhor a garantia da direção do que pela regularidade e pela iteração dos espaçamentos, das bases, dos fustes, dos capitéis, das arquitraves etc. — o todo com um único ponto de vista? Como soldados bem comandados e igualmente constituídos, bem posicionados para o desfile correr bem.

Sobre *O canteiro e o desenho*

A essência da ordem é isto: em vez da livre manifestação das partes no todo coletivamente determinado, a submissão das partes à totalização derivada de um só núcleo, de uma regra impositiva. Em vez das perspectivas múltiplas (magistralmente esmiuçadas na pintura por Panofsky — porém mal interpretadas), a perspectiva central de um só ponto de vista. No lugar da mobilidade dos olhares sucessivos, a imobilidade da visão imperativa. No lugar das aventuras do caminho, a retroação normativa do fim imobilizado. A associação da ordem e da perspectiva central não é aleatória: esta assegura a proeminência de um só; aquela sufoca a livre expressão dos outros.

Brunelleschi importa uma e outra numa conjuntura especial. Florença saía de um momento difícil para a elite: revolta dos trabalhadores da manufatura têxtil, os "unhas azuis", o primeiro dos motins operários; depois a revolta dos Ciompi que, na passagem do século XIV para o XV, tomaram o controle da cidade. A construção do Duomo festejava a volta à "ordem" — momento propício para estendê-la a outros setores, como o da construção. A arma para garantir a nova ordem foi... a antiga ordem, ou melhor, as ordens revistas durante sua peregrinação a Roma.

Os especialistas podem continuar a procurar causas elevadas para o retorno às ordens: nada, mas nada mesmo no mundo das ideias legitima esse renascimento do antigo. As razões dadas para isso são extremamente fracas: Roma foi a maior, a mais sensata; todos os homens cultos gostavam de seus monumentos que tinham belas proporções matemáticas; descendiam, através dos gregos, dos períodos mais arcaicos da humanidade (a casa de Adão!) etc.[10] De todo modo, "essa questão do porquê não preocupava muito as pessoas até o século XVII",[11] só aparece com os tratados de Freay (1650), Perrault (1676), Cordemoy (1706) e, sobretudo, Laugier (1753). Antes, durante mais de duzentos anos, ninguém tentou justificar-se. A eficácia prática era o melhor argumento.

E, no entanto, o clássico re-nascente foi, em boa parte, uma invenção do Renascimento. Roma e Vitrúvio ofereciam um material heteróclito, cheio de variantes e casos únicos. Cada arquiteto podia fazer sua leitura do texto confuso e sem imagens de Vitrúvio e dos monumentos que lhe agradavam — e elaborar, assim, sua própria versão. O conjunto ca-

---

[10] John Summerson, *A linguagem clássica da arquitetura*, trad. Sylvia Ficher, São Paulo, Martins Fontes, 1994, pp. 88-90.

[11] *Idem, ibidem*, p. 90.

nônico das cinco ordens, seus componentes, detalhes, proporções, espaçamentos e usos foi obra de uma série de tratados, cada um corrigindo e completando o outro: Alberti (1452), Serlio (1537/1547), Vignola (1562), Palladio (1570), Scamozzi (1615) etc.

O importante nessas ordens é o fato de conjugarem um ar de sistema e a abertura às adaptações e inovações. Era possível inspirar-se no Coliseu para a fachada de um palácio (Rucellai, Florença, Alberti), nos arcos triunfais para as igrejas (San Andrea, Mântua, Alberti), no Panteão para outras igrejas (Santa Maria Dell'Assunta, Ariccia, Bernini) ou bibliotecas (Virgínia, Charlottesville, Thomas Jefferson) — ou partir para combinações novas: andares com ordens sobre embasamento "rústico" (casa de Rafael ou *palazzo* Caprini, Bramante), criar ordens gigantes (mais de um andar, Capitólio e Vaticano, Michelangelo), sobrepor fachadas (San Giorgio Maggiore, Veneza, Palladio), fazê-las se interpenetrarem (Sant'Andrea Al Quirinale, Roma, Bernini) etc. etc. Era possível até ultrapassar os cânones, observando, entretanto, suas estruturas de conjunto (Capela Médici, Florença, Michelangelo) — o que foi feito até o século XX (Perret, Abramovitz, Bofill... Niemeyer).

Assim, o sistema permitia, por um lado, a adesão de todos, a constituição da linguagem do ofício por consentimento dos pares; por outro lado, aceitava a diferença, a "originalidade", tão indispensável à concorrência desses mesmos pares entre si. A ordem garantia tanto a construção do clube fechado quanto a do campo de batalha entre seus membros. Essa dupla função — tratado de entendimento e pretexto de luta — reaparece transposta nos usos que a pintura faz dela: decoração faustuosa em Veronese; emblema da decadência em Mantegna. Sua dualidade é constitutiva e seu sentido varia conforme a ocasião.

Mas qual é o elemento fundamental do clássico arquitetural? Summerson apresenta-o do seguinte modo (falando do Coliseu):

> [...] maneira de combinar o sistema arquitravado [construção com vigas e pilares] e o sistema de arcos — tratando o sistema arquitravado somente como meio de expressão [...] tem-se aqui uma construção gramatical unitária [*sic*] cuja disposição é controlada por uma ordem [...] que obedece apenas às suas próprias regras estéticas tradicionais. Por outro lado, a forma e a dimensão dos blocos por trás das colunas e dos arcos foram definidas pelas exigências da conveniência e da construção. As duas disciplinas tiveram que ser ajustadas harmonicamente [re-

Sobre *O canteiro e o desenho*

-*sic*] [...] cada sequência horizontal de arcos é enquadrada por uma série de colunas. As séries de colunas [...] são representações da arquitetura de templos como que esculpidos em relevo sobre uma construção que não é um templo [...] construído como um sistema de arcos e de abóbadas.[12]

E um pouco antes:

Apesar do fato de serem, na maioria dos casos, estruturalmente inúteis, as ordens, com cerimônia e grande elegância, dominam e controlam a composição à qual estão associadas, tornando os edifícios expressivos.[13]

Essa apresentação do elemento fundamental do clássico é límpida. Dois universos sobrepostos. Dentro, a "construção [...] construída como um sistema de arcos e de abóbadas", definidos segundo a "conveniência estrutural" — isto é, segundo as regras da tradição. Exceto que ela deve adaptar-se à ordem, ao exterior, que obedece "somente às suas próprias regras estéticas", como que "esculpidas em relevo" e estruturalmente inúteis. Mas é essa segunda camada que é responsável pela "expressão" — harmoniosa e elegante — e que domina e controla a composição. Por trás, a massa de operários retoma seu saber fazer desqualificado e que não mais domina a composição; na frente, os artesãos mais qualificados seguem ao pé da letra o desenho "harmonioso e elegante" das ordens... inúteis. A expressão própria do construtivo desaparece sob o código dos arquitetos.

O canteiro de obras já é uma manufatura. Os meios de construção estão todos concentrados do lado do capital, a massa dos trabalhadores vende sua força de trabalho "livremente", formalmente submetida, apesar da tecnologia que permaneceu tradicional embora empobrecida. Rapidamente esse modelo produtivo e seu corolário, o clássico (que bloqueia a expressão própria do canteiro de obras, isto é, de sua autonomia que ele destrói) ganha o mundo inteiro. Primeiro a Europa, depois as colônias que se estabelecem por toda parte. É possível divertir-se buscando "causas" para seu sucesso mundial — a imigração dos sábios expulsos de Bi-

---

[12] *Idem, ibidem*, pp. 19-20.

[13] *Idem, ibidem*, p. 18.

zâncio, a tradução de textos latinos e gregos, a erudição arqueológica... O único fenômeno contemporâneo de extensão semelhante é a expansão do capital — comercial primeiro e depois produtivo — desde o século XVI, em todas as direções do globo.[14]

A crítica literária estuda como um gênero — digamos, o romance realista que nasce no século XVII — se globaliza, e como, diante de situações históricas particulares (colônias, por exemplo), se distorce, sendo conforme ao seu cânone apenas nas metrópoles onde nasceu (no caso do romance realista, França e Inglaterra).[15] Evidentemente, a extensão por arborescência também existiu num ou noutro lugar, com transformações nas ramificações que podiam desembocar em contrastes acentuados com a fonte original. A arquitetura barroca colonial no Brasil é filha do clássico — mas muito, muito bastarda. Porém, com todos os tropeços, é o clássico que, para utilizar uma outra metáfora de Moretti, invadiu tudo como um maremoto, seguindo por toda parte o avanço do capitalismo e os episódios da acumulação generalizada. Em resumo, o clássico é a expressão e uma das molas da primeira fase do capital.

A internacionalização tão "fácil" e rápida do clássico se deve, também, à sua própria forma, à sua dualidade "harmônica". Construção tradicional de um lado, ordem decorativa de outro. Os dois polos podem variar dentro de certos limites: canteiro de obras de escravos ou de homens "livres", pozolana ou argamassa, clássico estrito ou barroco etc. Algumas igrejas barrocas brasileiras são feitas de taipa e, no lugar do acanto, às vezes há abacaxis; nas regiões mais distantes, há casos de inversão dos moldes, as gravuras de madeira do modelo metropolitano sendo, com frequência, de leitura difícil. Evidentemente, isso é indiscutível, há adaptações em toda parte, mas a dualidade — cenário "clássico" daquele que comanda e construção submetida, a elegância da ordem cobrindo a exploração — é uma constante estrutural aplicada em toda a latitude do mundo atingida pelo capital. O clássico é um universal do capital — com infinitas particularidades.

---

[14] Alex Fiuza de Mello, *Marx e a globalização*, São Paulo, Boitempo, 1999, pp. 51-81.

[15] Franco Moretti, "Conjecturas sobre a literatura mundial", in *Contracorrente*, Rio de Janeiro, Record, 2001, pp. 45-64, e Roberto Schwarz, *Ao vencedor as batatas: forma literária e processo social nos inícios do romance brasileiro*, São Paulo, Duas Cidades, 1977.

Sobre O *canteiro e o desenho*

A forma do clássico, portanto, é realmente uma abstração das relações sociais (R. Schwarz) — relações necessárias no regime da manufatura da construção, da submissão formal do trabalho.

Por outro lado, o clássico está particularmente adaptado à economia do capital nessa fase. O que quer ele da construção, principalmente da de luxo? A produção de uma generosa massa de valor — que poderá voltar para a construção para um novo ciclo ou ir para outros setores da produção. Ora, a manufatura clássica da construção é ideal para isso (e suas formas modernas prolongam esse modelo). Sua estrutura dual permite produzir duas vezes a construção — e sempre com uma composição orgânica do capital bastante suculenta. Primeiro, uma massa de trabalhadores com uma força de trabalho desvalorizada, dispondo de uma técnica tradicional, faz a parte "construção" (a que resiste). (Porém, eles podem ser escravos: a hegemonia do capital redetermina as outras relações de produção à sua imagem; a técnica é a tradicional no local, qualquer uma, desde que formalmente subordinada.) O material custa pouco: tijolos, algumas pedras, entulho, terra, madeira, palha — alguns guindastes simples, andaimes precários etc. A relação Cc/Cv é, assim, das melhores e a violência despótica do enquadramento garante um bom ritmo nas jornadas que se tornam mais longas. Em seguida, trabalhadores mais qualificados, e mesmo artesãos de nível, tecem a ordem sobre o "construído". Trabalham com alguns materiais caros (porém, pode-se trapacear com lâminas douradas sobre estuque ou madeira) — mas gastam muito tempo. A relação Cc/Cv é menos impressionante que a primeira — mas ainda muito vantajosa (sem contar o que a ordem traz para a técnica de dominação: a palavra tradicional desaparece sob o manto da ornamentação estrangeira, nada do que aparece, cuidadosamente detalhado pelo arquiteto, vem diretamente do trabalho concreto e mesmo o artesão de luxo tem a obrigação do anonimato). Resultado, duas massas de mais-valia em vez de uma. O que mais pode desejar a avidez do capital?

Retomo. Nada, mas nada mesmo, legitima o renascimento do antigo — exceto a necessidade de submeter o trabalho à exploração do capital, a necessidade de instaurar a manufatura no lugar da cooperação simples. Não digo que o clássico bastou para tal, longe disso. Muitas outras violências foram necessárias. Mas nosso tema é o desenho — e ele colaborou com todas as suas forças para essa instauração e sua continuidade. O gótico tardio preparou o caminho afastando o desenho do canteiro de obras. Ele o atribui a um personagem separado dos outros trabalhadores, o arquiteto, e passa do desenho construtivo ao desenho que começa a se alimentar apenas de si mesmo. Mas os entrelaçamentos traçados com o pequeno compasso eram metonímias ainda bastante próximas das curvas do grande compasso. Variações que tornavam mais complexas as operações envolvendo a especialização das qualificações; talvez elas aumentassem a massa de sobretrabalho, mas não cortavam a continuidade com o canteiro tradicional — exceto, e isso é importante, quanto à possibilidade de decisão.

Com o clássico, dá-se o salto, o corte. Mudam-se os hábitos, os usos, o horizonte e as formas, o vocabulário. Decreta-se abominável o estilo "germânico", dos *goths* bárbaros. Desacreditam-se as tradições artesanais "partilhadas por todos os operários", desprezam-se os acordos de canteiro — ou melhor, deseja-se suprimi-los. Passa-se da gratidão para com os "construtores de catedrais" à difamação dos marginais incompetentes do século XVI cujo salário, evidentemente, desaba. Do outro lado, o do desenhista, buscam-se favores, privilégios e isenções que o afastam das corporações. Aliás, ele não é mais mestre, formado segundo as regras do ofício, mas vem, agora, da pintura, da escultura, da ourivesaria etc. Passa para a linhagem das artes do desenho, abandona a do canteiro de obras. E ganha a simpatia dos grandes de quem merece também a gratidão.

Porém embaixo, esse baixo cuidadosamente rebaixado, a produção ainda tinha os mesmos braços, redivididos e acompanhados por uma grande quantidade de serventes. A construção então se constitui de forma paradoxal. Operários da manufatura, submetidos à tutela da mais-valia absoluta, forçados ao sobretrabalho, dirigidos por pessoas que se imaginam artistas liberais, se pensam, preparam e evoluem no interior da corporação ultrapassada e decadente, pressionados por baixo pelo exército de reserva dos sem qualificação. Esse amontoado híbrido nunca se equilibra e suas disfunções são constantes. Sua imagem impossível nunca se estabiliza — e divide-se constantemente em duas. Os arquitetos, se desenham as grandes linhas da construção, detalham somente a ornamentação, utilizando para isso todo tipo de instrumento, esboço, maquete, desenhos em pequena escala ou em 1:1, em pergaminho ou nas paredes. O resto, o que resiste, continua a ser utilizado como antes, sob a responsabilidade dos contramestres. Portanto, uma certa autonomia persiste, ainda que incomparável à da cooperação simples — na parte que deve desaparecer totalmente. A ruptura maior se dá com a instauração do classicismo: desenha-se, então, em latim codificado, fechado aos trabalhado-

Sobre O *canteiro e o desenho*

res. Ele é primeiramente uma "crença" arbitrária com regras infundadas cuja função é cobrir as das tradições corporativistas, uma espécie de paulada psicológica para ajudar a submissão do trabalho à manufatura. Mas as técnicas cobertas pelo desprezo continuam a ser praticadas: a submissão do trabalho é apenas formal. Assim, a nova "crença" prima pela ambiguidade: de um lado, brilha, expõe-se ricamente; de outro, depende do que quer negar e que, entretanto, ela faz viver clandestinamente. Através desse compromisso, garante perfeitamente sua tarefa: servir, a seu modo, à acumulação.

Uma das características da submissão apenas formal do trabalho (antes de sua redeterminação pelo aparecimento da submissão real) é o fato de ela exigir sua restauração permanente. Nenhuma exterioridade no equipamento da produção garante sua durabilidade. A pressão pelo sobretrabalho deve ser exercida sem descanso, sempre retomada. Uma das formas dessa pressão é o desenho que solapa todo respeito em relação aos hábitos dos que devem fornecer o sobretrabalho. A desmoralização e o desânimo facilitam a submissão, diminuem a resistência. Donde a insistência, a repetição, a retomada da difamação, da ironia: ridiculariza-se e deixa-se arrastar o saber anterior, pois depende-se disso. Felizmente para o desenho, que não tem outro apoio a não ser sua própria reiteração. Os arquitetos são, então, duplamente obrigados a defender interminavelmente seu credo — enquanto essas condições permanecerem. O inesgotável debate acadêmico para encontrar a norma soberana da ordem para servir ao soberano e a hemorragia dos tratados mostram a obsessão para dar base à fé hipostasiada.

Acompanhemos os deslocamentos inseridos na necessidade da coisa: percorrem estranhos meandros. No início, nosso herói sai de seu domicílio natal, o desenho emigra do canteiro de obras. Aspira a um rico futuro. Distingue-se do canteiro, marca sua diferença. Não cola mais ao canteiro que ele enuncia, que ele anuncia. Perambula um pouco nos arredores, quer saborear sua partida. Não é mais, então, simplesmente o outro do canteiro de obras, idêntico a ele na diferença, já tem outros amigos. Essa diferença aumentada, que acentua ainda mais sua separação, deve ser manifestada por ele, uma essência sua não pode dispensar a manifestação, sem o que ela não é essência. O canteiro é o outro ao qual ele não é mais tão idêntico assim. Ele deve marcar esse ângulo de não-identidade, uma relação de força obriga. Precisa diferenciar-se claramente do que é o diferente distante. É-lhe necessário, portanto, diferenciar-se de sua diferença inicial — isto é, fazer disso sua forma como aparecimento, manifestação de sua nova essência. Sua forma torna-se, assim, a diferença da diferença de seu outro. O em-si quer se fazer para-si. O herói não pode continuar sendo somente o herdeiro permanente de seu domicílio abandonado. Deve fazer suas próprias provas. Sua maioridade implica cortar o cordão umbilical (mas sem assassinato do papai capital). É-lhe necessário tornar-se outro, simplesmente o outro de seu outro. É-lhe necessário, portanto, que o primeiro ausentamento (o distanciar-se de seu domicílio) seja acompanhado pelo ausentamento do ausentamento (resumindo, que ele fale de outra coisa que não de sua partida). Assim, Heidegger e o rastro cruzam o destino do desenho. Mas (agora é Benjamin que entra em cena), para que haja "aura", prestígio (e o desenho precisa disso: como garantir de outra maneira a ascensão do arquiteto?), é necessário que o rastro permaneça apesar de seu duplo afastamento. Portanto, as diferenças devem desaparecer — permanecendo, entretanto, no local. Um verdadeiro quebra-cabeça: o herói desmamado deve conservar a lembrança do leite materno. É isto: para apagar sua primeira diferença em relação ao canteiro de obras, cuja rudeza proclamada não deve manchar sua árvore genealógica (a simples alteridade mostraria que, apesar de tudo, ele tem um pé na cozinha), para se diferenciar, pois, dessa diferença, em princípio tudo é válido. O desenho poderia, por exemplo, copiar homens (Michelangelo sonhou com um edifício de alguns andares em forma de um gigante sentado, deixando sair fumaça pelo nariz e sons de sino pela boca), dragões (Gaudí fez isso), grutas (o maneirismo também o fez) ou qualquer outra coisa. Mas a "aura" baseada no rastro teria ido água abaixo. É preciso ainda, portanto, que sua diferença da diferença permaneça em seu lugar, no mundo da construção. Mas não como retorno à presença do que fora apagado, o rastro não é vestígio (e eis que surge Derrida). Portanto, não se trata absolutamente de se referir ao canteiro de obras abandonado. Ao contrário, é o ausentamento, o não--ser aí que deve atraí-lo. Restam então duas saídas: o "neo" ou o "não ainda". O neoantigo — o clássico — ou a utopia, as duas tetas do desenho do... Renascimento (palavra que reúne os dois, passado e futuro, o passado como futuro).

Em outros termos: o desenho assume sua forma interiorizando a forma de sua relação com o canteiro, a serviço do capital manufatureiro. Trata-se para ele de ajudar, através de seus meios específicos, a submeter o trabalho sem mudá-lo substancialmente. Para dominar, ele não pode ficar na dependência de um canteiro de obras que, em si, não precisa dele (enquanto separado). Se permanecer como desenho adaptado, como

Sobre *O canteiro e o desenho*

momento que apenas reflete, ele não sairá da dependência. Duplica, pois, a separação. Vai olhar em outro lugar. E impõe, por meio de seu poder prescritivo, um desenho que não é sequer parecido com aquele que o canteiro teria podido desenvolver por seus próprios meios. Cria, assim, uma dependência inversa propondo formas incoerentes com as virtualidades do canteiro de obras e que não possam ser facilmente absorvidas. Portanto, um desenho de uma outra arquitetura — o clássico. Como só é apto ao que sabe fazer, o canteiro faz em seus termos tradicionais o que deve resistir. Questão elementar de prudência. Quanto ao resto, a ornamentação, ele não tem nenhuma responsabilidade técnica. Pode, pois, ser realizado por imitação, com objetos heteróclitos, com os recursos da ilusão — prolongados indefinidamente pelo estuque e pela pintura.

Se a adoção do modelo clássico como conjunto de regras substitutivas não tem outro fundamento que não a adesão de quem o adota, uma retorção de estrutura o obriga a retornos sobre o substituído. Olhemos de perto as estruturas clássicas.

A estrutura fundamental é a seguinte:
1. Base, pedestal, estilobato ou o solo nu
3. Fuste da coluna
5. Arquitrave ou frontão do telhado
É o esquema da "casa de Adão": 1 sustenta 3, que sustenta 5.

A estrutura fundamental ganha dois novos elementos intermediários.
2. A base da coluna
4. O capitel
1 sustenta 2, que sustenta 3, que sustenta 4, que sustenta 5. É assim que Palladio representa a ordem toscana — e o "purista" Inigo Jones realiza em Saint Paul, Covent Garden.

A estrutura torna-se complexa; aparentemente, há uma sucessão perfeita dos elementos, cada um apoiando-se no precedente e servindo de apoio para o seguinte, sendo sucessivamente sustentado e sustentador.

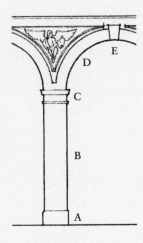

1. O pedestal sustenta
2. A base que sustenta
3. A coluna que sustenta
4. O capitel que sustenta
5. A arquitrave.

No interior, o mesmo desenho — porém, gravado no bloco que verdadeiramente trabalha:

A. A base (ou solo) sustenta
B. A pilastra que sustenta
C. O capitel que sustenta
D. O arco que sustenta
E. A chave da abóbada.

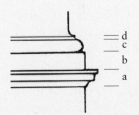

Quando se aproxima dos detalhes, a mesma sequência recomeça:

a. A gola reversa sustenta
b. O plinto que sustenta
c. O toro de coluna que sustenta
d. O astrágalo que...

Essas sequências cumulativas, seus detalhes, suas proporções e espaçamentos constituem a gramática das ordens e são bem codificadas. Pode-se discutir sobre isso ou aquilo (se é necessário um ábaco sobre o equino, gotas ou o tríglifo, dentículos ou não etc.). Mas a estrutura dividida em cinco ordens mantém-se permanente. Em toda parte, encontra-se essa sequência descontínua de elementos que sustentam e são sustentados e que formam o todo.

Alguém um pouco familiarizado com o canteiro de obras "sente" imediatamente o parentesco dessa estrutura com a da progressão da construção numa manufatura serial ideal (aliás, a função de um esquema em Kant é assegurar o trânsito entre apercepção e conceito): acumulação ordenada da sucessão das equipes de trabalho especializado, cada uma servindo de apoio para a seguinte e apoiada na anterior — ou no solo. Ideal porque a técnica de dominação do canteiro de obras atrapalha obrigatoriamente essa sequência ideal. (Ver primeira parte de meu texto de 1976 sobre o canteiro.) Portanto, estrutura limpa, purificada — no entanto, estrutura da manufatura. As ordens contam o que a construção teria podido ser se... Nesse exemplo (que não deve ser generalizado), mesmo a construção real, a que resiste efetivamente, submete-se aos mesmos princípios. Mas duas coisas denunciam o artifício: a profundidade do pilar, fixado por considerações de resistência e não pelas proporções da ordem, e a repetição, denunciando discretamente o desdobramento da edificação.

A "aura" está garantida. O arquiteto não é nem um louco genial, como Gaudí (que, além disso, morava no canteiro de obras), nem um megalomaníaco sempre tentando ultrapassar as normas, como Michelangelo, mas um respeitável arquiteto que conhece todos os meandros de seu ofício (Vignola). A separação do desenho é desviada (e negada) por essa volta ao construtivo — que, contudo, não é o efetivo. Afastamento e afastamento do afastamento. O desenho serve para retornar — alhures mas no local, o que Foucault teria podido identificar com uma heterotopia. Igualmente, os hermeneutas de Vitrúvio destacam sempre o mito da casa primitiva de madeira cuja transcrição de pedra seria o templo grego. A função substitutiva das ordens faz parte da memória que elas carregam desde a origem — elas são renascimento de um antes mítico. Colocam um pressuposto do qual são a transcrição idealizadora. Philibert de l'Orme, que viveu pessoalmente a passagem do mestre talhador de pedra a arquiteto, ainda bastante inexperiente nas sutilezas do ofício, cometeu o lapso de desenhar uma coluna/tronco de árvore, não compreendendo que o importante é a transcrição, a distância em relação ao verdadeiro texto. Mais próximo de nós, Artigas o fez de verdade, em um momento de desânimo, desvelando as coisas. O importante aqui é que um significante tome o lugar de um outro, o que, no contexto da construção, não é uma metáfora mas, sim, uma mentira.

Na época da introdução do clássico, estava-se familiarizado com as mil-folhas das significações. Dante foi um mestre em anagogias — e, depois, a mania percorreu os séculos... (Ticiano — ver as análises de Panofsky; Velázquez, Manet, Joyce, Freud e Borges). Fazendo um longo desvio e um retorno ao mito, à razão grega, à *virtù* romana, pulando a horrível autonomia do canteiro de obras medieval, saudando a construção ideal sem se sujar com nenhuma presença, insistindo em seu não-ser aí, a ordem assegurava a "aura" necessária. E, em uma sequência em abismo, a estrutura da manufatura corrigida, retomada de forma maníaca em todos os detalhes, castrada pela intervenção do próprio desenho. O herói volta à cena do crime, inevitavelmente.

A submissão formal do trabalho numa produção quase sempre elementar requer uma boa dose de irracionalidade técnica — mas que, desse modo, é racionalidade para o capital. É necessário, principalmente, introduzi-la na própria alma do processo produtivo manufatureiro: ela é de tal forma banal, evidente que, a descoberto, tornaria a submissão arriscada. Ora, essa alma é a sequência lógica das equipes especializadas, ponto final. Quase todo projeto, portanto, embaralha, retorce, mistura, obscurece essa sequência — é o alvo inconsciente do desenho separado. Em meus cursos sobre projeto, constantemente digo isto: uma plástica da sequência lógica das equipes é um (pequeno) passo indispensável para superar a atual relação de exploração no canteiro de obras. A "carta roubada" de Poe diz o seguinte: a melhor maneira de se esconder um segredo comprometedor é deixando-o à vista. De qualquer forma, os mais aptos a ler a estrutura das ordens — os arquitetos — não têm nenhum interesse em fazê-lo.

Façamos um resumo da posição de nossos atores, no final desse ato, por volta dos últimos anos do século XVIII. Operários (é preciso começar por eles, que produzem o sangue, a essência, a mais-valia), que arrastam uma técnica em relativa decadência e fundamentalmente datada da época da corporação, são formalmente submetidos à manufatura da construção — cuja simplicidade mesma impõe à dominação do capital uma mistura de violência para baixo (com a ajuda não muito "liberal" do Estado) e manipulações plástico/simbólicas cujo eixo é a ordem, da qual se encarrega o arquiteto, artista "liberal". Os mais conhecidos dentre eles fazem os operários produzirem suntuosos palácios, mansões, igrejas que são todos vendidos — diretamente, quando a situação dos príncipes, duques, bispos o exige, ou indiretamente, sob a forma de "aluguéis" disfarçados pela Igreja (batizados, casamentos, comemorações, coroamentos pagos) — tudo isso com grande lucro, pois a composição orgânica do capital das produções de luxo é sempre paradisíaca. Já não é muito claro esse conjunto. Entra, agora, um novo par, a indústria e seu "cientista", os quais não desalojam a manufatura nem sua base arcaica, mas a deslocam, a desorientam, a embaralham. Em resumo, a mais-valia relativa e a submissão real do trabalho vêm à superfície. Tudo muda em volta da construção que, perplexa, se dá mal.

Sobre o ornamento

Entremos mais profundamente nos meandros da cisão. Esse face a face entre desenho e canteiro de obras (que, juntos e numa autêntica relação reflexiva, formariam a substância verdadeira do construir) os imobiliza e degrada. Paradoxalmente, o canteiro, momento do agir, parece ser o polo passivo, inerte, submetido à "atividade", à determinação do desenho. Este, ao contrário, parece ser o polo positivo, motor: coloca seus efeitos na disponibilidade do canteiro. Não sendo o agente de sua própria articulação, o canteiro é colocado sob a tutela de uma necessidade, para ele mecânica, aquela cuja razão vem de fora, do desenho, e assume isso com indiferença, apatia. Entretanto, o desenho, pressupondo necessariamente o canteiro de obras como sua própria condição, cai também no *imbroglio*. Apesar de seu porte "ativo", sua razão de ser o que é e sem o qual não é nada, o canteiro de obras permanece-lhe exterior: também ele cai no regime da necessidade mecânica. O processo indispensável de reflexão de um no outro, cujo dinamismo os arrastaria à superação de sua oposição, permanece bloqueado pelo fato de que o capital vive de tal bloqueio. Desenho e canteiro não retornam a seus pressupostos (respectivamente, canteiro de obras e desenho): o desenho "ativo" esquece seu momento "passivo", seu condicionamento pelo canteiro de obras — ao passo que este, nunca se colocando como tal pressuposto, esquece sua própria "atividade" acima do projeto. Nada disso impede que, na visão comum, a "necessidade", que assim se tornou mecânica e cega, seja reservada ao canteiro (que, desse modo, se torna objeto da "ciência" da organização do trabalho) e a "liberdade", reservada ao desenho (que passa a ser objeto dos exercícios de criatividade). Uma e outra se arruínam — uma no empirismo limitado, a outra no aleatório.

O desenho, tal como é na cisão, permanece na pré-história de uma autoconsciência do construir. Vê o canteiro de obras como um outro e não como seu outro, com o qual seria idêntico na diferença. Mesmo assim, representou um imenso progresso. As considerações de Lévi-Strauss sobre as maquetes e os modelos reduzidos são válidas para ele — ao menos como possibilidade. As vantagens da abstração que ele mobiliza (no sentido positivo) não podem e não devem ser negligenciadas. O que ele permite como antecipação do objetivo, como esboço do resultado, como economia do fim — e, ao contrário, como formatação do programa, como correção e complementação da demanda — é mais que respeitável. Se não falo sobre esses aspectos é porque são muito bem tratados nos textos e no ensino. Entretanto, tudo isso continua contaminado pelos efeitos da cisão. As implicações do desenho separado são inúmeras e produzem expectativas por toda parte, muito fortemente ancoradas no que se insiste em chamar de "estética" arquitetural. O *slogan* da profissão —

arquitetura é construção mais alguma coisa — diz muito sobre isso sem dizer nada, pois o que falta à construção é exatamente o desenho, mas o seu. Porém, isso é inadmissível. Pede-se ao arquiteto, o "mais", o *supplément d'âme*. E eis que se abrem outras bifurcações: porque o *supplément d'âme* que cobre a alma proibida não pode ser senão a *"parerga"*, ornamento, decoração, falsa aparência — quando o que falta é a aparência, mais exatamente, a aparência da aparência.

Avancemos passo a passo, a coisa é escorregadia.

Loos decretou que o ornamento é um crime — e até Adorno o felicitou por isso.[16] Deixemos, pois, a decoração clássica ou acadêmica de lado agora. Porém, onde classificar a rigidez dos volumes de Loos, a arquitetura toda branca e lisa dos primeiros modernos, a austeridade puritana das formas que ele pregava? Esta sobriedade, como sempre e como todas as outras decorações clássicas ou barrocas, cobria o bordel do construído. Também é ornamento, maquiagem de pureza. Sodoma também — cujo nome indica práticas fora da pintura — vestia-se de branco. E dizer desenho separado é dizer decoração — *supplément d'âme*. O que irritava Loos no ornamento é que este é a arte popular por excelência. William Morris o havia dito por toda parte, o primeiro Van de Velde o repetia na vizinhança. A mão trabalhadora que deixa seu gesto técnico derivar no prazer de si mesmo — tal é a essência do ornamento. Ele é sempre, se autêntico, o alargamento, a "didatização", a explicitação, o comentário desse gesto. Enquanto tal, como dizia Morris, é a expressão da alegria no trabalho (o que pressupõe uma boa dose de liberdade). É escandaloso, evidentemente; só faltava isso! Alegria no canteiro de obras! Acabava-se de sair do ecletismo, cuja inocência distraída baseava-se nas competências dos operários, exaltava-as mesmo em ornamentos construtivos, dando força, desse modo, às reivindicações do sindicalismo revolucionário. A mão trabalhadora torna-se perigosa quando, através de seu canto no ornamento, apoia a exigência operária de autodeterminação, a exigência daquele momento. É necessário que ela se dissipe... atrás da decoração do não-ornamento. Depois da derrota desse sindicalismo e da acomodação da década de 1920 (esquece-se a autogestão, passa-se a pedir aumento de salário e férias, isto é, submete-se), foi possível voltar às

---

16 Silke Kapp corrigiu este meu erro: Loos condenou o ornamento desenhado e imposto pelo arquiteto, como Ruskin antes dele. Não falo alemão. Lendo, porém, o texto traduzido, isto não fica claro. Mas o resto do meu texto continua válido, creio ainda.

Sobre O *canteiro e o desenho*

formas ostensivas de ornamento, até o *kitsch* pós-moderno, seguindo o declive do aniquilamento da luta operária. Mas cuidado: a mão trabalhadora agora é exclusivamente a do arquiteto. Ela se torna eufórica em torno de suas tramas, alinhamentos, módulos, dos seus jogos de linguagem (a agonística aqui é tristemente válida, sr. Lyotard), da elegância ou da brutalidade de seus traços: seu "ego" explode como fogos de artifício. A plástica oficial tornou-se a expressão sarcástica, depreciativa e rancorosa (sem saber disso) da liberdade proibida ao trabalho. É uma das razões do masoquismo que a leva à autodestruição — por ironia (pós-modernismo) ou por catastrofismo (desconstrutivismo).

Entretanto, se o desenho separado se desvia rumo à ornamentação por hipóstase do gesto projetual, é a aparência que continua proibida. Precisemos.

No fim da lógica objetiva, na passagem à lógica subjetiva, Hegel escreve:

> A necessidade se desvela. A necessidade não chega à liberdade porque desaparece mas, sim, porque apenas sua identidade ainda interior encontra-se manifesta; uma manifestação que é o movimento idêntico do diferenciado em si mesmo, a reflexão de si da aparência como aparência.[17]

Tudo nesse enunciado convém a nosso propósito. A necessidade, que se coloca claramente fora na aparência — como aparência — e cuja identidade interior é produto do movimento autônomo de seus diferentes momentos, não é oposta à liberdade — mas é a liberdade. Para isso, é necessário que ela (a necessidade) se mostre como sendo realmente o movimento autônomo, orgânico e autoconsciente que totaliza os diferentes momentos que engloba. Ou seja, para nós aqui, traduzindo e simplificando: num primeiro nível, a necessidade aparece no material (matérias, ferramentas, técnicas etc.) no qual saber, saber fazer, estado da produção etc. estão inscritos objetivamente. O sujeito social está aí sob a forma, por assim dizer, momentaneamente coagulada, sedimentada. A estrutura dos trabalhos no canteiro de obras, com suas diferentes equipes, especialidades, em resumo, o que indicamos através da noção de corpo produ-

---

[17] G. W. F. Hegel, *Science de la logique*, t. I, *La Doctrine de l'essence*, Paris, Aubier, 1976, p. 295.

tivo, põe em movimento esse material — que é apenas outra forma de si mesmo — vivifica-o por meio de seu trabalho, identifica-se com ele sem suprimir a diferença. Aqui ainda, o mesmo sujeito social manifesta-se — de forma viva, na ação. Essa totalização dinâmica põe-se obrigatoriamente no exterior — se, entretanto, for autônoma "em si mesma", incluindo, pois, o projeto como um de seus momentos, como seu objetivo desejado, assumido. Mas tudo isso pode ainda aparecer apenas como necessidade, se o corpo produtivo, em toda parte, não se sabe em casa — nos materiais, na produção, no resultado. Esse reconhecimento, esse consentimento em ser o que é, esse espelhamento de si em toda parte sem encontrar nenhum elemento estranho, essa constatação de ter todas as razões de ser o que é em si mesmo, tudo isso é a alegria de Morris que se abre, então, na deriva do gesto técnico. Uma autocelebração que faz aparecer a aparência como aparência, que desvela a aparência, a qual pode cristalizar-se no exterior como manifestação do sujeito social do corpo produtivo. É o ornamento que é o operador objetivo desse desdobramento indispensável da aparência.

Mas o termo ornamento é muito carregado de conotações. Prefiro "rastro" (*trace*), na moda desde Benjamin, Brecht, Heidegger e Derrida. A crítica paga sua distância da produção invertendo tudo, talvez pelo fato de ficar dependente da percepção do produto só depois de acabado. Ela diz a respeito da obra de arte, quando a considera um sucesso, que tudo nela é absolutamente necessário, que nada pode ser mudado sem a estragar. Ora, isso é próprio da necessidade mecânica. Contraditoriamente, a mesma crítica postula a liberdade fundamental do artista. Talvez seja por isso que Kant diz que o gênio é uma força da natureza e não sabe o que faz. Na realidade, o contrário é que é verdadeiro. O que faz a obra de arte é o fazer vibrar o "necessário" em torno dele mesmo, distanciar-se um pouco — ou cantá-lo, didatizá-lo. Verticalizar a linearidade da linguagem, dizia Foucault, ouvir também o som do sentido, dizia Jakobson. Olhem uma pincelada bem-sucedida: foi produzida para ser uma pena de pássaro, por exemplo, em Rembrandt. Mas não se esvai completamente em sua necessidade, em sua vocação icônica, no contexto da tinta nanquim para desenhos em pincel. Ela se mostra também, deixa ver a certeza do gesto. Em relação à função icônica, ela se dá uma margem: é *erga* e *parerga*, a deusa de Kant e seu vestuário — o que é necessário e ornamento, rastro. A pena de pássaro não engana mais o olhar: sabe-se que foi pintada, desejada por Rembrandt. A obra de arte é artifício — e é preciso que se saiba isso. A aparência — a pena de pássaro — desvela-

Sobre *O canteiro e o desenho*

-se como aparência. Pode-se copiar Derrida e inventar a *apparance*, ou adotar Heidegger e falar do apagar do apagar, do ausentamento. Como quiserem.

A chave decisiva é o rastro.

> [...] uma liberdade que é invenção, num consentimento ativo ao que é, ao que ela mesma é, em sua coerência "necessária", nunca dada, sempre a ser efetuada e, portanto, a ser descoberta.[18]

O rastro começa como vestígio, índice do que produz no produto. Saber, saber fazer, instrumento, gesto etc. manifestam-se em seu resultado — se for conveniente, junção de causa e efeito, concordância entre meio e fim. Para que haja índice, é preciso captar uma relação. Uma mancha, quando não se consegue atribuir-lhe uma causa, é somente uma mancha. Sempre lhe é necessário um interpretante, para continuar com Peirce. Para que haja rastro, deve-se ir mais longe: é preciso, primeiro, que o índice se abandone à sua razão de ser, que o gesto do fazer vá em direção a seu fim — mas também que a marca da colher do pedreiro mostre sua adequação à parede em devir, que a viga evidencie sua resposta à função de sustentar. Em resumo, que o índice exponha sua racionalidade, sua pertinência. Mostrar, evidenciar, expor: atrair a leitura. A mente é superlúcida, é verdade, mas é preciso ajudá-la. Realmente, a forma é sempre o movimento do conteúdo, bom ou mau. Mas uma pitada de retórica pode amenizar a passagem da diferenciação de uma rumo à identidade do outro.

Deve-se ainda insistir nisto (que retomarei novamente): na semiótica (de Peirce), só o índice veicula o sujeito — e só o rastro o torna efetivo.

Na arquitetura dominante, o rastro é raro — exceto aquele (vamos discuti-lo depois) do traçado, do desenho. A que razões de história própria, de devir de si mesmo, corresponde a ornamentação clássica, o bronze do Seagram's Building ou o branco liso? Impossível supor que possam resultar de um corpo produtivo autônomo. Num primeiro nível, as razões são de estilo, de forma, de vanguardismo etc. O índice pode estar presente, às vezes exasperado (o concreto bruto sem transformação, a madeira rústica, o excesso de detalhe *high tech*...) — mas sempre desviado. A as-

---

[18] Gwendoline Jarczyk, *Système et liberté dans la logique de Hegel*, Paris, Kimé, 2001, p. 19.

túcia para desviá-lo é simples: mudam-se os interpretantes (ainda Peirce), muda-se o registro de leitura. O exemplo que ele dá é conhecido: em francês, a palavra *grenade* pode significar uma fruta (romã), uma arma (granada) ou uma cidade (Granada), segundo o contexto, o interpretante implicado pela situação ou pelo tema da conversa. O arquiteto nos fala de outra coisa, nunca de um corpo produtivo autônomo, o que é quase "natural", pois tem a responsabilidade precisa de ser a causa imediata da heteronomia do próprio corpo produtivo. Ele é da família dos prestidigitadores: desvia nosso olhar e nos faz não ver o que é importante. Há interpretantes substitutivos de todo tipo, da família dos remas, dos deci-signos e/ou argumentos. Lentamente, munido do enorme poder de captação da plástica e da retórica visual, o desenho nos atrai para o universo dos juízos diferentes. Não falo dos argumentos de conveniência funcional, da implantação no *site* etc., que têm, em princípio, sua razão de ser. Mas daqueles que, de modo geral, são chamados de estéticos, esses juízos sem conceitos, como queria Kant. (A correção hegeliana — a estética é a percepção do conceito, ou melhor, da ideia, que ele próprio não levou a suas últimas consequências — teve poucos efeitos no ofício.) Os referentes dos juízos (de gosto) tornam-se estilos, movimentos, tendências, regionalismos etc. O que nos pode dar torcicolos é que eles têm sua parte de amarga verdade, sendo, com frequência, o eco longínquo de arranjos específicos de momentos da luta de classes, portanto e mesmo assim, seus indicadores. Entre os modernos, deixados de lado os grandes modelos canônicos, o universo dos referentes rearranjados segundo o movimento ou a tendência gira em torno do "jogo de volumes", ritmo, modulação, trama, escala, espaço etc. As formas remetem-se umas às outras, compõem-se, tecem relações diversas... A indicialidade (insistimos, único suporte semiótico do sujeito) não remete mais ao fazer, mas se torna textura, cor, cheia ou vazia, linha, superfície, massa... saltamos a secundidade do índice (sua referência a seu pressuposto, o fazer), nós o lemos no campo da plástica dita pura e o passe de mágica cativa nossa interpretação. Observemos que esse gênero de deslize não deve ser confundido com mudanças de paradigma, como amiúde se pretende para se dar ares superiores. Essa noção de Thomas Khun aplica-se aos estágios da elaboração científica que obedece, pelo menos, ao controle do entendimento. Aqui, nada disso: estamos bem abaixo.

E, entretanto, quantas astúcias, sutilezas, "jogos de linguagem" — cuja função é permanecer "jogos de linguagem". Seria monótono examinar tudo. Apenas alguns, a título de exemplo.

Sobre *O canteiro e o desenho*

Comecemos por um detalhe: o desenho dos corredores que levam aos quartos do Convento de la Tourette de Le Corbusier, obra-prima do brutalismo.

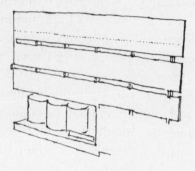
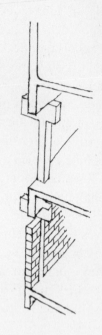

Sem meias-palavras: em termos de semiótica, há trapaça no plano dos legi-signos: substituição da regra de distribuição dos materiais (vigas, pilares, lajes de concreto e preenchimento com blocos, sempre de concreto) por uma outra (vigas imensas de argamassa projetada separadas por calços de concreto). Ou (nas empenas) substituição da mesma estrutura por um plano uniforme de argamassa projetada, em que há aberturas de janelas bloqueadas, ditas "flores de concreto". Admitamos que seja belo e vejamos o perfil dessa beleza.

Do mesmo modo que no classicismo ou no barroco, que criticava, Le Corbusier mostra-nos ficções. Pode-se perguntar por que aquele que gostava de se dizer "construtor" não construía como desenhava — e não desenhava como construía. Certamente por razões de arte, suspensas na mão do mestre.

Temos aqui dois gêneros de legi-signos, duas regras distributivas de material. Ou, se quiserem, dois diagramas, dois modos de pensar a estrutura, dois conceitos de sua aplicação. Os legi-signos (*representamens*, próximos do significante de Saussure) podem ser o suporte de diversas relações com o "objeto" (com o "significado"): relações de semelhança, chamadas icônicas (que podem subdividir-se em imaginárias, diagramáticas e metafóricas, conforme a progressão da abstração da semelhança); relações de contato, ditas indiciais ou relações de convenção, ditas simbólicas. Vejamos o que nos dizem essas relações no desenho de Le Corbusier tomado como legi-signo. A relação imaginária é: essas vigas calçadas são a imagem (à imagem) do desenho que as prescreve. O desenho é o modelo de que derivam essas vigas, que são cópias. A velha estética acreditava que a beleza do modelo garantia a de sua imagem. Hoje pensamos que isso não basta: a imagem deve valer por si mesma. (O que é discutível, mas pensamento generalizado sob o capital que, por razões evidentes, não gosta das dívidas de origem que podem meter o bedelho na expropriação da mais-valia de que é filho. Tema para mais tarde, e complicado, pois Adorno disse o contrário.) Assim, o desenho do mestre, mesmo sendo genial, é indiferente quanto ao julgamento estético da obra. Esta deve resistir sozinha. São Cosme e São Damião feitos por discípulos destoam na Capela dos Médici, apesar do modelo feito pelo divino anjo Miguel. Em arte, o que conta é a elaboração bem-sucedida do material, a adequação perceptível do que ele se tornou na obra. Ora, aqui, o material nada tem a ver com sua forma final: viga potente de argamassa projetada. Isso soa falso como as "nuvens" do Arche de la Défense em Paris. Aliás, tal decalagem é frequente em literatura — nas paródias. O desenho pressupõe uma realização que a aplicação prática desmente. (O contrário também é desmistificador: visitem obras de Mario Botta.) Passemos a uma leitura diagramática, a da estrutura. Já o indicamos: vigas potentes separadas por calços — é este o princípio construtivo que vemos. O esquematismo, como Kant nos disse na *Crítica da razão pura*, permite-nos passar do sensível ao conceitual (na produção da arte, tomamos a passagem contrária), da percepção ao entendimento. Aquela estrutura me diz, então, coisas que são falsas, enganam (pois, ao menos uma vez, conheço o "em-si" da coisa, viga, pilar, laje, preenchimento, pedindo desculpas pela brincadeira). Abusam de minha credulidade, de meu entendimento, da boa-fé de minha percepção. Não é porque esta pode me enganar que tenho o direito de enganá-la. No teatro também me fazem acreditar que vejo a personagem, não o ator (se Brecht não for o diretor). Mas sei que estou no teatro. Aqui, dizem-me que é a obra de um construtor: eu acredito e me engano. Meu entendimento cai na armadilha como diante de uma vulgar propaganda. Ele falha, uma merda. É preciso ser masoquista para admirar isso. O príncipe e o papa podem adotar essa tática; de qualquer forma, eles querem nos enganar. Mas o autor da frase "arquitetura ou revolução"! Quem diria! Mas talvez a obra deva ser lida metaforicamente. Efetivamente, isso parece uma intrusão do universo da madeira no do cimento (a metáfora é a intrusão de um universo semântico em outro). Isso funciona, em princípio, há intrusão. Mas o que vem fazer a madeira no cimento, essa alusão à secagem da madeira na aridez da argamassa?

Sobre *O canteiro e o desenho*

Uma piscadela para os gregos cujos templos de pedra imitavam os de madeira, caso se aceite Vitrúvio? Ou que outra coisa? Não se brinca com a metáfora sem correr perigo, dizia Lacan. O herói do progresso, adorador de Ford, do brutalismo aqui mesmo (a verdade enfática da construção, dizia-se), o pai das máquinas de morar... Volta à madeira maciça ou aos gregos? Afirma-se por toda parte, depois de Reyner Banham, que o desenho moderno, quando se separa do possível, se afasta do realizável, é para antecipar. Aqui se regride. Em que as vigas calças-das superam a banalidade do que está por baixo? Sem valor os dois. Bem. Passemos à relação indicial. Argamassa projetada por "canhões" de concreto. A máquina, evidentemente marca de vanguarda, marca melhor que a "mão do homem" que, quando "passa" por aqui (somente aqui?), faz janelas tortas. (Só uma anedota: quando foram retiradas as formas do concreto de uma das empenas do convento, viu-se que uma janela saiu torta. Quis-se corrigir, Le Corbusier não deixou. Mas quis gravar uma frase: "por aqui passou a mão do homem". O que deixa implícito que no resto do edifício a mão do homem não passou. A frase não foi gravada.)

O índice mecânico no lugar do outro, progresso das forças produti-vas — mas foi a mão apagada que fez resistir, que construiu. E que máquina formidável: cuspidora de revestimento, cuspidora da verdade, ceifadeira de palavras. Vamos então ao simbólico. Não há absolutamente convenção partilhada a esse respeito. Peço-lhes que me ajudem: onde, fora das palavras sobre as nebulosas do indizível (a palavra é dele) da "arte" tida como o túmulo da razão, encontrar a menor desculpa para a substituição? Responde-se: a arte dispensa palavras, calem-se e sigam o guia. Houve centenas de pequenas (ou grandes, no tamanho), "La Tou-rette", no mundo inteiro.

Eu exagero? É um detalhe. Ampliemos o ângulo de observação. On-de aparecem alguns leves toques de arte, o canteiro de obras, apesar de seu esmagamento, pôde dizer, baixinho, algumas palavras.

Vejamos o que ocorre com a cor na igreja do Convento de La Tou-rette.

Sobre um campo fartamente dominado por tons de cinza (que vão do quase branco do altar ao quase preto da cruz no solo), Le Corbusier aplica alguns toques de cor: vermelho, amarelo, verde e azul. Só o azul é escurecido; as demais cores são "puras", como se diz em ateliê. Todas são artificiais, isto é, produtos da indústria e não cores próprias dos materiais. São reservadas aos locais que têm, explicitamente, a função de limite, de fronteira, de passagem: enquadramentos de abertura, portas, paredes cujas formas elaboradas destacam-nas como telas.

O quadro arquitetural, simples e extraordinariamente bem-proporcionado, não abandona a gama dos tons cinza dos materiais: concreto, pedra, ardósia. Os componentes menores, geralmente em contraste formal com o quadro (parede curva, raios de luz, fendas inclinadas), recebem, em contrapartida, as cores "puras"; tornam-se notas discretas porém fortes. O conjunto parece seguir uma recomendação de Rubens: para fazer a cor cantar, é preciso utilizá-la em pequena quantidade, sobre detalhes significativos e cercá-los por muitos tons neutros.

A aplicação precisa da cor e o rigor da regra bem mostrada nos fazem imaginar um projeto que domina a fundo seu objeto. Uma escolha exigente determina exatamente o lugar e o tipo das cores. Não podemos nos impedir de supor a mão firme do arquiteto na origem da obra. O construído apresenta-se como imagem do projeto.

As cores são majoritariamente "puras", isto é, convêm ao que Rudolf Arnheim chama de "conceitos plásticos", um elemento forte. Nenhuma nuança as afasta de sua posição polar. Elas se colam à generalidade de seu nome: o vermelho, o amarelo.

(Cabe uma observação para o verde: por não ser uma cor primária, não é sempre pensado como apto à "pureza". Mondrian o descartou. Mas a sensação visual, cara a Le Corbusier, não é necessariamente aquela suposta pelos grafos da óptica. Num quadro, um verde talvez possa ser "puro" — como um violeta ou um alaranjado. Mas, em La Tourette, o fato de o verde ser também mistura deve ser considerado. Na verdade, ele é, no plano da cor, o único elemento que funda a isotopia dos universos contrastados: a natureza e a obra. A mistura típica do verde o torna particularmente adaptado à função de fundamento da isotopia — sem a qual, como demonstrou Greimas, não há desdobramento semântico possível.)

As cores "puras" são artificiais, escondem embaixo delas a cor dos materiais, os quais, por sua vez, as traem discretamente por sua textura em geral preservada. Elas quebram a "naturalidade" dos materiais pela irrupção de sua "pureza" — porém, bastante confinadas, mostram-se como transgressões no cinza dominante. Dessa forma, são perfeitas metáforas.

As cores são depositadas de maneira homogênea. Embora isso pareça uma prática banal e inevitável hoje, é necessário, entretanto, estar atento: os pintores são pagos para fazerem o inverso em seus quadros.

Sobre *O canteiro e o desenho*

A cor aparece somente nos momentos muito carregados pela simbólica religiosa:

— Atrás do banco dos padres, nas fendas/frestas inclinadas;

— Na parede também inclinada que separa a sacristia da igreja;

— Dentro do "piano" e na parede que o separa do resto da igreja;

— Nas portas.

Em todos os casos, trata-se de marcar os limites de universos distintos, fronteiras:

— A luz que cai sobre os textos lidos pelos padres vem de trás. Exatamente como a palavra de Deus, transmitida pelos anjos, chega aos evangelistas nos quadros de Caravaggio. A Bíblia, protótipo dos textos, escritura e traço de Deus, recebe uma luz vinda de um lugar outro, inatingível.

— A sacristia guarda a hóstia durante o tempo em que não há missa. A encarnação, a transgressão das fronteiras entre o aqui e o além, é quase permanente neste espaço. O teto vermelho é furado por "metralhadoras" de luz. É também na sacristia que o padre se veste para dizer a missa, que ele se torna ministro do culto. A parede vermelha inclinada e arredondada separa a sacristia da igreja, guardando as vestes do culto.

— O "piano" é o espaço das missas individuais. Paredes que param à meia altura, em amarelo e azul-escuro, marcam a diferença em relação ao espaço da missa comum. No alto, o teto azul atravessado por raios de luz em azul, branco e vermelho conota as múltiplas elevações.

— Pelas portas, passa-se do espaço laico ou convencional ao espaço sagrado, casa de Deus.

(Nota: Sem o dizer para não sobrecarregar este comentário, a descrição foi guiada à distância por oito categorias da semiologia de Peirce: a cor foi olhada sucessivamente enquanto quali-signo, sin-signo, legi-signo, hipoícone — imagem, diagrama e metáfora —, índice e símbolo. A partir daqui, entramos no campo dos interpretantes.)

A igreja do Convento de La Tourette é uma obra-prima, um sucesso maior de Le Corbusier. E, no entanto...

A forma paralelepipédica da igreja impõe-se desde os primeiros esboços. Porém, com exceção da armadura formal geral, tudo muda sem parar até a solução final. Ela não para de perder e de receber acréscimos diversos.

Em seu primeiro desenvolvimento, a igreja foi o suporte de rampas que a cercavam como num zigurate e que levavam ao claustro, concebido, então, sobre o teto e cuja marca é ainda visível na sobre-elevação dos acrotérios. Um pouco mais tarde, ela foi ornamentada por enormes conchas acústicas — ou por mezaninos e um órgão suspenso no interior. Depois do abandono forçado dessas propostas ousadas demais ou demasiado onerosas, o "piano" e, quase no último minuto, o consolo do órgão são definitivamente presos às paredes do prisma.

Concebida para ser realizada em aço, passa a ser pensada em pedra bruta e acaba sendo feita de concreto armado. Em alguns momentos, foi imaginada com um revestimento de argamassa aplicada a jato; depois, seria recoberta, como decoração, por uma camada esculpida com saliências piramidais e, finalmente, foi deixada sem nada. A protensão, que fez surgir a linha de pequenos cilindros de ancoragem fora do "piano" (uma maravilhosa rima plástica das "ondulatórias"), só foi adotada *in extremis* na falta de outras soluções. A ardósia proposta para o revestimento do piso dá lugar ao cimento mais barato: uma trama do "modulor" entalhada artificialmente simulará a aparelhagem inexistente.

Do mesmo modo, a argamassa projetada prevista para o teto foi substituída por placas, solução quase imposta por uma empresa...

A construção da igreja foi a última etapa do canteiro de obras de La Tourette. Nesse momento, as restrições econômicas chegam ao clímax. Em nenhum outro lugar, as empresas e suas propostas substitutivas tiveram peso tão determinante. As pressões práticas, os parcos recursos financeiros e, às vezes, o bom senso dos padres desviaram e atenuaram, incessantemente, a mão do mestre.

Ora, a cor (e a trama do piso e do teto, uma falsa e a outra praticamente imposta) reverte as perdas em vitória: com ela, Le Corbusier dá um sentido profundo, rigoroso ao que, de outra maneira, seria apenas empobrecimento devido aos aborrecimentos da realização. A pertinência da retomada faz da igreja uma das obras que melhor expressa a maestria de Le Corbusier. Há aqui uma questão incômoda para os fanáticos da concepção em arte.

A oposição "natureza/cultura" (eu simplifico) do lado de fora é quase violenta. Não há pilotis para a transição. O bloco da igreja, como em algumas esculturas da modernidade, de Rodin a Brancusi, também não tem base. Não há passagem fácil entre o mundo laico e o mundo religioso. A forma e a implantação da igreja, parcialmente aberta ao público, desempenham o papel daquilo que é lei no resto do Convento: o isolamento, a divisão radical do dentro e do fora sob pena de excomunhão.

Do lado de fora não há cor, exceto o verde, aqui natural, da vegetação. O Convento não tem gestos sensuais para o mundo. (Mais uma vez, um sucesso da penúria: estavam previstas cores para os tetos dos terra-

Sobre *O canteiro e o desenho*

ços das células. Além de Eros, parece que a conveniência também tem Pênia — personificação da pobreza ou da indigência na mitologia grega — por mãe.)

Do lado de dentro, forçando um pouco, quase se poderia dizer que não há cores. Elas marcam sobretudo o *párergon* de que fala Kant: bordas e limites do espaço sagrado. Destacam os lugares onde, diversamente, o além irrompe, onde o sublime (o irrepresentável, ainda segundo Kant) aparece à sua maneira — isto é, deixando a marca de seu não ser ali. A ausência de marcas do trabalho de aplicação e a "pureza" das cores tornam-se particularmente adequadas: elas são, aqui, índices de um outro espaço, situado além do construído. Seu brilho e seu modo de recobrir o material sem o esconder completamente (sua potencialidade metafórica, portanto) servem perfeitamente para representar a inervação da igreja pelo Espírito. A ancoragem simbólica dá razão à cor, capta as pulsões escópicas que ela favorece e a coloca a serviço da cadeia de convenções que conformam o Convento.

Por intermédio da cor, Le Corbusier realiza aqui um dos exemplos mais perfeitos do que nós (o Laboratório Dessin/Chantier) chamamos de semantização do gesto técnico. As economias urgentes, a ingerência obrigatória das empresas, a recuperação de escolhas arriscadas ou de esquecimentos determinaram, de fato, o que vemos. Com as intervenções finais, sobretudo a da cor, Le Corbusier retoma tudo o que lhe havia escapado e rega o conjunto com fortes significações. A estética de Xenakis, que abre espaço para a indeterminação dos trajetos, deve muito a La Tourette — como ele mesmo reconhece.

Algumas considerações finais.

1. Da eficácia do pouco: se se retirarem as bordas coloridas, essas agitações pontuais, será difícil imaginar uma obra tão simples, tão radicalmente despida quanto a igreja de La Tourette. Um paralelepípedo de concreto funciona como calço para separar o espaço "natural" (paisagem) do "sobrenatural", apenas anunciado.

2. A ancoragem simbólica muda o *status* da plástica. Em outros lugares, a cor de Le Corbusier desliza com frequência para o mau decorativo. Em Chandigarh mesmo ela é, amiúde, hesitante.

3. Como em muitos outros sistemas, só o que aparece como uma perda momentânea garante uma retomada superior. Ultrapassado por decisões divergentes, o projeto inicial se despojou do que consideraria como conveniente para sua vocação. Mais importante ainda: as decisões tomadas bastante perto da origem do processo produtivo tiveram que

ceder diante de sua resistência. Esta perda do controle prescritivo possibilitou a expressão mais autêntica do material, parcialmente insubmisso ao domínio do desenho. Quando reafirma sua posição, Le Corbusier o faz a partir de uma situação mais densa, enriquecida por concentração: ele o faz como se faz em arte.

(Uma nota: em dois casos que acabo de comentar, há, aqui e ali, sinais de insatisfação quanto ao material. Banham estudou bem seu desdobramento numa espécie de desenho antecipador, de vanguarda, o qual transfigurava o que estava embaixo do que deveriam ser, em *Teoria do projeto na primeira era da máquina*, desenhos "futuristas", mas no exclusivo campo técnico. Nunca a dependência recíproca entre materiais e relação de produção é considerada, embora a constante valorização da industrialização faça imaginar outros materiais — como o "único", próprio para tudo, sonhado por Le Corbusier. O que faz dessas antevisões algo ridículo — caso se esqueça o trágico recoberto —, como um jargão de progresso lastreado pelo que se pensa ser seu obstáculo.)

* * *

Continuemos. Um dos efeitos do desenho que substitui seus legi-signos e/ou interpretantes aos da construção efetiva e autônoma é a supressão do tempo da sucessão pela simultaneidade espacial. É evidente que o tempo na obra pode ressurgir na percepção do flanador, em sua consciência dos estados sucessivos daquilo que sente. Mas isto é só um tempo de consumo, um tempo que parte de um objeto estático em si mesmo. Outra coisa é o tempo induzido, o que parte dos rastros compreendidos enquanto tais para a apreensão do devir do advindo. Esta repõe a troca profunda entre o objeto e aquele que o percebe repassando a lógica do devir pela consideração do advindo, e lhe permite ver a coisa como obra, podendo reconhecer-se na ação passada dos outros. O objeto outro progride como obra de seu outro. Para isso, é necessário que aquele que vê possa apreender uma lógica nessa ação pela mediação dos rastros. Heidegger elaborou essa diferença entre a coisa e a obra para indicar o que é a obra de arte. Lógica e rastro aqui se pressupõem. Esse reconhecimento do outro (objeto) como obra de seu outro é o fiador ético do prazer estético. O que deve ser aproximado da crítica hegeliana da obra, do fim fechado em sua imediatidade: ele mostra que a verdadeira finalidade é o meio e sua reprodução. A verdade da obra é a produção e sua retomada. Isso também é válido para o capital: na mercadoria realizada (no duplo sentido da palavra), ele busca sua reprodução ampliada pela força de

Sobre O *canteiro e o desenho*

trabalho para se ampliar a si mesmo. Exceto que, aqui, não se trata de deixar rastros, nada de leituras retrospectivas da mercadoria, nada de anamnese do produto. Ora, o mesmo é válido para a forma mercadoria da construção. Como toda precaução é bem-vinda, nada melhor que barrar as veleidades de retrospecção na fonte, transmudar a sucessão ao ler em simultaneidade ao ver.

O desenho autotélico, com seu jogo puramente espacial, anula a temporalidade, a dimensão do sujeito.

O índice é a categoria do signo que carrega o passado em suas costas. Geralmente, o vestígio de uma ação: os passos na areia, as olheiras nos dias seguintes às festas... É por isso também que só ele é o porta-voz do sujeito cujo tempo serve de coluna vertebral. Esse tempo pode ser o da palavra — e ele é *"shifter"* — ou aquele ultrapassado do registro do gesto feito. Porém, para que o passado veiculado seja o de um sujeito, é preciso que o índice passe para o plano do rastro. Repito — aquele que é testemunha de ação intencional. O que, mesmo assim, não lhe assegura uma virtuosidade especial. O ventre de Sileno é um rastro — mas não do melhor gosto. Ora, na construção séria, contam apenas os rastros positivos, exatos na economia do todo. A arquitetura tem uma limitação que pode engrandecê-la. Não tem como entregar-se à ironia, ao sarcasmo, à denúncia, à crítica etc. É afirmativa — ou nada. Não tem a distância que possibilita propor retratos não atraentes da sociedade, como a literatura, a música ou a pintura. Porque ela se imbrica em sua produção, verifica em si mesma as relações de produção. Em termos já antigos, liga em sua carne infra e superestrutura, como numa síntese do todo social. Mais, seu papel na economia política é enorme. Donde a dificuldade da crítica arquitetural, obrigada incessantemente a ir de um a outro destes universos — todos submetidos à determinação da economia que os "sobredetermina em última instância". A crítica unicamente "superestrutural" é sempre vesga. Dessas considerações decorre o postulado número um e essencial para mim: só é válida a arquitetura que corresponde a princípios justos — portanto, de razão — na produção. Diante de situações detestáveis, a arquitetura não pode ficar na crítica: sua única missão justa é a alternativa. As boas intenções "superestruturais", que não tocam os fundamentos, são talvez simpáticas, generosas — mas sem peso efetivo. Voltemos então ao rastro, àquele que corresponde à positividade inevitável da arquitetura.

A única positividade que pode convir ao conceito global de arquitetura é a da racionalidade livre da produção. Evidentemente, já hoje, aqui e ali, emergem sequências operativas racionais. Mesmo aviltada, é preciso que a construção resista. São esses intervalos de razão que o rastro notifica — e que é necessário, pois, escamotear.

Sempre considerei a ideia da obra autônoma uma bobagem. Somente o sujeito pode pretender ter autonomia. E ele não passa senão por rastros, sua enunciação objetiva pelo enunciado bem conduzido; para considerá-lo, para avaliar sua conveniência, é necessário um esforço hermenêutico, superficial ou rigoroso, segundo o alvo da leitura. Isso necessariamente através dos rastros: os documentos, as memórias cristalizadas do processo de produção do sujeito, barrado ou não, do corpo produtivo. Desse modo a obra, no melhor dos casos, se for válida, atesta a autonomia desse corpo.

O deslizamento da autonomia do sujeito para o objeto tem causas profundas. Examinemos de perto. A espacialização que nega o tempo, que apaga os rastros que aqui remetem à produção por manipulações semióticas, convém perfeitamente ao que, em toda parte, nos cega, o fetichismo da mercadoria, a ocultação de alguns rastros da produção e atribuição de valor à coisa. Todo sistema baseado na apropriação da mais-valia busca a reificação — conceito sintomaticamente marginalizado. O que pode ser mais oportuno que a construção sem história (não falo dos "monumentos" históricos, é claro), autorreferenciada, fechada em seu espaço, centrípeta — em resumo, "autônoma", isto é, autista? Isso é mais apreciado ainda à medida que as construções estão em toda parte e que é por seu intermédio que crescem as mais atraentes massas de mais-valia.

Acompanhem o encadeamento da coisa. Para dominar o corpo produtivo, instaurar a manufatura, o desenho se separa, se coloca à parte. Ele desdobra a separação descolando-se do efetivamente construído para confundir a força de trabalho, enfraquecer seu saber e seu saber fazer. Por consequência, desenha construções artificiais que não correspondem à realidade do corpo produtivo. Este não deve deixar nenhum vestígio de intervenção em nome próprio na obra-mercadoria, nenhum vestígio do tempo de elaboração no objeto que finge ter valor por si mesmo. Senão o efeito fetiche se esvai — e é a ruína. Faltam ainda alguns passos. Voltaremos a isso.

Detenhamo-nos um pouco sobre os ajudantes plásticos da fetichização (cujo universo, é evidente, tem outros trunfos).

A plástica destemporalizante, a que dissolve a sucessão lógica sob a simultaneidade fascinante, tem graves implicações. O tempo ilógico é uma duração sem consistência. Toda memória respeitável se dá, pelo me-

Sobre O *canteiro e o desenho*

nos, uma estrutura narrativa mais ou menos consistente. O conceito exige um tempo lógico — e uma lógica operando no tempo. Sem isso, só há deriva de sensações. Paulo Arantes tratou bem dessas questões em *Hegel: a ordem do tempo*, ensaio sobre o problema do tempo na obra do filósofo. A espacialização destemporalizante elimina a mediação sob o imediato, o advindo sob o em si sem memória, a produção sob o produzido. Ela tem seus motivos: após o trabalhador ter vendido "livremente" sua força de trabalho, esta pertence ao capital. É necessário que o operário, o que sabe e sabe fazer, que seu tempo, o da produção concreta, caiam fora, desapareçam. Eles não devem invadir a propriedade do capital, é proibido. Eles não têm nada a fazer no produzido. O produzido não lhe diz respeito e o operário deve respeitar o decoro e desaparecer. Aliás, é quase certo que ele nunca o poderá consumir. Fora, de A a Z, zero à esquerda. É preciso que seja fiel a seu contrato: ele vendeu sua força de trabalho. Habitá-lo ainda é um crime.

A bela plástica serve, assim, à justiça: erradica toda lesão à propriedade. O fetichismo da mercadoria — embuste quanto ao conteúdo — se serve das formas bem arquitetadas. Ironicamente, Hegel sempre tem razão: o conteúdo é a identidade das diferenças desenvolvidas na forma. Mesmo um conteúdo enganoso precisa de formas apropriadas. A palavra de Tartufo é cheia de hipocrisias. A Igreja, os homens políticos e os salões de beleza sabem disso desde sempre. A forma mercadoria também tem suas formas plásticas. Numa palavra, são as que negam a produção. São as que se restringem às três dimensões do espaço e eliminam a dimensão do tempo, do rastro. Evidentemente, neste há um afastamento — mas não desaparecimento. Ele volta na percepção lúcida, como tempo que se reúne em retrospecção, que volta condensado, reconstruído. O obstáculo que o prejudica no fetiche é o mesmo que desvaloriza todo passado muito recente. Mas a saudade provocada por sua falta aparece na adesão afetiva, às ruínas e fragmentos ou na criação dos museus, contemporânea da elevação da mercadoria à posição hegemônica. Seu desenraizamento provoca a busca do tempo perdido alhures. Até o Renascimento, até o aparecimento do desenho amnésico, pouco se ligava para as ruínas, boas apenas como depósito de materiais. Como compensação mórbida da falta, o desenho pula o que suprimiu e cai na Antiguidade: o estilo clássico e a arqueologia tapam o buraco. A respeito do fetiche, Freud diz que ele volta ao lugar do proibido (eu sei, o fetiche de Freud não é o de Marx. Porém...). O traço suprimido volta como hipóstase do traçado — como religião da concepção, como mística da criatividade: todo o passado da obra sobe em direção à origem, rumo à figura do demiurgo arquiteto. Os conceitos mais importantes em circulação nos meios de cima ressoam em torno do tempo: projeto, criação, concepção etc. Por artimanha das coisas, como é preciso que o bloco das prescrições (projeto, de modo geral) seja seguido ao pé da letra, a obra, olhada como ícone, não "se torna" senão a imagem do desenho que a produziu. O tempo sempre, tempo de filiação. Mas tempo sem sujeito porque sem rastros. No lugar do sujeito, resta somente o *ego*.

A plástica implícita no ensino do projeto em nossas escolas, assim como a praticada pela maioria dos arquitetos e que desce para quase toda construção, mesmo a "espontânea" como se diz, é o do fetichismo. Apesar dos tesouros de saber acumulado quanto à forma, a crítica continua indigente. Precisamos de um Freud da plástica. No mito, as contradições atuais buscam solução na narrativa; no fetiche arquitetural, elas se escondem sob a supressão do tempo, na erradicação da produção. Mas esse quiasma não é simétrico. A destemporalização produz destruições. A que provém do *ego* no lugar do sujeito, do i no lugar do S, como escreveria Lacan, é devastadora.

Estabelece-se uma constelação entre todos esses passos: separação, descolamento, substituição, aparência imaginária, forma da forma fetiche... o todo ao molho do *ego*.

SOBRE O CAPÍTULO "O CANTEIRO"

> A negação lógica, que é indicada exclusivamente pela partícula não, jamais é propriamente inerente a um conceito, mas somente a uma relação dele com um outro conceito no juízo e nem de longe, pois, é suficiente para designar um conceito com vistas a seu conteúdo. [...] Ninguém pode pensar determinadamente uma negação sem que tenha posto como fundamento a afirmação oposta. [...] Portanto, todos os conceitos de negação também são derivados [...] Todas as verdadeiras negações não são, pois, senão limites; elas não poderiam ser chamadas assim se não estivessem fundadas no ilimitado (o todo).
>
> Immanuel Kant, *Crítica da razão pura*[19]

---

[19] Immanuel Kant, *Crítica da razão pura*, trad. Valerio Rohden e Udo Baldur Moosburger, São Paulo, Abril Cultural, 1983, 2ª ed., pp. 289-90.

Sobre O *canteiro e o desenho*

A FORMA DA FORMA-MERCADORIA

Primeira afirmação: *A obra de arquitetura é antes de tudo mercadoria. Seu fundamento é o valor.*

Nada a acrescentar: Marx já o afirmava — e isto se torna uma banalidade no contexto da "globalização".

Entretanto, o que também perdura mas surpreende sempre é a indiferença dos profissionais diante de tal evidência que não os afeta. Mais ainda, desviam-se dela entediados, como se se tratasse de uma grosseria deslocada, uma banalidade sem interesse. A arte da arquitetura pairaria acima dessas coisas. Aliás, a crítica, preventivamente, já dividiu os campos: haveria uma arquitetura não comercial (mas feita como qualquer outra coisa) em oposição à que cede ao mercado (o mesmo se dá na pintura). Assim, o lançamento de um novo produto (o pós-moderno, por exemplo), pode apresentar-se como um avanço da pura criatividade.

É importante insistir nesse aspecto, dado que toda nossa crítica decorre dele. A atividade arquitetural, desde o Renascimento pelo menos, contribui fortemente para a valorização do capital investido na construção. Desde os primeiros passos da projetação, o horizonte do valor comanda. (Evidentemente, há um outro projeto possível. E já se anuncia em torno do Movimento dos Trabalhadores Rurais Sem Terra (MST) no Brasil — voltaremos a isso. Porém, aqui, falo da arquitetura chamada normal — aquela que devemos decompor.)

Mas dizer e repetir isso parece minha inútil obsessão, pois hoje tudo se torna mercadoria, tudo é concebido como mercadoria — ou seja, cristaliza-se em torno do valor. E sair de seu mundo, depois da falência da farsa do socialismo real, parece um sonho utópico. Mas esquecer isso, fazer de conta que se trata de uma constante inofensiva, desconsiderá-la porque demasiado universal, é avalizar a usurpação sob o pretexto de que ela existe em toda parte. A prática surda à evidência prolonga-a sem remorsos, mas não evita a corresponsabilidade. E isso apesar dos voos da crítica que sublima em traços de beleza os estigmas da irracionalidade indispensável à pilhagem — ou que, desvirtuando completamente seu conceito, exalta a "liberdade" de criação dos "*egos*" cheios de arrogância dos encarregados de encontrar ideias novas. Esse movimento cego atinge o clímax quando o uso confirma a vocação (mercantil) da produção: em torno do Banco de Hong Kong ou do Guggenheim de Bilbao, um outro templo do valor como se tornaram todos os nossos museus.

O procedimento tecnológico próprio de todo projeto derrama o peso da causa final (aqui, o valor) sobre o conjunto do processo. A mercantilização do construído não é uma etapa, não acontece após a construção e a projetação — mas se infiltra por toda parte, em todas as etapas. Esse fundamento é pressuposto desde o início. E, nas atuais condições de produção, a arquitetura ocupa uma posição estratégica. Sendo mediação, contém em si os extremos, a programação usurpadora e o fazer acéfalo, o desenho exterior e a realização submissa. Mas sua mediação é opaca, afastadora: mantém os extremos separados e é um agente de tal separação.

Evidentemente, tudo isso é mais ou menos verdadeiro em toda parte, é próprio do sistema capitalista. Mas acredito que um dos méritos deste texto é o fato de se propor a acompanhar a aplicação dessa universalidade na particularidade da produção do construído. Acompanhar no detalhe, às vezes bastante modesto, os confrontos variados e específicos que, aqui, dão forma à luta de classes. A posição operária é determinada como em todos os lugares: pela não posse das forças e dos meios de produção a que, no entanto, ela deve servir. Tal sujeição passa por meandros incessantemente reconduzidos ou renovados e típicos, em grande parte, de cada setor da produção. Um dos erros mais graves do pseudossocialismo resultou do desconhecimento disto: só a posse coletiva dos meios de produção não basta para transformar de modo eficaz as relações de produção. Essa posse pode coabitar com a sujeição, com formas despóticas de organização do trabalho — e deslizar para o discutível "capitalismo de Estado". Sem modificações radicais da organização do trabalho, não há superação possível das milhares de figuras da dominação. Donde a necessidade absoluta de conhecer a fundo as engrenagens, pequenas ou grandes, que escondem o universal da exploração na particularidade.

Depois da elaboração deste texto, no interior do laboratório de pesquisa Dessin/Chantier, dirigido por mim em Grenoble, estudos de história demonstraram amplamente a constância desse processo desde — aproximadamente, digamos — o século XV e sua permanente adaptação às condições da luta de classes. Esboçamos uma outra história da arquitetura, vista de baixo — e que, talvez, tivesse o aval de Marx. As grandes transformações da arquitetura parecem, então, obedecer menos às hipotéticas *Kunstwollens* [vontades artísticas] e mais a etapas de confronto das classes na produção. A história do movimento operário não pode ser separada dos refinados debates estéticos. É essa montagem histórica, onde se embaralham domínios tradicionalmente separados (morfologia,

Sobre O *canteiro e o desenho*

economia, organização do trabalho etc.), que devemos desmontar se, realmente, quisermos mudar alguma coisa.

Segunda afirmação: *A forma produtiva particular que a hegemonia do valor assumiu no construir é (foi) a da manufatura.*

Esta forma domina desde o século XV pelo menos, desde Brunelleschi — para balizar uma origem. Se considerarmos de modo adequado esse segundo plano que constitui a base da longa história da profissão, as mudanças mais rápidas de estilo ou de moda, de discurso ou de prática podem ser vistas como agitações de superfície ou adaptações de conjuntura. A forma manufatureira dá a linha condutora da continuidade.

Entretanto, o papel dessa constante desloca-se com o tempo, muda de motivação. Primeira adaptação da produção pelo capitalismo (efetuada simultaneamente nos setores têxtil e da construção), ela serve, primeiro, para a acumulação primitiva: a taxa de mais-valia é aí muito alta. Superada depois pela submissão real do trabalho na indústria, ela serve também (e pode ser mais ainda, segundo as situações) como forma de resistência à queda tendencial da taxa de lucro provocada pela evolução contraditória.

A manufatura da construção é, desse modo, fortemente sobredeterminada pelo conjunto da economia política. Nenhuma "natureza", nenhuma especificidade do ato de construir impõe tal forma. Ao contrário, ela decorre de sua relação com o exterior — primeiro como oposição "progressista" ao mundo das corporações, depois como compensação às contradições do avanço do capital. É justamente por isso que ela se torna a "qualidade" específica, a diferença específica, a marca distintiva da fabricação do construído. Como em toda parte, a "qualidade" só é diferença em relação ao outro, à sua "negação". Mas, pouco a pouco, pela reflexão em si, o que vem do exterior se reúne com o em si, se fixa como essência do construir, sua substância.

Isso desemboca numa rede de consequências estruturadas. Destaquemos somente uma parte: a que decorre do fato de que o trabalho, aqui, é submetido apenas na forma — em oposição à maioria dos outros trabalhos que foram realmente submetidos ao capital. O que pode parecer um simples detalhe ou um preciosismo crítico impõe uma série de especificidades da construção. Primeiro, no nível da forma arquitetural: esta — além de seus aspectos funcionais, "estéticos", semiológicos, comuns a toda forma utilitária — deve investir-se de uma espécie de força repulsiva em relação a toda intervenção modificadora durante a execução (que seria normal em condições de não submissão real), deve investir-se de uma espécie de aura alienante protetora. Um pouco mais abaixo, no nível do canteiro de obras, a não submissão real força ao extremo o despotismo da direção. Do outro lado, do lado dos trabalhadores, isso provocou uma espécie de especificidade muito marcada de sua história. A *compagnonage*,[20] muito típica da construção, foi uma forma de reação invertida do corpo produtivo, simultaneamente solicitado e arruinado pela produção. Depois da industrialização, seu afastamento em relação ao trabalho realmente submetido manifestou-se por uma tendência anarquista, muito sensível às questões de fundo, de destino da produção, de responsabilidade, de escolha etc. Tal movimento culminou durante o maravilhoso período do "sindicalismo revolucionário", majoritariamente orientado pelos trabalhadores da construção e cujo objetivo era claramente a apropriação das forças produtivas. (Fim do século XIX, início do século XX. Os trabalhadores italianos imigrantes no Brasil na época, organizados em torno do jornal *Avanti*, vinham desse movimento.) Após a Primeira Guerra Mundial, os operários da construção adotam as palavras de ordem dos sindicatos industriais que se tornaram hegemônicas. Os insubmissos pensam-se, então, como submissos.

Observemos apenas — à guisa de provocação por ora — que a revolução da arquitetura moderna é, em grande parte, uma reação assustada contra o avanço ameaçador para o capital do "sindicalismo revolucionário" que, capaz de paralisar toda a produção social, não pedia nem aumento de salário, nem licenças remuneradas, nem férias mas, sim, o controle total da produção. A ruptura formal e técnica do modernismo queria ferir esse sindicalismo no ponto em que se baseava sua força: sua maestria e saber fazer. Brunelleschi havia feito a mesma coisa no século XV para acabar com o orgulho dos "construtores de catedrais" e instaurar o despotismo da manufatura.

Terceira afirmação — aparentemente uma repetição, mas que envolve enormes consequências: *O trabalho manufatureiro é coletivo — mas, hoje, um coletivo que tem a cabeça fora dele.*

Duas dessas consequências, dentre outras. Aquela presente em toda a minha crítica: o desenho de arquitetura (e a direção sob todas as suas formas) é o princípio que garante esse coletivo de indiferenças, meio que

---

[20] Organização dos operários de uma mesma profissão em associações com finalidades de instrução profissional e de assistência mútua. (N. do T.)

Sobre *O canteiro e o desenho*

contém o separado, força exterior que assegura sua copresença, cabeça abusiva do coletivo decapitado. Isso se torna conteúdo: o sonho de uma arquitetura orgânica desapareceu com Frank Lloyd Wright. Foram preferidas (necessariamente) as "máquinas", as tramas, o enquadramento — todos os procedimentos em que a totalização submete as partes pela imposição de sua figura (ver a segunda parte).

É outra consequência muito pouco sublinhada na primeira parte: bastaria, realmente, assumir esse "coletivo", deixá-lo desenvolver seu autêntico conceito para abrir uma outra prática arquitetural. Isso esteve na origem das experiências que Rodrigo Lefèvre, Flávio Império e eu realizamos. Extraordinariamente simples, ordinariamente proibidas. Se as posições severas deste texto obrigaram-me, por dever moral, a não mais exercer a arquitetura "normalmente" desde sua elaboração (1968-1970), continuei, no ensino e nas raras e reduzidas oportunidades experimentais, a mostrar que essa outra prática é possível, com todo o rigor que tal noção implica — isto é, que temos todas (eu disse todas) as condições para iniciá-la e para torná-la efetiva, se nos livrarmos do entrave da exploração.

É necessário que me detenha um pouco aqui, embora devamos voltar a tais questões. Este texto foi acusado de ser apenas negativo, antiarquitetura etc. Devo responder a isso. Este texto, ao contrário, é de uma positividade quase excessiva. Acusaram-me também (eram os situacionistas, por volta de 1973-74) de dar muita esperança. Este texto afirma que uma outra via que não aquela das misérias (humana, plástica, social) é possível... para a arquitetura de hoje também. A aparência de utopia começa a se desfazer. A prefeitura de esquerda de Porto Alegre não demonstrou que é possível deixar que funcionem livremente coletivos muito mais complexos para missões delicadas (orçamento municipal participativo de uma cidade de mais de um milhão de habitantes)? Será muito mais fácil fazer a mesma coisa em arquitetura, como já demonstram vários programas alternativos. A ideologia da "nova economia" e o pessimismo burguês são, nesse caso, claramente desmentidos.

A manufatura — nascida, é claro, para o capital — traz em si o que lhe permitirá superar-se (no sentido da *Aufhebung*): tornar-se outra ao mesmo tempo em que se mantém. O "coletivo", hoje negativo, negado enquanto negativo, já pode se tornar positividade. E é o movimento mesmo da coisa que o implica...

É somente a prática capitalista (ou pseudossocialista) da manufatura da construção que implica o despotismo da direção. Imaginem: conforme o país, só há de 15 a 20 corpos de profissões para uma construção normal, às vezes menos que isso. Deixá-los formarem um coletivo autônomo (nada a ver com a desordem ou com o romantismo medievalizante: é autônomo o que tem sua necessidade em si — isto é, o que é simplesmente livre) não é sonho de intelectual. Eu os vi fazerem isso — o que não implica o desaparecimento do arquiteto, muito pelo contrário. É necessário apenas que ele saia de seu eu, que abandone a posição demiúrgica do criador diante de uma *hylé* [matéria-prima universal] pretensamente amorfa para chegar à posição de sujeito no espírito objetivo. Isto é, aqui, sujeito do que é objetivamente efetivo e ativo no corpo produtivo — o coletivo — seu saber, seu saber fazer e seus materiais. Ao invés de comandar em posição de necessário desconhecimento, pois seu pensamento é exterior, mergulhar na coisa e levá-la à existência da melhor maneira possível. É muito simples. Dominar é muito mais complicado.

Infelizmente, tal caminho não parece agradar a um grande número de arquitetos. Zaha Hadid — que tem um *ego* que não precisa de ajuda — conta que um grande arquiteto, cujo nome ela prefere não revelar, pensa que as mulheres não têm *ego* suficiente para serem arquitetas.

Quarta afirmação: *O desenho é um componente da direção despótica.*

Outra fonte de mal-entendidos. Tive alunos que, lendo isso muito rapidamente, não desenharam mais: era a arma do diabo. Resultado, certamente, do fato de que escrevo mal. Vamos então corrigir.

Foram seu uso e o que este uso fez dele hoje (isto é, no âmbito do capital) que transformaram o desenho em arma do diabo — do qual ele assume as astúcias. Na produção dominante, o desenho não pode evitar ser isso. Rodrigo Lefèvre, numa situação crítica, fez projetos para uma grande empresa; seus desenhos aplicavam todos os nossos propósitos de mudança. Mas ele estava proibido de tocar no canteiro de obras — e os projetos foram utilizados "normalmente" — isto é, de modo despótico. O espírito do projeto serviu a seu contrário. Também ele abandonou tudo e partiu para uma outra experiência na Guiné-Bissau. O melhor dos desenhos não escapa à possibilidade de desvio pelas artimanhas da dominação.

Isso reafirmado sem nenhuma restrição, é necessário reafirmar também que há um outro desenho. De modo esquemático, ele se caracteriza pela previsão (radicalmente racional, mas sensível, "humana", não é exclusivo) exaustiva dos passos de uma produção bem-sucedida e lógica — permanecendo aberto, entretanto, às modificações durante a realização.

Sobre *O canteiro e o desenho*

Desde o início, há uma dupla atenção em relação aos produtores: a seu saber acumulado historicamente — e a sua reação no presente. Ele se coloca à escuta da mediação, o meio-termo em que reside a racionalidade do trabalho. É isso que evita que o desenho, querendo formar imediatamente o objeto do projeto, sucumba à satisfação apenas do desejo do projetista e regrida, pois, à não-historicidade. É apenas através da manutenção rigorosa da racionalidade da mediação que a acumulação histórica e a universalização da experiência tornam-se possíveis.

A base do procedimento não é complicada: separa o máximo possível os elementos funcionais e os elementos do corpo produtivo, pois a regra da manufatura, uma vez afastadas todas as formas de dominação, é a sucessão, a acumulação dos trabalhos específicos e diferenciados, o que permite que cada um se dirija para sua maior racionalidade e simplicidade. Essa pureza evidente de cada passo não elimina a possibilidade de que cada componente do corpo produtivo execute livremente sua partitura — com a concordância dos outros, é claro. A contradição se resolve por radicalização: é separando, garantindo a autonomia a cada um e a cada equipe, que a razão, a necessidade de sua livre colaboração, aparece claramente e se instala no seio da produção.

Há, portanto, um outro desenho — aquele que ensinei e que acompanhava como alternativa meu trabalho crítico.

Mas continua sendo verdadeiro que, no uso habitual, todo desenho pode servir à direção despótica em arquitetura. Dessa afirmação, frequentemente se deduz a seguinte consequência: ela implica desconhecimento e desprezo em relação ao que o projeto pode conter de beleza, de pensamento, de espírito etc. É preciso, entretanto, não recuar diante da evidência: o uso despótico do mais puro dos projetos não o deixa imune. O ser é essência (primeira parte da lógica objetiva de Hegel). A essência é o ser efetivo (segunda parte). A essência do projeto é o que ele faz aparecer na efetividade — nada mais. Antonio Sant'Elia e o grupo Archigram fizeram desenhos, não arquitetura. O que não é efetividade do espaço e do uso permanece vazio. E, ao contrário, a boa intenção pode recobrir práticas discutíveis. Quando se recusa a distinguir as moradias por classes sociais, Niemeyer tem razão moralmente — mas o resultado prático foi a exclusão dos trabalhadores de Brasília. Veremos que a forma, que sempre já é conteúdo, o revela sempre. Parece que, de tanto viver sob a forte influência das imagens, somos tentados pela cegueira, porque a análise cuidadosa do universo formal do desenho de arquitetura da manufatura no âmbito do capital conta claramente suas transformações e seus dramas.

A exterioridade do projeto e seu desconhecimento da mediação que sua função despótica implica fazem com que a forma nunca corresponda à reflexão em si do material.

A essência do projeto aparece no ser que ela anima, sua aparência (a aparência da essência) — o resto é discurso.

A FORMA DE "TIPO ZERO"

Primeira afirmação, claramente exposta na citação de Deleule e Guéry: *Entre a força produtiva do trabalhador parcelado e seu produto unitário, interpõe-se o capital sob a forma técnica do trabalho... de unificação das tarefas.*

Tudo é importante aí: "entre", "força produtiva", "capital", "unificação das tarefas". Na manufatura da construção, a base da unificação das tarefas é o projeto. Ele é uma forma técnica do capital. Coloca-se entre a força produtiva e o produto, entre o fragmentado e o unitário, entre a ação e seu objetivo. Leiam as páginas de Kant e de Hegel sobre a teleologia e sentirão a violência que pode se esconder aqui. A atividade não é humanizadora, isto é, a de um sujeito, senão quando é atraída por seu objetivo — objetivo do sujeito —, desdobra-se na objetividade produzindo sua identidade (sujeito / objeto) e volta sobre ele. É no seio da teleologia que Kant situa a arte. Em Hegel, a atividade finalizada desenvolvida é necessariamente a de um sujeito — senão há regressão ao nível do mecanismo.

Vários textos da filosofia do espírito do período de Iena mostram que esse meio-termo procurado, que Hegel havia denominado razão e reconhecido em ato na imaginação produtiva, por exemplo, pode ser redescoberto também na reflexão teleológica do trabalho e, mais precisamente, no instrumento, "o meio-termo racional existente, a universalidade existente" [...] Esse meio-termo concreto apresenta também uma dupla face, isto é, aparece dos dois lados da oposição: do lado da atividade subjetiva, como trabalho; do lado da objetividade, como instrumento [...]. No entanto não redobra a cisão sujeito-objeto, muito pelo contrário, pois "a unidade deles aparece como um meio-termo entre ambos, como Obra dos dois, como a realidade terceira à qual ambos se referem e na qual são um mas tam-

Sobre O canteiro e o desenho

bém como aquilo no qual eles se distinguem" [...] este [o trabalho] é alçado ao estatuto de momento da lógica do Conceito. A Reflexão em si do Absoluto que se põe como oposta e reabsorve a oposição pode ser pensada com o auxílio do conceito de trabalho — e não se trata de metáfora; o trabalho, por sua vez, torna-se Razão agente.[21]

O grande alcance especulativo do conceito de trabalho, a partir do qual Hegel efetua a divisão entre natureza e cultura e fundamenta a história e a acumulação do saber, faz um contraste sombrio com o trabalho efetivo na manufatura da construção — e, no entanto, são muito próximos... O efeito alienante e regressivo do projeto sob o domínio do capital tem aqui seu ponto de ancoragem: esse componente do trabalho de unificação das tarefas interpõe-se entre o trabalho produtivo e o produto, bloqueia a autonomia da relação entre a ação e seu objetivo, entrava, impede que o ato se torne o ato de um sujeito. Somente os que têm olhos para ver e não veem podem dizer que a assinatura do arquiteto representa o sujeito da obra; nenhuma identidade do sujeito e do objeto é mais possível aí, desde que o capital se apropriou do "meio-termo" e o modificou à sua imagem. Ao contrário, há degradação, des-subjetivação, recuo do "re-unificado"; não se pode passar liricamente do desenho ao propósito e ao *Dasein* [Ser aí].

Entre o projeto e o projetado, a força produtiva do trabalhador do trabalho parcelar torna-se meio. É ela — e somente ela — que, objetivamente, faz a passagem de um a outro. E então:

> O fim se revela ser apenas o meio: inversamente, o meio se revela ser fim.[22]

> O fim realizado é também meio e, de modo inverso, a verdade do meio consiste também em ser ele próprio um fim real.[23]

---

[21] Paulo E. Arantes, *Hegel. A ordem do tempo*, São Paulo, Polis, 1981, pp. 193-4. As passagens entre aspas são de Hegel.

[22] André Doz, *La Logique de Hegel et les problèmes traditionnelles de l'ontologie*, Paris, Vrin, 1987, p. 272.

[23] G. W. F. Hegel, *Science de la logique*, t. II, *La Doctrine du concept*, trad. Pierre-Jean Labarrière e Gwendoline Jarczyk, Paris, Aubier, 1981, p. 269.

Hegel parece aqui, como observa o jovem Marx, pressentir a economia política. No mau infinito do fim que se torna meio (para a realização da mais-valia, da mercadoria) e do meio que se torna fim (para a extração da mais-valia), nessa viravolta da relação teleológica reside toda a astúcia do processo. Porque a mola fundamental não é o produto unitário próximo — casa, palácio, escritório —, momento transitório e passivo do capital, mas a recondução do meio como fim, momento ativo do capital, a exploração contínua do corpo produtivo. Imediatamente após o fim de um canteiro de obras, o promotor imobiliário lança um outro.

O projeto opera nessa ambiguidade da relação teleológica: no sentido da ida, configura o objeto a ser construído; no da volta, aquele que faz do meio o fim, ele é documento prescritivo. O que deveria ser "razão agente" torna-se desprovido de razão: a razão implica, como momento, a consciência de si. O projeto toma o lugar dessa consciência, os que trabalham (o "sujeito") não são os que decidem quanto à forma (do "objeto"), sua identidade é falseada. O projeto é retirado, subtraído, proibido aos "meios" para que não se tornem sujeitos. A separação dos trabalhadores dos meios de produção deve ser compreendida em toda a extensão de suas significações: no sentido material de base — mas também separados deles próprios tornando-se simples "meios", e ainda separados dos meios de pro-duzir (*pro ducere*), de determinar sua condução por seu próprio fim, o *pro* para onde *ducere*. É tudo isso que deve ser corrigido, caso se queira mudar alguma coisa.

> Onde se percebe uma finalidade, admite-se um entendimento como iniciador dessa mesma [finalidade]; portanto se requer para o fim a existência livre, própria, do conceito. A teleologia se contrapõe, sobretudo, ao mecanismo, no qual a determinidade posta no objeto é essencialmente, como [determinado] exterior, uma determinidade na qual não se manifesta nenhuma autodeterminação.[24]

Mais adiante, Hegel observa ainda:

---

[24] G. W. F. Hegel, *Science de la logique*, *op. cit.*, p. 247.

Na teleologia, o conteúdo torna-se importante porque ela pressupõe um conceito, algo de determinado em e para si e, por isso, um "autodeterminante".[25]

Entre as duas citações, Hegel associa o mecanismo àquilo que tem uma causa apenas eficiente — e o teleológico, ao que tem uma causa final. Tudo isso faz de nossa manufatura um ser híbrido, monstruoso. A causa final hegemônica é o valor, na ótica do capital. O projeto exterior confirma a não autodeterminação do corpo produtivo. É a causa eficiente, determinidade vinda de fora; ele faz desse corpo um mecanismo.

A última citação continua assim:

> [...] da relação entre as diferenças e seu ser, determinados uns pelos outros, a forma [a teleologia] distinguiu a unidade refletida em si, um determinado em si e para si e, portanto, um conteúdo.

Logo, o único conteúdo possível (a unidade refletida em si cujo lugar o projeto tenta ocupar) deveria resultar da relação das diferenças (aqui, os corpos de profissões, determinados uns pelos outros, complementares uns aos outros) da forma do corpo produtivo polarizado pela teleologia. Ora, a relação das diferenças dos corpos de profissões é de tipo mecânico, não determinada em e para si mas, sim, pelo capital através do projeto. Então o "conteúdo" é vazio, embora possa ter ares de uma casa, de um palácio ou de um escritório. A forma (arquitetural) não tem conteúdo... ou, então, é aquela do mecanismo, "máquina de morar", como se dizia.

As citações ajudam-nos a circunscrever questões centrais: não há teleologia — projeto — autêntica sem a autodeterminação do trabalho, dos meios; não há conteúdo outro nesse caso que não o da dominação externa e do mecanismo.

Façamos um desvio, um pouco de história simplificada. É ainda acerca da conjunção necessária entre Renascimento, clássico e manufatura. Tal conjunção resulta do surgimento do capital — e só se impôs através de uma dura luta social. Destaquemos dois de seus traços, bastante conhecidos aliás. Primeiro, o descrédito sistemático, grosseiro, do estilo *te-*

---

[25] *Idem, ibidem*, p. 250.

desco, do gótico. Ele não se dá, no fundo e apesar da argumentação, por razões de gosto. Mas, sim, porque essa arquitetura ainda era fruto da cooperação simples (ver Marx) — embora já estivesse contaminada pelo aparecimento dos *parleurs* e de protoarquitetos. Entretanto, tratava-se de cooperação simples. Para instaurar a manufatura (necessária à acumulação primitiva do capital que dependia sobretudo da construção), era preciso, ao mesmo tempo, arruinar, denunciar a arquitetura da cooperação simples, acusá-la de barbarismo, de ineficácia etc. A disputa de interesses subterrânea era retomar o controle da produção, mudar a técnica para destruir o poder devido ao saber fazer dos construtores, fragmentar o trabalho. Desqualificá-lo para reduzir os salários. A argumentação ideológica dividiu-se em três capítulos: da *soliditas*, da *utilitas*, da *venustas*. Deixemos de lado os dois primeiros (apesar das acusações, o gótico resistia e servia). Em geral e de modo evidente, a nova técnica — a das paredes maciças — era inferior à que ela substituía. Ainda serão necessários séculos para que surjam "ciências" da construção mais operatórias. Quanto ao uso, a crítica limitou-se ao da elite. (Textos como *I libri della famiglia*, de Alberti, ou *Il cortegiano*, de Castiglioni, são exemplares a esse respeito.)

Venustas era mais maleável — porque mais indeterminada. A base escolhida para lançar o ataque foi o belo estilo antigo. Ele fornecia um sistema de formas alternativo (por sua vez, até então desprezado pelo românico e pelo gótico, suas ruínas serviam de pedreira). "O" clássico oferecia a dupla vantagem de não ser um sistema de cooperação simples e de exigir apenas uma mão de obra relativamente pouco preparada e, portanto, menos cara. Além disso, sendo um sistema desconhecido por essa mão de obra, escapava ao perigo da assimilação: o procedimento arqueológico continuava fora de seu alcance. E, vantagem adicional, só havia sido descrito pelo mais absconso dos textos sobre a arquitetura (os dez livros de Vitrúvio) e cujas ilustrações haviam sido perdidas. Será sempre um texto inacessível ao corpo produtivo. Sobretudo porque quatro séculos de debates, tratados, traduções, sessões das academias encarregaram-se de nunca codificar "o" sistema que, por outro lado, as explorações sucessivas não paravam de deslocar. Mas, constantemente envolvido por mistérios e por uma cortina de fumaça, ele era colocado como existente. Era um "saber" perfeito, inexpugnável — porque desprovido de corpo fixo e em constante movimento. O desprezo altivo da elite tornava-se mais corrosivo ainda: como resistir ao discurso "erudito" e elegante, aos argumentos maleáveis, quando só se tem como arma um saber fazer? Es-

Sobre *O canteiro e o desenho*

te vai desaparecer pouco a pouco junto com a cooperação simples. (O mesmo processo vai se reproduzir com o nascimento da arquitetura moderna. Tratava-se, então, de destruir a competência dos pedreiros e dos carpinteiros, que se haviam tornado poderosos demais no seio do ameaçador sindicalismo revolucionário. Ainda hoje, na arte, os "organizadores", "mediadores", "curadores" empregam, por sua vez, a mesma tática contra os artistas para tomarem o poder nesse campo, o da economia das megaexposições que comandam o conjunto. Eles ridicularizam os pintores e os escultores — acusados de serem artesãos, de cheirarem à terebintina — e içam em seu lugar "a arte" outra, a que depende inteiramente deles — instalações etc. — à dignidade do novo modelo.) Descrédito, mudança de técnica e tomada de poder caminham juntos.

A partir de então, uma fratura intransponível até nossos dias atravessa a arquitetura. O fundamento das artes plásticas (das artes do espaço) é o trabalho livre (como o das artes do tempo é a palavra livre). Esse é seu conceito verdadeiro e não há outro. O impasse torna-se, pois, insuperável: como valorizar o trabalho ao mesmo tempo em que se castra em outro ponto — ou melhor, no interior de seus próprios "meios"? Os zigue-zagues sem saída, os jogos de imagem, as ilusões são os únicos recursos. Obcecadas por seus conceitos que precisavam ser renegados, as artes plásticas repetem os lapsos, os atos falhos, os deslocamentos e condensações. Por exemplo: a arte, como trabalho, é atividade. É-lhe necessário, pois, um fazer — mas um fazer como se não se fizesse (mais ou menos as palavras de Michelangelo a Francisco de Hollanda) — visto que se é artista e não artesão. Castiglione deu um nome a isso: a *sprezzatura*, para a qual uma das traduções possíveis é o desdém — o desprezo. Leonardo da Vinci participa desse movimento puxando o conceito para só um de seus momentos (a arte é *cosa mentale*), esquecendo que não há conceito sem o momento da objetivação. Quase quatro séculos depois, Duchamp ou os "conceituais" (isso parece uma brincadeira) ainda estão aí.

A determinação do que pode ser *venustas* não é fácil. Séculos de discursos reverentes tornam impossíveis a crítica e a simples objetividade. À primeira vista, *venustas* é o que a *soliditas* e a *utilitas* não são. Diz-se que a arquitetura é a construção (a *soliditas*) mais alguma coisa (que não é a função, a *utilitas*). Ora, a *soliditas* e a *utilitas* têm um domínio e critérios muito precisos. Construir bem tem um campo de saber e um de saber fazer definidos, tem exigências conhecidas. Do mesmo modo, o bom funcionamento dos espaços e dos componentes responde a necessidades e usos claramente estabelecidos. Para simplificar, digamos que construir e usar constituem práticas "positivas", não *venustas*. Primeiro, ela é marcada pela negação simples. Os pilares, as arquitraves, os arcos etc. que o clássico nos mostra correspondem raramente à verdadeira estrutura. Esta, principalmente na Itália, baseia-se sobretudo na enorme massa das paredes, como no tempo dos romanos. O que se pode ver e em torno do qual gira o discurso estético desconhece sistematicamente a realidade construtiva. O que é figurado é imaginário, quase sempre "plausível" mas não efetivo. Do clássico ao moderno, da Capela Médici ao Convento de la Tourette, representam-nos ficções.[26] A mesma observação pode ser feita a respeito da relação entre a *venustas* e a *utilitas*: espaços, circulação, janelas, portas, proporções etc. são sobredeterminados por injunções de simetria, alinhamento, repetição e assim por diante. E essas ultrapassam, desviam, afastam as conveniências de funcionamento. Assim, em seu fundamento, *venustas* é o que se afasta, nega e esconde o técnico e o funcional. Isso é a determinação de sua "qualidade" (= diferença). Ora, a forma que se dá à *venustas* é conteúdo — quando é considerada na abstração de sua unidade. Esse distanciamento, esse afastamento, esse desprezo da forma em relação a seus prosaicos opostos (o técnico, o funcional) — aí está todo o seu conteúdo efetivo. Separação do fazer e do usar reais, representação de um fazer e de um usar de substituição. Primeiro aspecto do despotismo: esse desenho, que comanda, que prescreve o fazer e o usar, zomba deles, pois quer ser belo.

Entretanto, como na religião, o mundo substitutivo imita e sublima, copia e maquia, ao mesmo tempo, o mundo substituído. Repito, o desenho, tanto o clássico quanto o contemporâneo, imita construções plausíveis. Raramente — mas existe — o representado não seria realizável — e raramente também ele figura o realizado. Mais ainda: alguns traços do representado são como metáforas ou metonímias da cooperação ou da manufatura "purificadas". Assim, por exemplo, a sequência que vai da base da coluna à chave da abóbada, onde cada elemento é nitidamente sustentado pelo que o precede e sustenta o seguinte, é "sustentado — sustentáculo", esquematiza (metonímia) a sequência ideal da manufatura

---

[26] Ver Sérgio Ferro, *Michel-Ange, Architecte et sculpteur de la chapelle Médicis*, Grenoble, Plan Fixe, 1998 [ed. bras.: *Michelangelo. Arquiteto e escultor da Capela dos Médici*, trad. Andréa Stael M. da Silva, São Paulo, WMF Martins Fontes, 2016]; Sérgio Ferro, Chérif Kebbal, Philippe Potié e Cyrille Simonnet, *Le Couvent de la Tourette*, Marselha, Parenthèses, 1987; Sérgio Ferro, "Les Traces de la conception", *Les Cahiers de la Recherche Architecturale*, n° 34, 1993.

Sobre O *canteiro e o desenho*

serial em que cada equipe, cada trabalho acumula-se sobre o anterior e serve de base ao seguinte, quando a técnica de dominação não desarranja tal sequência. De modo comparável, a relação das partes no seio do todo do desenho clássico, simultaneamente autônomas e concatenadas, remete ao ideal da colaboração das equipes autônomas no seio do todo da produção. No plano do discurso, burila-se ao máximo a ordem (e sua desordem crônica), discutem-se ritmo, modenatura, equilíbrio, harmonia etc. Suas definições traçam órbitas em torno do núcleo ocultado, descrevem o que seria a cooperação coletiva ótima — mas imobilizada na abstração do apenas visado, do *sollen* [dever] e posta como se fosse propriedade da coisa. Desenho e discurso quebram e desconhecem o que seria a base de uma produção bem-sucedida e a colocam em outro lugar. O que é negado na prática e, em parte pelo menos, graças ao desenho, volta neste último como fisionomia de *venustas*. Outro aspecto do despotismo: a exaltação justamente daquilo que foi proibido aos dominados, virada contra os produtores daquilo que lhes foi retirado — como o capital, que é trabalho (morto) voltado contra o trabalho (vivo).

Olhemos mais de perto a beleza — em Kant, por exemplo. (Peço desculpas antecipadas por minha incompetência filosófica; tomo esse exemplo apenas como um sintoma entre outros.)

Tomemos as quatro definições de Kant sobre a beleza, segundo as quatro famílias de categorias, na *Crítica da faculdade do juízo*:

> Gosto é a faculdade de ajuizamento de um objeto ou de um modo de representação mediante uma complacência ou descomplacência independente de todo interesse. O objeto de uma tal complacência chama-se belo.
> [Definição segundo as categorias da qualidade]
>
> Belo é o que apraz universalmente sem conceito.
> [Definição segundo as categorias da quantidade]
>
> Beleza é a forma da conformidade a fins de um objeto, na medida em que ela é percebida nele sem representação de um fim.
> [Definição segundo as categorias da relação]
>
> Belo é o que é conhecido sem conceito como objeto de uma complacência necessária.

[Definição segundo as categorias da moralidade][27]

Retirem-se o "independente de" e os "sem": as asserções tornam-se quase banais — ou discutíveis. É belo o que satisfaz universal e necessariamente e que tem a forma somente da finalidade. Que o belo seja o que satisfaz, é admissível (mas que não possa ser "agradável" ou "bom" é menos aceitável. Como evitar achar "agradável" a cor verde de um prado... pintado por Giorgioni ou Poussin?[28] (ou que a "boa" posição ética de Picasso não nos leve a achar "belo" *Guernica*?), mas isso é também uma futilidade. Quanto à necessidade e à universalidade, indicam principalmente o etnocentrismo de Kant: leia-se o que escreve sobre as outras "raças", sobre os negros e os índios — ou aqui mesmo sobre os neozelandeses.[29] Será possível supor que os "construtores de catedrais" achavam bela a arquitetura clássica que condenava sua competência e fazia seus salários caírem? Ou que os trabalhadores do sindicalismo revolucionário admiravam a arquitetura do modernismo? O necessário e universal, aqui, é o gosto do europeu do norte no fim do século XVIII. Para ele, por exemplo, a cor é um acessório (lugar-comum, à época), um *parergo* como o vestuário das estátuas, as colunas dos templos ou as molduras.[30] Ainda para ele, a regularidade pode ser contrária ao bom gosto, ele prefere o barroco, o grotesco, a "exuberância" de Sumatra,[31] que nunca viu, a arte da oratória somente nas línguas mortas e eruditas.[32] Porém, de modo contraditório, ele próprio admite que "um negro deve necessariamente, sob essas condições empíricas, ter uma outra ideia normal da beleza da forma que não o branco, e que o chinês terá uma ideia diferente da do europeu".[33] A necessidade aqui contradiz a universalidade. Isso não impede que no § 22, ao examinar os requisitos do juízo de gosto e

---

[27] Immanuel Kant, *Crítica da faculdade do juízo*, trad. Valerio Rohden e António Marques, Rio de Janeiro, Forense Universitária, 1993, respectivamente pp. 15, 64, 82 e 86.

[28] *Idem, ibidem*, p. 52.

[29] *Idem, ibidem*, p. 76.

[30] *Idem, ibidem*, p. 72. Ver, a respeito, Jacques Derrida, *La Vérité en peinture*, Paris, Flammarion, 1978.

[31] I. Kant, *Crítica da faculdade do juízo*, *op. cit.*, p. 88.

[32] *Idem, ibidem*, p. 78, nota 64.

[33] *Idem, ibidem*, p. 80.

Sobre *O canteiro e o desenho*

chegar à ideia de um senso comum, Kant se contente em dizer que esse mesmo senso comum constitui a condição do juízo de gosto, que se trata da "condição necessária da comunicabilidade universal de nosso conhecimento [...]", como observa o tradutor para o francês.[34] Vai mais longe ainda e afirma que a crítica da faculdade de julgar constitui-se como "uma lógica da intersubjetividade" (evidentemente, o neozelandês não é um sujeito).

Mas resta a finalidade: por que "sem representação de um fim"? (Porque se considera bela a tulipa sem saber para que ela serve.[35]) Aquilo que não tem senão a forma da finalidade é o "mecanismo", diz Hegel (mas Kant pensa que mesmo aqui, no mecanismo, a hipótese teleológica não pode ser descartada[36]). A finalidade pode ser sem fim "na medida em que não pomos as causas desta forma em uma vontade", nos diz Kant.[37] Cheguemos um pouco mais perto. "O gosto", diz ele, "enquanto faculdade de juízo subjetiva, contém um princípio da subsunção, mas não das intuições sob *conceitos* e sim da *faculdade* das intuições ou apresentações [isto é, da faculdade da imaginação] sob a *faculdade* dos conceitos [isto é, o entendimento], na medida em que a primeira em sua *liberdade* concorda com a segunda *em sua conformidade a leis*."[38] Ora, o "fim é o objeto de um conceito, na medida em que este for considerado como a causa daquele [o fundamento real de sua possibilidade]; e a causalidade de um *conceito* com respeito a seu *objeto* é a conformidade a fins [*forma finalis*]".[39]

Para o juízo de gosto, portanto, só a aparência de finalidade conta (sem examinar se essa aparência é uma aparição efetiva) e, ao contrário, é importante que não se verifique se a essa finalidade corresponde ou não um conceito. A imaginação que fabrica a beleza concorda somente com a "legalidade" da faculdade dos conceitos (o entendimento), isto é, com a abstração de uma finalidade, seu fantasma. Ela deve parecer ter uma finalidade — mas não a ter.

---

[34] Alexis Philonenko, prefácio a Emmanuel Kant, *Critique de la faculté de juger*, Paris, Vrin, 1974, p. 11.

[35] I. Kant, *Crítica da faculdade do juízo*, op. cit., p. 82, nota 73.

[36] *Idem, ibidem*, pp. 251-6.

[37] *Idem, ibidem*, p. 65.

[38] *Idem, ibidem*, pp. 133-4.

[39] *Idem, ibidem*, p. 64.

Não se trata aqui de discutir a pertinência do conceito de belo defendido por Kant. Mas apenas de sublinhar seu *status* isolado, separado. Lembremos que talvez se trate da estética mais difundida depois de Ficino e do neoplatonismo. A *venustas* é totalmente auto-orientada e, por ser pura, nunca deve aproximar-se demais da *soliditas* nem da *utilitas* (ver a oposição entre a beleza "livre" — *pulchritudo vaga* — e a beleza "simplesmente aderente" — *pulchritudo adhaerens*[40]). Embora Kant reconheça que "[...] a beleza de um cavalo, de um edifício (como igreja, palácio, arsenal ou casa de campo) pressupõe um conceito do fim que determine o que a coisa deva ser, por conseguinte um conceito da sua perfeição, e é, portanto, beleza simplesmente aderente",[41] ainda permanece a afirmação de que à beleza corresponde algo de próprio, de que à satisfação provocada pelo objeto dito "belo" deve responder algum aspecto dele.

No entanto, se é possível isolar no objeto o que corresponde à *soliditas* (a ideia construtiva) e à *utilitas* (o funcional), é impossível, em contrapartida, fazê-lo em relação à *venustas*. O próprio Kant está convencido disso — e o mostra quando, a respeito do ideal de beleza, afirma que este só pode ser, só pode existir se "em concordância com esses fins"[42] — portanto, "aderente". E esclarece (o que para nosso propósito é essencial) que "somente aquilo que tem o fim de sua existência em si próprio [...] é, pois, capaz de um ideal da beleza, assim como [...] do ideal de perfeição".[43]

Ora, é exatamente isso que será a justificativa número 1 do desenho de arquitetura, dar corpo ao que, em si, não tem. É *venustas* que fornecerá a desculpa para o desenho separado, separador. O projeto, necessário para reunir o "corpo" produtivo que ele ajuda a separar, recupera sua missão essencial de uma aura prestigiosa: encarnar a beleza — que os serviços do entendimento (e sua figura central, o juízo) oportunamente separaram da *utilitas* e da *soliditas*.

Separado, entretanto, o conceito de beleza permanece desesperadamente vazio. Façamos um exercício um pouco artificial mas esclarecedor.

---

[40] *Idem, ibidem*, p. 75.

[41] *Idem, ibidem*, p. 76.

[42] *Idem, ibidem*, p. 78.

[43] *Idem, ibidem*.

Sobre O *canteiro e o desenho*

Retomemos as definições de Kant sobre a beleza e proponhamos um enunciado positivo para os "sem":

1. Com não-interesse.
2. Com não-conceito.
3. Com não-representação-de-um-fim.
4. Com não-conceito. '

Quatro juízos infinitos, na terminologia de Kant e de Hegel. Ou seja, a indeterminação total. O que é simplesmente não-isto pode ser qualquer coisa que não isto. Não-branco é toda uma gama de cores, de tonalidades etc. (é somente quando o não-ser é refletido, quando à negação segue uma outra, que isso muda[44]).

Tais juízos estão na base da arte separada: a arte plástica é não-artesanato; a arquitetura separada, não-cooperação simples (é quando a pintura se torna não-não-artesanato, quando ela nega o que nega efetivamente o artesanato — a corporação, a rotina, a exploração etc. —, quando a pintura se põe como trabalho-artesanal-livre, que ela produz seu verdadeiro conceito. Do mesmo modo, somente quando negar o que nega a cooperação simples — isto é, quando negar a manufatura subjugante do capital —, quando se puser como cooperação manufatureira livre, é que a arquitetura produzirá seu verdadeiro conceito. Só que não há trabalho livre se não forem todos livres. A arte e a arquitetura vivem o adiamento de seu conceito. O tempo presente dos verbos, quando falo de pintura, quer dizer apenas que, nesse domínio, já há uma certa consciência de si.

O distanciamento dos arquitetos em relação à cooperação simples para avançar como elite já foi bem estudado.[45] O que tento apenas sublinhar aqui é a negatividade estática, sistematicamente não superada, que a constitui — e a estética vazia que disso resulta. Só a forma da finalidade é solicitada. A beleza aderente é proibida em geral, pois a finalidade efetiva, o objetivo hegemônico, deve permanecer excluído. Ao contrá-

---

[44] Ver o, até agora inédito, texto de Adorno no qual aparece a seguinte afirmação: "[...] eu lhes mostrei que se considerarem essas determinações negativas de maneira totalmente literal e que se as considerarem todas simultaneamente, elas excluem toda afirmação sobre o transcendental [ou sobre qualquer outra questão, como, por exemplo, a do conceito de beleza]". Theodor W. Adorno, *La Critique de la raison pure de Kant*, Paris, Klincksieck, 2024, p. 245. (Nota de 2024.)

[45] Ver, por exemplo, Paulo Bicca, *Arquiteto, a máscara e a face* (São Paulo, Projeto, 1984), texto que apresenta ideias bastante próximas das nossas.

rio do que diz Kant, a arte do trabalho verdadeiramente livre será aquela que tiver toda a razão de ser em si; será, pois, conceito, simultaneamente livre e necessária (essas noções, separadas em Kant, identificam-se em Hegel sem perder sua diferença), portanto "bela" e finalizada. E se é universal e necessária (digo: "se"), é porque a beleza é simultaneamente o eco do trabalho e da linguagem — as duas bases de tudo o que é humano.

Voltemos ainda um pouco à separação entre fim e meios. Esses meios, forças, meios de produção e materiais parecem simplesmente estar aí, como dados indiferentes que o projeto configurará de fora. Quase todo projeto entra em oposição a eles: a mão de obra é ruim, o material é decepcionante etc. O arquiteto, com frequência, fica frustrado com "sua" construção. Ora, esses meios são o que são — bons ou ruins — porque foram postos como tais pelo "espírito objetivo" — por todas as determinações do modo de produção, particularmente pelo da construção. Eles não são "dados" mas, sim, uma das formas objetivas do mesmo conteúdo, o processo que implica — como se não fossem senão momentos separados, como se não se identificassem, como se cada um deles não fosse a totalidade — projeto, meio e fim. Esses dados falhos são o retrato exterior do projeto — e inversamente. Os materiais têm uma história, são tais ou quais em função de uma conjuntura socioeconômica, foram produzidos, circulam etc. A mesma coisa a respeito das divisões das especialidades, níveis de competência e formação da mão de obra. A mesma coisa ainda em relação às máquinas e ferramentas. E a mesma coisa também para o projeto. (A manufatura no Brasil é predominantemente serial e, na França, é heterogênea. O custo da força de trabalho é a principal causa: no Brasil, o SMIC — salário mínimo interprofissional de crescimento —, é quarenta vezes inferior. Ora: os projetos, os detalhes, a plástica etc. trazem a marca dessa diferença.) Projeto e meios pressupõem-se mutuamente — ainda que isso seja inconsciente. A um determinado tipo de projeto corresponde um determinado tipo de meio, no interior de uma determinada conjuntura socioeconômica. O objetivo que o projeto anuncia já está inscrito nos meios. Nos meios inscrevem-se os possíveis, isto é, aqueles únicos que podem tornar-se efetivos. O projeto que tentar ir além será trazido de volta aos possíveis pelo maldoso empresário. O arquiteto pressente o que foi feito com os meios (e, portanto, com ele próprio), e o demonstra por sua própria inadaptação (que encontra, assim, uma motivação positiva dessa vez). Mas nenhuma mudança é possível sem o reconhecimento de sua identidade.

Sobre *O canteiro e o desenho*

O fim [*leia-se lucro*], enquanto [...] conceito que existe livremente diante do objeto [*leia-se meio*] e de seu processo [...] sendo dado que ele é [...] a verdade em e para si do mecanismo, nesse mesmo [*objeto, leia-se ainda meio*] coincide apenas com ele mesmo. O poder do fim sobre o objeto é a identidade que existe por si, e sua atividade é a manifestação dessa mesma [*identidade*].[46]

Em nota, o tradutor da obra para o francês escreve:

Mudança de orientação do raciocínio: dado que o conceito afirma seu poder sobre a objetividade através de um meio do qual ele próprio é todo o conteúdo — tendo-o determinado como tal até se determinar a si mesmo nele — é justamente através dessa e nessa exterioridade que o conceito existe.[47]

Isso é essencial: aqui se encontra a bifurcação entre a catástrofe de hoje e a esperança.

Catástrofe: fim e meios imobilizam-se numa exterioridade ilusória um diante do outro. A via de sua recíproca determinação para ante a primeira negação: um não é o outro, eles apenas se opõem. O polo dominante — o fim, o valor — sendo apenas o não-canteiro, tem à sua disposição toda a amplidão vazia do juízo infinito: ele pode ser tudo o que não é "canteiro" ou, em termos "positivos", construção com, obrigatoriamente, "mais" alguma coisa. E o canteiro, o polo dominado, será o não-fim, o que não tem o fim em si, "mecanismo" cego. Assim, apesar de toda confusão derivada do fim, nenhum momento é previsto nem mesmo para explicar aos operários o projeto, suas razões próximas (para não falar das profundas) — e explicar não é nada diante do ter suas razões em si mesmo.

Enquanto cada um dos dois lados opostos contém em si mesmo seu outro e nenhum pode ser pensado sem o outro, disto decorre que nenhuma dessas determinações, tomada iso-

---

[46] G. W. F. Hegel, *Science de la logique, op. cit.*, t. II, p. 263.

[47] *Idem, ibidem.*

ladamente, tem a verdade, mas que somente sua unidade a possui.[48]

Aí está, como veremos, a esperança.

Segunda afirmação: *O desenho, que tornará possível a coagulação do trabalho fragmentado numa totalidade, pode ser qualquer coisa: forma de "tipo zero".*

O desenho não é senão processo cristalizado, espacialização do tempo produtivo. Evidentemente, é também casa ou palácio — mas esse "também" já mostra uma dificuldade. Quando se utiliza o "também", pensa-se a coisa como um substrato, um saco que se enche com o que os "também" enumeram. Portanto, dizendo que o desenho é processo cristalizado (= desenho prescritivo) e casa ou palácio (= desenho descritivo), seu suporte, embaixo dos dois, não é pensado senão como algo indiferente, um meio neutro, vazio, de onde eles se destacam. Observemos que a lista dos "também" pode ser alongada por diversos "dever ser": ele deve ser correto tecnicamente, exato funcionalmente, belo (a *soliditas*, a *utilitas*, a *venustas*). Quando, pois, se dá por missão responder a esses "também", o desenho já se coloca como vazio, neutro, indiferente — de tipo zero. A ausência do eixo teleológico da finalidade interna, imposta pelo capital, impõe esse resultado. Caso contrário, esse eixo liga necessariamente os "também" numa totalidade orgânica: o fim (a *utilitas*) se colocaria na racionalidade dos meios (a *soliditas*) — e como teria todas as suas razões de ser em si, o processo seria livre (a *venustas* = acordo do entendimento que sustenta a racionalidade dos meios e o imaginário do fim). O descritivo do fim, posto com ele na racionalidade dos meios, seria idêntico ao prescritivo.

Os recursos de composição habituais — trama, modenatura, ritmo, repetição, unidade... — traduzem perfeitamente essa vacuidade, todos desabam de fora sobre o objeto arquitetural e devem servir a todos os "também". Aliás, o que se chama de arquitetura, o "mais" adicionado ao construtivo, não é feito senão desses tiques formais, desesperadoramente vazios. Mas é necessário insistir no fundamento disto: o vazio da forma de "tipo zero" é o resultado do processo de fragmentação da produção, de expropriação da força de trabalho. A formulação de Lévi-

---

[48] *Idem, ibidem*, t. I, p. 182.

Sobre O *canteiro e o desenho*

-Strauss convém perfeitamente ao papel do desenho no canteiro de obras: "sua presença [da forma de tipo zero do desenho] — em si mesma desprovida de significação — permite colocar-se como totalidade". Assim, sob os "também", sob o prescritivo e o descritivo, o saco é o circunscritivo: o fundamento do desenho é circunscrever. Reunir, circunscrever o trabalho parcelar. Limitar no início e no fim do processo a extração de mais-valia. Em último caso, bastaria... limitar, colocar parâmetros. O desenho deve, na origem, colocar um ao lado do outro (num todo) os trabalhos fragmentados que vêm um depois do outro (num dado lapso de tempo). Deve tornar simultâneo o sucessivo dispersado.

O tempo na produção comum é linear, simples série indefinida, o do trabalho abstrato. Nenhuma "história", memória ou tensão teleológica autônoma o humaniza, o transforma em processo; é o tempo que o desenho deve reter no interior de suas figuras — um tempo sem forma, alongamento linear que não tem sequer variações, duração indeterminada. A espacialização desse tempo apenas quantitativo, em que toda qualidade devida à especificidade dos trabalhos cai sob a indiferença de sua reunião apenas exterior, não pode desembocar numa forma efetivamente mediatizada. A manufatura realmente autônoma teria inscrito nas formas seu devir: elas seriam verdadeiramente a aparência de sua essência — conceito existente, ideia. Explicitariam as etapas, a sequência autônoma dos lotes, sua autodeterminação, isto é, suas relações recíprocas livremente consentidas. Entre isso e aquilo, entre a forma que é efetivamente o conteúdo e a forma vazia, de "tipo zero", o modernismo tem, ao menos, tentado justificar as formas pela função ("*form follows function*", de Louis H. Sullivan). Nesse caso, o movimento do conceito cai e volta a uma relação causal exterior — mas, pelo menos, ela garante um mínimo de justificativa para o entendimento. Hoje o capital não tem mais necessidade de nenhuma cobertura, sua hegemonia tende ao absoluto. Mesmo o compromisso funcionalista é inoportuno. O atual desenho de arquitetura, o de Gehry, Portzamparc ou Friedman, não se ocupa mais disso. Nenhuma motivação é necessária para o desenho que se justifica somente como diferença. Contrariamente, a arquitetura que mais se aproximou do ideal, a do ecletismo, continua a ser criticada — apesar dos esforços de Jean-Pierre Épron.[49]

---

[49] Jean-Pierre Épron (org.), *Essai sur la formation d'un savoir technique*, Nancy, École d'Architecture de Nancy, 1977.

Além da vacuidade, os recursos de composição que foram citados acima preenchem um papel exatamente semelhante ao das formas de "tipo zero" para a constituição de um conjunto social. Um exemplo dado por Lévi-Strauss (um agrupamento social dividido espacialmente em duas metades por um eixo: os de um dos lados deveriam casar-se com os do outro lado) é formalmente idêntico à simetria ou ao princípio anatômico de Michelangelo: nos dois casos, um meridiano e uma relação invertida são o fundamento da totalidade. Resultados semelhantes podem ser obtidos pelos jogos de "equilíbrio dinâmico", caros aos primeiros modernistas,[50] o ritmo repetitivo (o Palazzo degli Uffizi em Florença, de Vasari; a Piazza San Marco em Veneza, de Sansonino etc.), as tramas (Mies van der Rohe, Louis Kahn etc.)... Ordenamentos geométricos vazios de conteúdo produzem o efeito de um todo — os quais, então, separam, isolam, diferenciam, põem limites... fingem uma coesão que não é fruto de uma autodeterminação, mas de astúcias formais.

Assim, à lista do prescrever, descrever, circunscrever, poderiam ser acrescentados, para continuar na assonância, transcrever (a unidade negada da autonomia em totalidade fictícia geométrica), proscrever (a unidade autêntica), inscrever (os trabalhos fragmentados no quadro aglutinante), variações da escrita do projeto. Hoje não acho mais exagerada a seguinte comparação: a noção de forma de "tipo zero" é perfeitamente adequada à "composição" arquitetural. Compor o diverso, pôr junto o simplesmente simultâneo, indiferente a outro que não ele. Quase todo "partido" arquitetural é forma de "tipo zero".

Mais ainda: quando uma unidade efetiva aparece, às vezes em alguns casos de exceção, ela se perde assimilada, igualada aos outros projetos. Desse modo, certas propostas de Frank Lloyd Wright (algumas *prairie houses*, Taliesin), de Charles Eames, de Marcel Breuer, por exemplo, atentas pelo menos à coerência manufatureira são sempre engolidas pela mesmice da visão formalista. Em Taliesin, Wright aproxima-se muito do desenho de uma produção verdadeiramente consciente de si, necessária e livre. Reavaliando as divisões de uso das especialidades construtivas e seus "objetos", Wright propõe outras "separações" operacionais cuja unidade conceitual desemboca num novo legi-signo, num novo paradigma extremamente poderoso. (*Grosso modo*: solo elaborado por fundações que sobem quase até o teto, em diversos níveis, espécie de *land art*

---

[50] S. Ferro, C. Kebbal, C. Simonnet e P. Potié, *Le Couvent de la Tourette*, *op. cit.*

Sobre *O canteiro e o desenho*

feito por pedreiros; ele serve de apoio, em alguns pontos, a uma enorme cobertura, proteção de madeira (carpinteiros), eliminando praticamente as paredes, os intervalos entre solo e cobertura de formas múltiplas, servindo como portas ou janelas. A oposição entre cobertura que marca um lugar e o solo *land art* que se prolonga para fora, retoma a comentadíssima oposição Hestia / Hermes, lareira central / abertura para a natureza, típica também de Wright.

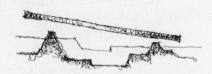

É sempre a partir de uma re-organização crítica da manufatura, de uma volta à sua racionalidade específica, que são criados novos legi-signos, novos paradigmas. Um de nossos grandes orgulhos — falo de Flávio Império, Rodrigo Lefèvre e eu — é ter elaborado um pequeno paradigma com nossas casas em abóbada com mezanino ou não, sendo o primeiro protótipo a casa de Cotia, de 1961. *Grosso modo* também: elimina-se a cobertura de Taliesin — e a fundação se projeta como cobertura. (Há mais, a crítica das relações de produção atinge — e recompõe — todos os lotes.)

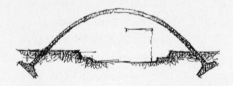

Terceira afirmação — ausente de "O canteiro e o desenho" mas que deve ser incluída aqui: *A crítica do modo de produção e das relações de produção da construção leva-nos a deixar de lado a da destinação da produção.*

Raros são os textos tão definitivos sobre a construção quanto *A questão da habitação*, de Friedrich Engels. Nem uma vírgula que não seja atual. No fundo, e mesmo que tal constatação aflija nossa consciência política, a habitação "popular" não é a questão central: ela até pode pesar negativamente (ancoragem, dependência etc.). Ou há transformação das relações de produção — e então a questão da moradia e dos equipamentos sociais terão uma solução — ou, nas condições atuais, essas questões não têm solução. O que o Movimento dos Trabalhadores Rurais Sem Terra (MST) faz de verdadeiramente revolucionário é constituir, com algumas de suas iniciativas, microterritórios livres onde as relações de produção já são outras, o que muda radicalmente a situação em relação àquela do tempo em que "O canteiro e o desenho" foi escrito, isto é, fim da década de 1960. Hoje, ela se inverte: nessas microrregiões livres, é prioritário construir segundo outras relações de produção como, por exemplo, as que propomos — moradias e equipamentos sociais populares. Trata-se, aqui, de provar a possibilidade de eficácia, de beleza, de racionalidade, de liberdade, de escolha etc., de uma outra maneira de fazer.

Portanto, correção fundamental do texto. Nos microterritórios ocupados, é necessário praticar uma outra arquitetura, voltada para os interesses populares, prefigurando outras relações de produção. Estas passam pela autonomia radical dos produtores — isto é, pela livre autodeterminação do objetivo, da finalidade da produção. Somente assim esse objetivo informará os meios, seus meios, e o momento teleológico inicial, o projeto, seu projeto. E cuidado: só a estrita racionalidade (= liberdade) deve guiar aqui. Qualquer consideração "estética" não fará senão esconder o que tenta nascer com as muletas de hoje. A rigorosa lógica construtiva sozinha, purificada de tudo o que nela decorra da técnica de dominação, isto é, a racionalidade ótima de cada passo no seio da sucessão manufatureira garantirá a eclosão de uma outra beleza, o que deve vir não tem necessidade de máscara: as formas de seu aparecer serão as de sua essência — a razão livre (o que é quase tautológico).

O CANTEIRO

Não haverá comentários detalhados a respeito dos capítulos sobre o canteiro. Não que o tema seja de menor importância, ao contrário: ele é a base de toda nossa teoria da arquitetura, constituindo, talvez, seu aspecto mais original. Mas porque, durante os trinta anos que nos separam da redação do texto, poucas coisas mudaram nesse nível — e nossos estudos apenas confirmaram o que é dito aqui.

Entretanto, é necessário observar que a fragmentação e a taylorização do trabalho na construção acentuaram-se. As recentes modificações na organização do trabalho (estruturação por "projeto", toyotização, *job enlargement* etc.), que alguns veem como uma recuperação das críticas

Sobre *O canteiro e o desenho*

como a nossa — as críticas "artistas", segundo Luc Boltanski e Eve Chiapello[51] —, não penetraram os níveis inferiores da produção da construção. Em compensação, uma das consequências dessas modificações, o enorme agravamento da instabilidade do emprego e o avanço dos contratos temporários, atingiram fortemente esses níveis inferiores. A instabilidade, associada à fragmentação crescente, não podia deixar de provocar uma desqualificação ainda mais acentuada da maioria dos trabalhadores.

Assim, a única correção a ser feita — e que, na verdade, não é uma correção — é a constatação do agravamento.

Em contrapartida, devemos completar este texto exclusivamente crítico com a indicação de uma outra prática — que nossa própria crítica anuncia negativamente.

EM DIREÇÃO A UMA OUTRA PRÁTICA

> Em cada estágio de sua determinação ulterior, ele [o conceito] eleva toda a massa de seu conteúdo anterior e, por sua progressão dialética, não só não perde nada nem deixa nada para trás, mas também carrega consigo tudo o que foi obtido e se condensa em si mesmo à medida que se enriquece.
>
> G. W. F. Hegel, *Science de la logique*[52]

> [...] porque à obra de arte ideal não pertence somente o aparecimento do espírito interior na realidade de figuras exteriores, mas o que deve chegar ao aparecimento exterior é, ao contrário, a verdade e a racionalidade em si e para si do efetivo.
>
> G. W. F. Hegel, *Cours d'esthétique*[53]

É evidente: uma outra prática da arquitetura, bem-sucedida desta vez, não pode dispensar a mudança radical das relações de produção, a supressão da venda da força de trabalho. A força da contradição que bloqueia a possibilidade de uma verdadeira arquitetura é a heteronomia que

---

[51] Luc Boltanski e Eve Chiapello, *Le Nouvel esprit du capitalisme*, Paris, Gallimard, 1999, pp. 501-76.

[52] G. W. F. Hegel, *Science de la logique, op. cit.*, t. II, p. 569.

[53] G. W. F. Hegel, *Cours d'esthétique I*, ed. Hotho, Paris, Aubier, 1995, p. 374.

necessariamente tal venda implica. A força de trabalho vendida deve seguir, obedecer, servir à vontade de um outro, daquele a quem ela passa a pertencer, ao capital. O projeto — qualquer projeto hoje — é uma das manifestações dessa heteronomia.

Deve-se entender por mudança radical das relações de produção o que as palavras dizem realmente. Não se mudam tais relações apenas com uma modificação jurídica: a indispensável posse coletiva das forças e dos meios de produção não basta para mudar essas relações. A triste experiência dos ex-países ditos socialistas é uma prova disso.

Tampouco é suficiente para o projetista ter as mais belas intenções ou ser muito de esquerda, se essas relações não se modificam efetiva e profundamente. Não há conciliações possíveis. A alternativa para a heteronomia é a autonomia — e nada mais.

Avancemos pouco a pouco.

Primeira questão: A manufatura — destruí-la, conservá-la ou modificá-la? Não há dúvida possível — sua origem é muito comprometida. A manufatura é a forma inicial que a produção dominada pelo capital assume — a anticooperação simples. Entretanto, como as outras formas de produção, e principalmente a indústria, a manufatura não se imobilizou em seu momento negativo. Apesar de sua conveniência para o capital — e, em parte, por causa dela — a manufatura fez progredir a produção da construção, provocou novas competências, fez avançar o saber, criou ferramentas, técnicas, meios. Evidentemente, sua positividade produtiva sempre se misturou com a técnica de dominação. Mistura frequentemente íntima, profunda, terrivelmente difícil de desembaraçar. O concreto, por exemplo. Mais adiante neste texto, denuncio sua utilização deformadora que vai de encontro a suas possibilidades técnicas. O martírio do concreto, entretanto — num outro texto, "O concreto como arma" —, eu o vejo sob um ângulo diferente e ele aparece como um material que deve, em parte, sua existência e seu sucesso ao fato de que arruína indiretamente a força (política) do saber fazer dos pedreiros e dos carpinteiros do fim do século XIX. Ainda de um outro ponto de vista, ele aparece como causa da principal doença do trabalho — as dermatoses e silicoses devidas ao cimento. (Autocrítica: ângulo, ponto de vista etc.: mereço, aqui, a mesma observação feita acima a respeito dos "também".) E, apesar de tudo, que beleza no concreto do "piano" do Convento de la Tourette... ou em meu próprio ateliê em Grignan. Como pensar de modo correto isso, esse material cheio de contradições, de nossas contradições? E é assim por toda parte: materiais, saberes, competências, técnica, ferra-

Sobre *O canteiro e o desenho*

menta, gestão, organização etc., todos trazem marcas de ambiguidade, de contradição, todos são resultado do amálgama entre técnica de produção e técnica de dominação. A primeira tarefa incluída nessa primeira questão é decompor, analisar toda a área, tentando (o que não é evidente) separar um do outro. O trabalho crítico deve ser permanente, minucioso, muito exigente. Séculos de hegemonia da dominação deixaram depósitos de suas armas em toda parte. Essa operação não é uma simples faxina: seu resultado, provavelmente, será uma reescrita completa do todo, uma mudança de estrutura do todo.

Entretanto, o trabalho de revisão não significará sair da manufatura. É preciso pegar as coisas onde elas estão. E não é evidente que a industrialização da construção seja possível a curto prazo — ou que seja tão desejável. A única posição realista é assumir a manufatura — orientando-a em favor da autonomia.

Manufatura = equipes verticalizadas e especializadas + ferramentas bastante simples + um capataz e a direção. Sua essência é o trabalhador coletivo. É necessário conservar isso — de modo diferente.

As equipes são as unidades de base da manufatura. Concentram um certo tipo de saber fazer, as ferramentas e materiais específicos, organizam-se hierarquicamente. A tendência atual é reduzir a extensão do saber fazer, separar a gestão e a distribuição de ferramentas e materiais num serviço logístico especial, fazer da hierarquia graus de heteronomia. É necessário tomar isso às avessas: nem reduzir nem aumentar *a priori* o campo do saber fazer. O que deve determinar a extensão desse campo é a homogeneidade, a organicidade de um tipo de saber fazer, a coerência de seus materiais e ferramentas — em resumo, a qualidade e não a quantidade de um domínio particular de trabalho. Nesse sentido, a escolha de materiais e ferramentas não pode depender de uma outra lógica que não a dessa qualidade específica. Nos meios, os fins já estão inscritos. Separar a logística do produzir, apesar de todos os argumentos da "boa" gestão, é manter ainda o corte *força de trabalho x meios de produção*. Por sua vez, a hierarquia deve mudar de sentido e tornar-se apenas relação de formação, de transmissão dos saberes e saber fazer, os quais, apesar de sua complementaridade, estão claramente separados hoje. O saber é guardado pelo poder como arma e argumento, como trunfo e justificativa — e deteriora-se por sua distância em relação ao saber fazer correspondente. Evidentemente, uma outra prática deve reverter tal situação, disseminar o saber entre as equipes, aperfeiçoar o saber aproximando-o de suas raízes experimentais etc. etc.

O fundamental, aqui, é afirmar o que parece paradoxo: é a radicalização da divisão que dá a garantia da formação efetiva do trabalhador coletivo. Atualmente, a separação das equipes até a quase ruptura, a sucessão de suas diferenças indiferentes umas às outras não constituem seu outro (o trabalhador coletivo) senão fora desse movimento e enquanto virtude unificante do capital. Isso, entretanto, pode ser resolvido de outra forma — se separação e sucessão forem assumidas livremente. O que serve para a heteronomia, se seu momento não estiver superado — divisão de quase desconhecimento mútuo, sucessão de descontinuidades e repulsões —, pode tornar-se momento indispensável de oposição a si para a verdadeira constituição do trabalhador coletivo. Seria, então, o momento em que as partes específicas — as equipes — se concentrariam em torno dessas especificidades em busca de sua razão própria. Se o primeiro momento constitui a afirmação da unidade abstrata (configurado em um "projeto"), o segundo é a negação dessa unidade. O trabalhador coletivo sai então, por seu próprio movimento, de sua simplicidade inicial, de seu em-si ainda não desenvolvido, se dispersa e se rompe na divergência de suas múltiplas determinações — e só depois volta à sua convergência, não mais marcada por uma mesmice empobrecedora mas, ao contrário, enriquecida por essa mesma diáspora. Assim, ao contrário da explosão heterônoma, o vigor do impulso centrípeto garante a profundidade do sujeito do processo. Afastando-se da simplicidade com a qual esse coletivo é posto, negando o esquematismo da unidade que ainda é apenas um objetivo, a produção acumula-se pouco a pouco, faz o trajeto da heterogeneidade de seus momentos — e a renega concentrando-se sobre si mesma. Torna-se o que é todo sujeito: o movimento de seus predicados.

Em outros termos: ao contrário do que possa ter sido dito sobre nosso procedimento, ele parte de um projeto (outro, que o habitual). Ele configura, é manifestação do sujeito, do trabalhador coletivo — que, pressuposto, de fato só é posto pela produção — que é produção de si. Esse projeto já é resultado — embora, aqui, apareça como início. Prefigura a união das equipes diferenciadas conforme sua competência, não é o uno simples mas, sim, acumulação. A partir dele, cada equipe, ainda durante a projetação, mas também durante a realização, se concentrará em sua própria racionalidade, a mais exigente possível nos limites da situação concreta. Os pedreiros, por exemplo, podem propor as estruturas mais *performantes* para os materiais e técnicas disponíveis, o melhor deles mesmos. E assim por diante em todas as equipes — o projeto garan-

Sobre *O canteiro e o desenho*

tindo, sobretudo, a compatibilidade das otimizações específicas. Em vez de uma unidade prematura, aqui, o que nossos alunos chamaram a estética da separação deixará expressar-se a particularidade de cada passagem: a unidade virá da livre cooperação, da comunidade desejada. Insisto na racionalidade extrema que deve guiar cada equipe. O argumento estético é sempre perigoso e a nova prática não precisa de gênios. E repetimos mais uma vez com Hegel: é necessário, absolutamente racional, aquilo que tem todas as razões de ser o que é em si, ou seja, o que é autônomo, livre. A nova prática tem sua beleza própria — que é a da livre razão coletiva (contra Kant inteiro).

Uma das consequências mais marcantes dessa prática é a efetiva constituição e o aparecimento do sujeito coletivo. Repito: o sujeito é o movimento de seus predicados. A descrição semiótica disso é a seguinte: só o índice pode representar o sujeito e só o ícone, o predicado. Ora, o índice aqui são as marcas efetivas do processo de produção, das técnicas, ferramentas e procedimentos utilizados pelas diferentes equipes para modelarem seu material. E os ícones são, principalmente, diagramas, esquemas em linguagem kantiana, isto é, esquematizações espaciais dos modelos operacionais das diferentes equipes. O movimento dos predicados é a aplicação concreta dessas estruturas (em que a imaginação e o entendimento se harmonizam numa única figura) segundo os modelos operacionais específicos — ou seja, o que chamamos de rastro. O sujeito aqui é a assunção pelo trabalhador do saber e do saber fazer objetivamente inscritos na profissão, na situação histórica de seu material — e isso praticado e enriquecido pelo trabalho atual. Nada a ver com nenhuma elevação do *ego*. Trata-se do sujeito do espírito objetivado — que nunca deve ser confundido com toques ou tiques diferenciadores. De modo geral, trata-se do melhor trabalho utilizando a melhor técnica e o melhor material disponível segundo a melhor forma do estado do saber e do saber fazer. Isso não se produz em condições de heteronomia a não ser por acaso. É isso que se chama arte. É também apenas assim que um espaço produzido pode ser dito "humano", quente, belo, acolhedor. Estamos na posição oposta à do "gênio" de Kant (figura da natureza!), estamos mais na posição considerada por ele como arte "mecânica".

As consequências positivas da livre cooperação das diversas equipes de produção (coordenada pelo arquiteto) são muito numerosas. Várias resultam da economia gerada pela racionalidade interna das equipes autônomas. Assim, por exemplo, são eliminados os custos importantes das múltiplas disfuncionalidades impostas hoje pelas técnicas de dominação.

Também se reduzem os excessos de material devidos a prescrições contrárias à sua lógica ou às maquiagens pseudoestéticas. Desaparecem os sobretrabalhos provocados pelo fato de se esconder certas especialidades — eletricidade, encanamentos etc.: todos têm o direito de aparecer.

Outras consequências decorrem da melhoria das condições de trabalho: eliminação ou redução de produtos nocivos empregados irresponsavelmente pela produção corrente, diminuição dos acidentes de trabalho causados pela fadiga psíquica devida à heteronomia etc.

E ainda, e principalmente, possibilidade efetiva, dadas as economias reais importantes, de um substancial aumento dos salários.

Repito mais uma vez: não se trata de uma utopia, de um sonho cor-de-rosa: pratiquei tudo isso; é uma coisa possível hoje, e pode ser feita mais facilmente do que tudo o que implica a dominação. Evidentemente, se for feito no contexto "normal", a "recuperação" será inevitável. Deve-se permanecer na experimentação ou introduzi-la onde já se prepara uma outra sociedade.

Com frequência, comparo tal organização do canteiro de obras com o jazz: um tema comum, partes interpretadas conjuntamente e solos onde as variações são possíveis. Um grupo decidido a colaborar estreitamente para que cada um tenha seu próprio momento.

É possível também fazer uma leitura semiótica dessa prática.

(Nota: a falta regular e sintomática de documentação sobre os canteiros de obras, domínio que, de modo geral, continua excluído pelos historiadores do construído, obrigou-me a desenvolver um método indireto para seu estudo. Fiz uma apropriação não muito ortodoxa das principais categorias semióticas de Charles S. Pierce — como Hegel, de quem ele não gostava, Pierce também quis sistematizar as categorias de Kant, o que, paradoxalmente, os aproxima. O quadro de categorias — e três subcategorias — articuladas permite uma leitura homogeneizada dessas construções — e, portanto, comparações. O procedimento não é muito hegeliano nem marxista — paciência — mas foi útil para mim.)

1. *As categorias da primeiridade*
1.1. *Quali-signos (que altero para consideração do material)*
Grosso modo, os materiais de boa qualidade para o uso continuam sendo o que são: a estética da separação utiliza muito pouco revestimento, apenas onde são tecnicamente necessários (planos de trabalho em cozinha, banheiro etc.). As cores — raras também — são empregadas somente por necessidade sinalética.

1.2. *Sin-signos (aqui, ocorrência dos materiais)*

Ao contrário do que desejava Le Corbusier (um só material para tudo), a estética da separação os multiplica: um para cada família de funções. São empregados sempre segundo sua própria característica técnica: nunca haverá colunas de bronze (Mies van der Rohe), paredes de tijolo sem aparelhagem cruzada (Louis Kahn), lintéis de concreto recobertos de ferro (Aldo Rossi).

1.3. *Legi-signos (a regra das ocorrências)*

O ideal é que a cada equipe, a cada especialidade produtiva recomposta, corresponda seu material. Desse modo, a sequência, a ordem de acumulação dos materiais relata precisamente a sequência, a acumulação produtiva. A simultaneidade das formas, massas, materiais não se estratifica em jogo espacial autotélico — ainda que nada impeça (ao contrário) sua elegância. Esse jogo enfatiza sempre a memória do tempo produtivo, o movimento do conceito, temporal, como fundamento do projeto. Quase se poderia dizer que só a consideração dos legi-signos facilmente reconhecíveis pela leitura das ocorrências do material (os sin-signos) já responderia ao desejo de Walter Benjamin: que cada obra de arte ensine a se fazer.

2. *Os ícones*
2.1. *A imagem*

Na arquitetura comum, aquela em que o processo produtivo dever ser negado em função da extração de mais-valia, o construído é a imagem de seu desenho e este não sai de si.

Porém, na estética da separação, o desenho é absolutamente diferente: é registro de um processo, projeto de uma acumulação progressiva de trabalhos. O construído é sempre imagem do desenho. Mas o desenho não se fecha em si, não é um "jogo complicado de volumes", planos, texturas em seu relacionamento recíproco e exclusivamente plástico. Ao contrário, ele é tecedura de equipes, percurso dos trabalhos e, amiúde, um ponto de partida que se deixa modificar durante sua realização. A relação desenho/objeto não é de reflexo, mas de superação, de conservação, de identidade e, ao mesmo tempo, de diferença, de modificação.

2.2. *O diagrama*

Cada especialidade, cada corpo de profissão dispõe de "esquemas" onde seu saber específico toma forma, espacializa-se. O desenho e o canteiro de obras são montagens de "esquemas", corporificações que, pela indicialidade acrescentada durante a realização (ver abaixo), constituem o principal dos predicados (que são sempre ícones) cujo movimento constitui o "sujeito". Na verdade, esses esquemas são manifestações privilegiadas do "espírito objetivo", da matéria modelada pelo pensamento e pela prática do ofício, do material (= matéria + cultura) — da história do trabalho e dos conhecimentos gravados em meios concretos, de uma situação socioeconômica dada. Esse estado presente de uma memória cumulativa coletiva, assumido pela retomada atual de seu "esquema" pelo "corpo produtivo" que se tornou autônomo, livre, que o reanima por meio de seu trabalho e o faz avançar um pouco mais — eis a essência do "sujeito" que pode então, autenticamente, identificar-se com seu "objeto" e por um espaço verdadeiramente humano. Só assim a arquitetura torna-se arte em seu sentido mais nobre. Nada em comum, como vemos, com a farsa de arte que são as espacializações dos saracoteios egoicos dos arquitetos *stars*. O sujeito aqui é, primeiro, coletivo; depois é conceito, ideia. Aproxima-se do sujeito da psicanálise, do sujeito de Freud, de Lacan — sempre "oposto" (mas aqui há heterotopia) ao eu de superfície, o *ego*: ele é sujeito do A, o grande outro. Esses "esquemas" são condensações operacionais dos progressos da razão técnica, o substrato do que está disponível como base para o fazer atual. Herança de pensamento — o vocabulário formal da estética da separação.

2.3. As metáforas

É delicado falar de metáfora aqui. Com efeito, a metáfora supõe a inclusão, num todo de sentido relativamente homogêneo, de um elemento exterior relativamente heterogêneo. É a vibração particular de uma abertura na rede de significações que o constituem. Ora, insistimos na autonomia absoluta, na total racionalidade interna dessa prática. (Atenção: autonomia absoluta não é fechamento em si; só é efetivamente autônomo o que, tendo-se abandonado totalmente ao outro, volta a si aprofundado por tal abandono; assim, o objetivo social da nova prática não é deixado de lado pelo caráter absoluto da autonomia — ao contrário, está integrado aí, é fim do processo teleológico livre.) Incluir algo de exterior seria estragá-los. Uma certa exterioridade, entretanto, impõe-se por si mesma aqui: o que é sucessão, processo, torna-se simultaneidade — o que é tempo (interior) torna-se espaço (exterior). Eis a iluminação da metáfora aqui: a forma estática no universo do movimento, do fazer, do trabalhar. Esse elemento heterogêneo, estrangeiro deve, entretanto, como metáfora, portar e amplificar o sentido daquilo que ele substitui. A forma estática deve narrar o processo — e restituir o tempo como obra duradoura. Isso será um dos grandes desafios para uma outra plástica — pa-

Sobre *O canteiro e o desenho*

ra o novo projeto. Um espaço que possa narrar o tempo vivo da produção — e não apenas algo como um corte geológico.

3. O índice

Junto com o "esquema" (o diagrama), o índice forma o par central da arquitetura. Aquele é a figuração do saber, o entendimento imaginado; este é isso mesmo — mas realizado. É o "esquema" efetuado pelo processo de trabalho que lhe convém, saber fazer que dá corpo ao saber organizado, à forma do saber.

O índice é a marca objetiva, específica, deixada necessariamente pelo processo de produção em seu produto. Saber, técnica, saber fazer etc. imbricam-se numa identidade que modela o material de uma maneira singular. O índice, aqui, é o contrário daquele que caracteriza a pintura contemporânea, em que a ausência de saber e de técnica partilhados abre espaço para a arbitrariedade do autor. Ele é a expressão da produção coletiva que parte do saber e da técnica disponíveis, com todo o rigor de livre necessidade, e deposita-se no produto.

É por isso que o índice representa o sujeito — sujeito do corpo coletivo que é a essência, o conceito da manufatura. É também por isso que o "esquema" torna-se seu principal atributo (ícone), a universalidade ou a particularidade do saber / saber fazer da equipe que constitui um de seus momentos. No índice, o conceitual (e o ideal) da equipe entra no sensível, estabelece-se o encontro entre o fundamento, a razão de ser da equipe e seu aparecimento.

Na arquitetura, hoje, tudo acontece de modo diferente. O fazer e o feito divorciam-se. Os índices de produção (concreto aparente, aparelhagem de tijolos etc.) são tomados como diferenças de forma, "qualidades" plásticas no "jogo de volumes", massas, texturas etc.: entram nas oposições do tipo liso x rugoso, "natural" x artificial, cinza x colorido... a isotopia de leitura constituída pela acumulação dos diversos trabalhos em torno do mesmo objetivo é substituída pela das formas que intervêm entre elas, pela das rimas, interações, modinaturas, escalas, grades... No lugar da teleologia viva, a composição vazia. O índice permanece perto demais do trabalho para que possa continuar a ser o que é, sem deslocamento da leitura.

Entretanto, o índice sozinho é algo abstrato. É marca, vestígio da produção — mas isso não significa que ele seja a forma efetiva da produção. A marca pode permanecer aleatória, dispersa, indiferente ao marcado. O índice também se faz forma concreta do conteúdo concreto quando ela se torna "rastro" (*trace*) — índice que preenche igualmente um papel icônico, isto é, quando à relação por contato (o índice) se associa, se junta a relação pela similaridade. Em outros termos, o índice se supera em traço quando nega sua imediatidade de marca, se faz para-um-outro (ícone) — sem abandonar seu ser de marca. Quando a pincelada se torna jato d'água em Tintoretto ou pena de pássaro em Rembrandt — permanece sempre pincelada. O rastro é o desdobramento do índice em índice e ícone — e sua identidade.

Na arquitetura comum, não há, às vezes, qualquer rastro senão por acaso. Ela apenas recebe o índice — alterado entretanto, como se viu. Mas a plástica dominante é terrivelmente astuta. O ardil de sua razão profunda joga com o que ela é: aparência. Ora, querendo ou não, é a essência que aparece na aparência. O jogo das formas desloca o sentido do índice, transforma o vestígio da produção em variação de textura. Ele "expropria" o índice, o faz recuar ao nível de um sin-signo. Indiretamente, por analogia, a outra expropriação, a que está na base da arquitetura como mercadoria, deixa-se perceber vagamente. A aparência, então, mostra-se como é: aparência. Torna-se aparência da aparência, aparência que aparece enquanto tal, que confessa ser aparência, aparência da essência. Porém, qual é aqui a essência que a astúcia da aparência plástica nos indica? Ela consiste nisto: fazer aparecer como jogo das formas ("[...] volumes sob a luz [...]") o que é depósito de um processo difícil de produção (percepção barrada pela censura que, como se sabe, faz parte do "decoro", ginástica de não otários que fingem deixar-se enganar), mas com o cuidado de deixar pistas (o próprio depósito) em evidência, de tal maneira que, inconscientemente (como se diz daquilo que se sabe mas que não é de bom-tom saber), sabe-se que se trata de uma aparência (o jogo), cuja verdade, cuja essência é a expropriação do depósito de trabalho, da mais-valia, contada de viés pela estranheza do deslocamento da leitura (negação 1 — aparência) que alguém se encarrega de deixar perceptível (negação 2 — negação da negação, aparência da aparência). Ao contrário da caridade, em que a mão esquerda não deve saber o que a direita faz, a expropriação indica o que expropria aparentando dizer que não expropria. É a base de seu prazer, a força de sua estética: o que agrada no julgamento de gosto. Aliás, a estética kantiana insiste bastante, dá um excesso de argumentos, volta incessantemente à questão da "finalidade sem representação do fim" — como se alguma coisa aqui se recusasse a se deixar apreender realmente, apenas se mostrasse perturbando sua imagem. Alguma coisa que avança mascarada. Um sintoma que diz sem di-

Sobre *O canteiro e o desenho*

zer (finalidade... sem fim), censura (negação 1) e revela (negação 2) ao mesmo tempo. Isso serve aos deslizes do prazer perverso, aos quiasmas das pulsões sublimadas, das elevações muito prazerosas. Isso corresponde à estética da ironia de Friedrich Schlegel e seus descendentes (deve ser ouvido literalmente) de hoje. Lacan alertava para o fato de que a beleza é a última cortina diante do horror. Os julgamentos de gosto daqueles que dominam (e que, somente por isso, são "universais" e "necessários") fedem. É a hipocrisia como Belas-Artes. Rimbaud tinha razão: ele mijou na beleza.

Porém, citando Hegel, voltemos à outra indicialidade, a do rastro autêntico, o nosso.

> A determinidade é como que a ponte para o fenômeno. Onde esta determinidade não é totalidade que decorre da própria Ideia, onde a Ideia não é representada como a que se determina e particulariza a si mesma, a Ideia permanece abstrata, e não possui em si mesma, senão fora de si a determinidade e, com isso, o princípio do modo de aparição [*Erscheinungsweise*] particular que somente a ela é adequado. [...] a Ideia em si mesma concreta traz o princípio de seu modo de aparição [*Erscheinungsweise*] em si mesma e, assim, é seu próprio livre configurar.[54]

Um exemplo: uma cúpula pode ter vários perfis, todos estruturalmente corretos; segundo as necessidades determinadas por essa ou aquela destinação, ela será mais ou menos achatada, mas seguindo sempre um bom perfil. Numa situação dada, os materiais apropriados disponíveis e sua técnica de execução (concreto, tijolos, pedra...) definirão ainda a cúpula, sua espessura, o embasamento necessário etc. Finalmente, a equipe adequada de pedreiros realizará o conjunto de suas decisões, segundo o saber fazer adaptado e correspondente ao saber e aos meios determinados. Em nosso canteiro de obras ideal, a "própria ideia concreta traz seu princípio de fenomenalização em si mesma [...]", o saber ainda abstrato ("a" cúpula) se define, se determina pouco a pouco (forma, material, técnica de execução...). Até a "fenomenalização" completa na continuidade,

---

[54] G. W. F. Hegel, *Cursos de estética*, trad. Marco Aurélio Werle, São Paulo, Edusp, 1999, vol. I, p. 90.

sem deslocamentos de leitura, sem travestimentos exteriores porque a determinação progressiva do objetivo é o movimento autônomo — portanto livre; portanto tendo todas as razões de ser em si mesmo; portanto absolutamente racional; portanto necessário — do corpo produtivo completo.

Ao contrário do que ocorre atualmente, aqui há a assunção pelo sujeito (o corpo produtivo) do que ele é objetivamente — espírito gravado no material, nas técnicas, no saber e no saber fazer — e que constitui a memória concreta do construir, o todo posto em movimento no fazer atual.

Isso aparece claramente na indicialidade — que se torna rastro. A marca do trabalho descreve, ao mesmo tempo, os meios aplicados e o esquema que o orienta, remete a um duplo passado, o do ato e o do pensamento determinante deste ato, sua conveniência recíproca. Os saberes separados pelo entendimento (a estática, a ciência dos materiais, as técnicas de execução, a economia, a organização do trabalho etc.) abandonam seu isolamento, refletem-se uns nos outros, identificam-se sem eliminar sua diferença na totalidade concreta de seu movimento, o construir. O desenho que desenha somente o construtivo e seu "ornamento" — a didatização, a expressão do procedimento — faz da obra um traço único mas muito rico, a apresentação de si do construtivo na apresentação do pensamento (do projeto) que o determinou, a passagem do em-si do corpo produtivo (gravado em seu material, no sentido de Adorno) ao para-si de sua autoconsciência, à sua posição como outro na obra.

Dissemos que o jovem Marx criticava Hegel porque este não considerava senão o lado positivo do trabalho. Em certa medida, a nova prática retoma Hegel: partindo da constatação do horror que se tornou o trabalho, ela lhe opõe, novamente, uma perspectiva otimista. Em Hegel, como demonstrou Paulo E. Arantes, o conceito de trabalho é central (posição dividida só com a linguagem), abre a via para a humanização, para a identificação do sujeito e do objeto, para a exteriorização do espírito etc. É essa posição que ele deve, que ele pode retomar.

A sequência central aqui, em termos muito genéricos, é a seguinte: autonomia (portanto fora do controle do capital), liberdade (ter todas as razões da determinação dos fins em si mesmo — portanto, finalidade social interiorizada), razão (= necessidade = ter todas as razões de ser o que se é em si mesmo, portanto, toda a série unificada: saber, saber fazer, técnica, material...). Nada pode faltar nessa sequência — e somente assim a arquitetura novamente se tornará arte.

Sobre O *canteiro e o desenho*

Nota: Após haver reconhecido a posição fundamental do trabalho e da linguagem no movimento do espírito, Hegel parece esquecê-la ao falar de arte nos *Cursos de estética*. Algumas passagens são muito próximas das que descrevem a *Bildung* do escravo na *Fenomenologia do espírito*:

> No entanto, se as obras de arte não são pensamento e conceito, mas um desenvolvimento do conceito a partir de si mesmo, um estranhamento na direção do sensível, então a força do espírito pensante reside no fato de não apenas apreender a si mesmo em sua Forma peculiar como pensamento, mas em reconhecer-se igualmente em sua alienação no sentimento e na sensibilidade, apreender-se em seu outro, transformando o que é estranho em pensamento e, assim, o reconduzindo de volta a si.

> [...] o modo de produção de si mesmo nas coisas exteriores tal como elas estão presentes na obra de arte.[55]

O produzir "de si mesmo nas coisas exteriores", o se "reconhecer na exteriorização" descrevem igualmente o trabalho. Não há, na base, nenhuma diferença em sua determinação, exceto a respeito da liberdade. Essa ancoragem da arte no trabalho não retém aqui Hegel, nem mais tarde Marx ou Adorno. Ora: tudo aí está pronto para uma outra leitura, aquela anunciada por William Morris — *"art is the expression of joy in labour"* — que simplificamos dizendo que a arte é a expressão do trabalho livre. A ênfase bastante marcada em torno da evolução das forças de produção explica talvez essa cegueira. A crítica das relações de produção, tão importante a partir da década de 1960 e que é a base de *Dessin/Chantier*, permite voltar ao centro da noção de arte: é o trabalho — mas livre. Independente de toda heteronomia.

Essa observação é cheia de consequências: a liberdade implica ausência de toda heteronomia, de toda determinação exterior; apenas as determinações próprias à coisa mesma — processo de produção livre — devem ser contadas. Ou seja, a título de exemplo: qualquer ideia, norma, preocupação estética, no sentido de princípios de beleza, deve ser considerada como não pertinente. Ao contrário: só a racionalidade produtiva

---

[55] *Idem, ibidem*, respectivamente pp. 37 e 53.

é fiadora do "belo". O que, no centro de cada saber fazer, não pode sair da simples subjetividade, não deve se destacar além da ação de cada corpo de profissão, das "variações" do canteiro-jazz. Insisto porque é uma questão central e difícil de aceitar no início: nenhuma consideração dita "estética", nenhuma realmente, deve ser antecipada como argumento por nossa "estética da separação": esta é apenas a resultante da estrita observação da lógica de produção — e o desenho que corresponde a isso tem exigências precisas.

4. O simbólico

Kant associa o símbolo ao esquema (duas hipotiposes, "apresentação, *subjectio sub adspectum*"). O esquema é uma intuição correspondente a um conceito do entendimento. O símbolo funciona de maneira análoga — mas em relação a um conceito da razão ao qual nenhuma intuição sensível pode convir: a analogia, pois, se refere à regra (há uma relação intuição/conceito) e não quanto à própria intuição (não há intuição verdadeiramente eficaz de um conceito de razão).[56]

Peirce, nosso guia em semiologia, quebra tal associação, aproxima o esquema do diagrama e reduz o símbolo à relação convencional entre o *representamen* e seu objeto.

Hegel, de uma certa maneira, está no meio. Para ele, na relação simbólica, há inadequação entre "a ideia e a figura", uma "estranheza" — mas, "[...] é necessário [...] que os objetos da efetividade tenham neles mesmos um lado pelo qual sejam aptos a expor uma significação universal".[57] Isto nos afeta diretamente porque, para ele, a distribuição do belo artístico segundo as artes particulares determina a arquitetura como arte simbólica por excelência.[58]

Caso se aceite o que diz Hegel, na arquitetura haveria, portanto, uma oscilação entre inadequação e, pelo menos por "um lado", adequação entre "a ideia e a figura"; digamos: uma convenção não totalmente arbitrária que ligaria forma e conteúdo, a dispersão no espaço das particularidades autônomas sendo da esfera do mesmo conceito que a unidade "subjetiva", interior.

---

[56] I. Kant, *Crítica da faculdade do juízo*, *op. cit.*, pp. 196-8.

[57] "[...] no leão, por exemplo, visa-se a força". G. W. F. Hegel, *Cursos de estética*, *op. cit.*, p. 91.

[58] *Idem, ibidem*, p. 97.

Hegel diz isso de uma outra forma ainda: "Seu material [da arquitetura] é o próprio elemento material [*Materielle*] em sua exterioridade imediata enquanto massa mecânica pesada, e suas Formas permanecem as da natureza inorgânica [...]".[59] O material, na ótica hegeliana, mantém-se demasiado presente, demasiado premente, demasiado atraente. Não se sublima, não recua o bastante diante do conteúdo conceitual (como na poesia ou na prosa): ele é "objetivo" demais.

Entretanto, quando caracteriza o belo ideal, quase se pode acreditar que Hegel descreve a expressão ideal da manufatura na obra construída:

> [...] a Forma [*Form*] e a forma [*Gestalt*] externas não permanecem separadas da matéria ou impostas mecanicamente sobre ela para outros fins, mas aparecem como a Forma que se configura [*herausgestaltende Form*] e que é inerente à realidade segundo seu conceito.[60]

Imagine-se a feliz manifestação de uma livre manufatura da construção: cada especialidade, cada corpo de profissão (cada "lado particular") colocando-se segundo sua liberdade e sua lógica própria mas afirmando, ao mesmo tempo, a necessidade do conjunto determinado pelo conceito central da manufatura — o corpo produtivo total — eis que está constituído o "belo objeto" arquitetural. O conceito ainda só subjetivo é o desse corpo simples, múltiplo em sua unidade dominante, na universalidade das particularidades dependentes, na convergência de todos os trabalhos: ele é o uno. Na objetividade, o conceito se desdobra em suas particularidades, na autonomia garantida pela estética da separação a cada especialidade; então cada uma desenvolve em-si e para-si o conceito do conjunto, assegurando, desse modo, a aparência (o aparecimento) da liberdade, reafirmando, através disso, a unidade de onde ele procede. Os conceitos de "subjetivo" e de objetividade, um se espelhando no outro como em si mesmo, idênticos em suas diferenças, encontram-se na "ideia", essa identidade do interior e do exterior, do sujeito e do objeto — do corpo produtivo como sujeito (espírito) do objeto onde ele se põe integralmente, a obra construída. O projeto comum, refletido, interiorizado e realizado por cada equipe, no âmbito de sua melhor lógica independente, reapare-

---

[59] *Idem, ibidem.*

[60] *Idem, ibidem*, p. 129.

ce como objeto construído em que se lê tanto a autonomia de cada uma quanto sua livre cooperação para o efetuar.

A arquitetura da estética da separação é, assim, simbólica do *Geist* — do espírito. Da comunidade, representada aqui pelo "corpo produtivo" que, em e através de sua liberdade, tornou-se "espírito produtivo" ou ideia (no sentido de Hegel) construtiva.

Pensamos reconhecer aqui uma dessas passagens em que Hegel passeia "de cabeça para baixo". Não, a arquitetura (livre) não é a arte particular menos desenvolvida, simbólica por falta de elaboração do conceito (cujo progresso tece a passagem do simbólico ao clássico — e, depois, deste ao românico, quando a arte é superada pela religião revelada e pela filosofia). Ao contrário, é a arte por excelência, a única talvez em que seja evidente que beleza e verdade "são, por um lado, a mesma coisa",[61] onde o sujeito (o do corpo produtivo) não se faz valer "contra o ser e as propriedades das coisas",[62] ou ainda onde "ele não mais se distingue em intenções subjetivas, em seu material e meio".[63] É o objeto da arquitetura livre em que, principalmente, "devem aparecer tanto o conceito, sua finalidade e sua alma assim como sua determinidade, multiplicidade e realidade exteriores em geral".[64] O que parece a fragilidade relativa da arquitetura em relação às outras artes (a "pesada massa mecânica" etc.) é, na verdade, o que a torna mais digna: ela não tem que "superar" seu material. Ele já é, desde o início, informado, penetrado, preenchido pelo saber e pelo saber fazer, "subjetividade". Ele não tem que quase desaparecer, como o "ponto" sonoro da prosa, para deixar passar a verdade de seu conceito. Aqui a arte (plástica) fica colada a seu fundamento, o trabalho livre. A dispersão regulada dos materiais é quase análoga à espacialização da sucessão das equipes — e sua coabitação racional, à unidade do processo: a encarnação total não deixa restos não manifestos. Aqui "[...] natureza e liberdade, sensibilidade e conceito encontram seu direito e satisfação em um só termo".[65] O fazer e as razões do fazer gravam sua imagem no material — e se regozijam consigo mesmos.

---

[61] *Idem, ibidem*, p. 126.

[62] *Idem, ibidem*, p. 127.

[63] *Idem, ibidem*, p. 129.

[64] *Idem, ibidem*.

[65] *Idem, ibidem*, p. 78.

Se a arquitetura, entretanto, é especialmente simbólica (ler sempre: arquitetura livre), é sobretudo na perspectiva kantiana (portanto, destoa em nossa semiologia peirciana heterodoxa; nada é perfeito). Ela remete à regra do esquema, mas seu conceito (o corpo produtivo livre) é conceito de razão ao qual não convém nenhuma intuição sensível. Ela é, pois, para Kant e para Hegel, sublime. É o fundamento mesmo de sua essência — a comunidade dos livres construtores — que não tem intuição sensível adequada. Donde a inadequação apontada por Hegel — mas que não é absolutamente sinal de inferioridade. A forma global do construído opera então "como" um esquema do corpo produtivo — "como" somente: ela é símbolo.

Assim, nessa forma, reproduz-se a progressão da razão. A articulação sequencial dos esquemas, onde se condensam as equipes e seu saber dividido do entendimento (saber que se diz "científico"), compõe uma unidade superior que identifica e mantém as diferenças, unidade de razão da consciência e de consciência de si. Do entendimento dominante das partes à razão totalizadora. Dos esquemas ao símbolo. Dos trabalhos parcelares ao coletivo produtivo,

> O processo da vida compreende a dupla atividade: por um lado, levar constantemente as diferenças reais de todos os membros e determinidades do organismo [as especialidades produtivas, as equipes e suas realizações] à existência sensível, por outro lado, porém, quando estas diferenças reais querem petrificar-se em particularização autônoma e se fechar umas contra as outras em diferenças firmes, fazer valer nelas sua idealidade universal, que constitui sua vivificação [o corpo produtivo].[66]

* * *

Meu comentário sobre o "canteiro de obras" fez referência principalmente a dois monumentos da estética: a *Crítica da faculdade do juízo*, de Kant, e os *Cursos de estética*, de Hegel. Isso não é uma provocação: a arte, para nós, não é senão a expressão do trabalho livre. Nada mais natural, portanto, que o estudo de um canteiro de obras, se for livre, seja

---

[66] *Idem, ibidem*, p. 135.

feito a partir dos conceitos da estética. E tal abordagem não é nova: desde o tempo de Marx, William Morris já dizia em artigos, conferências e em seu romance (água com açúcar, mas magnífico como "mensagem") *Notícias de lugar nenhum*. Joseph Beuys simplesmente o copiou e o desnaturou dizendo, abstratamente, que "todo mundo pode ser artista" — sem ligar esse *slogan* nem ao trabalho nem à liberdade.

O que hoje concentra todas as desgraças do mundo operário (o canteiro heterônimo da construção — os mais baixos salários, a mais longa jornada de trabalho, as mais altas taxas de acidentes e de doenças do trabalho etc.) pode se tornar, já, o lugar de uma das mais belas expressões do espírito, da comunidade livre. Tornar-se já, nos bolsões liberados socialmente que a própria globalização leva a se formarem. As condições indispensáveis são: supressão das relações capitalistas de produção, total autonomia da produção. Autonomia não é autismo: é evidente que a destinação social do produto — o objetivo imediato — integra-se totalmente nessa autonomia. Caso viesse a se impor como determinação exterior, esta anularia a autonomia. Só é efetivamente autônomo o que integra a necessidade objetiva (necessidade técnica mas também social) como manifestação de sua própria liberdade, pois esta (e repito isto incansavelmente) exige que todas as razões de seu querer lhe pertençam, sob pena de, em caso contrário, se contradizer.

> Uma necessidade — ou antes a necessidade — que é a própria fonte não é mais a necessidade, mas a liberdade autodeterminando-se.[67]

Inversamente, a autonomia obriga à total consideração de seu outro. A arquitetura, se for realmente uma obra de arte, isto é, fruto de uma produção efetivamente autônoma, torna-se expressão da comunidade que a requer. Passa a ser forma da aparência da essência dessa comunidade, posta efetivamente em-si e por-si na obra, após permear inteiramente o empreendimento comum em todas as suas etapas.

Sei também que esse comentário abusa da "razão". Eu deveria, ao contrário, fornecer provas, relatar experiências, juntar fotos, alinhar números etc. Mas minha recusa a fazer isso é também deliberada. A lei

---

[67] Stanislas Opiela, *Le Réel dans la logique de Hegel*, Paris, Beauchesne, 1983, p. 207.

Sobre *O canteiro e o desenho*

fundamental da nova prática consiste na absoluta e exclusiva confiança na razão (e no entendimento que a apoia) e na desconfiança sistemática em relação ao que se apresenta como "normal", "usual", "fruto da experiência".

Realizei na prática, com operários, tudo o que proponho aqui com os resultados anunciados. Mas é preciso também evitar os "modelos" que podem impedir a aplicação de uma outra lei fundamental: a absoluta atenção à própria coisa, não deixar que se interponha, entre ela e sua razão, nada de estranho, de importado. A desconfiança em relação à razão e ao elogio do hábito são armas opostas à libertação efetiva. A razão incomoda apenas aqueles que querem prolongar a violência, a contradição das classes, a exploração. Para nós, a razão é liberdade.

> A autêntica originalidade do artista, bem como da obra de arte, reside apenas no fato de ser animada pela racionalidade do Conteúdo em si mesmo verdadeiro. Se o artista transformou completamente esta razão objetiva em algo seu, sem misturá-la ou contaminá-la a partir do interior ou do exterior com particularidades estranhas, então unicamente ele também se oferece a si mesmo em sua subjetividade a mais verdadeira no objeto configurado, subjetividade que apenas quer ser o ponto de passagem vivo para a obra de arte em si mesma acabada. Pois em todo poetizar, pensar e atuar verdadeiros, a autêntica liberdade deixa o substancial imperar enquanto uma potência em si mesma, a qual é ao mesmo tempo de tal modo a mais própria potência do pensamento e querer subjetivos mesmos, que não pode mais sobrar nenhuma discórdia na completa reconciliação de ambos. Assim, a originalidade da arte certamente consome cada particularidade casual, mas ela apenas a devora para que o artista possa seguir completamente o traço e o impulso de seu entusiasmo do *genius* preenchido unicamente pela coisa e, em vez do bel-prazer e do arbítrio vazio, possa expor seu verdadeiro si mesmo [*Selbst*] em sua coisa realizada de acordo com a verdade. Não possuir nenhuma maneira foi desde sempre a única grande maneira [...].[68]

---

[68] G. W. F. Hegel, *Cursos de estética*, *op. cit.*, p. 298.

Voltemos, agora, ao todo da nova prática em seu movimento produtivo.

A manufatura divide-se em cerca de quinze a vinte corpos de profissões. Tal divisão não será tomada como absoluta: a lógica da coisa pode determinar sua revisão, a reorganização da divisão técnica do trabalho. Isso é fundamental. A especificação dos legi-signos, dos esquemas, do simbólico, adquire uma importância nova: a forma não cairá vindo do exterior sobre o construído. Ela será apenas a expressão do conteúdo (do movimento unificante da manufatura; portanto, do devir de cada especialidade e da passagem de uma a outra), da divisão implícita à manufatura efetiva em sua particularidade situada. O princípio da divisão em equipes e especialidades deve colorir-se segundo o que Karl Popper chama de "lógica das situações".

Cada especialidade definida por essa lógica, tendo consciência plena do objetivo comum ao qual adere e também consciência de si, de seus melhores possíveis, escolherá aquele que reunirá as determinações mais favoráveis para o caso. Proporá aquele que for o mais adequado às condições reais. Para cada tipo de necessidade, o esquema mais adequado. Como este será também "correto" segundo a razão própria da especialidade, será o mais econômico (em trabalho, mas também em material), o menos prejudicial à saúde e ao meio ambiente — o mais "belo" porque o mais racional. Como o objetivo é comum, cada equipe impulsiona sua intervenção ao máximo de abertura para as outras, sublinhando, ao mesmo tempo, seu próprio momento, o que implica também o máximo de respeito em relação às outras equipes. Nenhum trabalho será ocultado: a evidência da razão de ser de cada um é necessária à apresentação da razão do todo. Apesar de uma possível similitude, não se trata aqui de *job enlargement*. O reencontro do sentido pelo trabalho provém aqui da autonomia — não de uma organização exterior "moderna" da produção. Desse modo, pode-se esperar uma enorme melhoria das condições de trabalho, uma redução das doenças do trabalho (os trabalhadores sabem o que lhes é prejudicial) e dos acidentes do trabalho (cuja causa primeira é a fadiga psíquica, a "alienação" brutal).

As experiências já realizadas mostram também que uma grande economia decorre daí: porque a racionalidade dos esquemas, do ponto de vista da racionalidade técnica, da factibilidade, implica redução da quantidade de material e de tempo de trabalho; porque as medidas serão função de cada material e não de uma grade comum abstrata (o metro, por exemplo), eliminando enormemente as perdas; porque não haverá des-

Sobre *O canteiro e o desenho*

truição de uma especialidade pela outra (aquela que implica, por exemplo, o ocultamento das instalações hidráulicas), porque os trabalhadores saberão o que fazem, e por quê.

E, com certeza, haverá uma nova poética, a da mão feliz, a que pensa efetivamente. E a força desse pensamento vem da liberdade radical que, aceitando a pressão da diferença e sua divergência, restabelece o todo numa única substância subjetiva.

> O interior e o espiritual, porém, igualmente apenas são enquanto movimento e desdobramento ativos. Mas o desdobramento não é sem unilateralidade e cisão. [...] Pois a grandeza e a força medem-se verdadeiramente apenas na grandeza e na força da oposição, a partir da qual o espírito consegue novamente se reconciliar na unidade em si mesmo; [...] pois a potência consiste apenas em manter-se no negativo de si.[69]

---

[69] *Idem, ibidem*, p. 188.

Para ler O *canteiro e o desenho*

Apresentação à edição brasileira de 2004[1]

Paulo Bicca

Estávamos no início da década de 1970, do hoje já século passado, e vivíamos a chamada Era Médici, o período mais arbitrário e violento da ditadura explícita que havia tomado conta do Brasil com o Golpe de 1964.

Por razões políticas, Sérgio Ferro vê-se então obrigado a deixar o país e a sua condição de professor da FAU-USP — para a qual, que eu saiba, jamais foi convidado a retornar, mesmo depois da chamada Anistia —, indo morar na França. De início em Paris e depois em Grenoble, onde assume a docência na Escola de Arquitetura, a convite do seu então diretor Jean-Pierre Halévy.

Levava consigo os primeiros manuscritos de "O canteiro e o desenho", elaborados no final dos anos 1960, e cujo conteúdo seria originalmente publicado, dividido em duas partes, na revista *Almanaque*, a primeira em 1976 e a segunda em 1977. Dois anos mais tarde seria dado a conhecer, então sob a forma de livro, igualmente no Brasil, numa singela mas significativa edição, sobretudo por iniciativa do nosso caro e combativo Vicente Wissenbach, que hoje, em muito boa hora, assume igualmente a tarefa de reeditá-lo, tendo, ele e o Sérgio, me honrado com o convite para que fizesse esta apresentação.

Na Escola de Arquitetura de Grenoble, Sérgio cria e coordena o Laboratório Dessin/Chantier, do qual participam ativamente sobretudo seus hoje ex-alunos e discípulos Chérif Kebbal, Cyrille Simonnet e Philippe Potié, responsáveis por várias pesquisas e um significativo número de publicações, infelizmente muito pouco, ou quase nada, divulgadas no Brasil.

Em Grenoble conheci pessoalmente o Sérgio, quando lá morei entre 1976 e 79. Encontro do qual resultou e perdura não apenas uma grande

---

[1] Texto escrito para a nova edição de O *canteiro e o desenho*, publicada em 2004 pela editora Projeto (a primeira edição é de 1979). (N. do O.)

amizade, mas também uma profunda e essencial identidade de pontos de vistas concernentes, no caso, aos temas por ele abordados em "O canteiro e o desenho".

Recordo quando ele me deu uma cópia do texto, para que fizesse observações. Tratava-se então de um escrito apresentado de maneira despretensiosa, longe de revelar de imediato a substância que continha. Texto batido na máquina de escrever, pois o computador ainda não havia substituído aquele hoje já quase ancestral instrumento de trabalho.

De imediato pus-me a lê-lo, sorvendo a cada página o ineditismo do enfoque e a originalidade do conteúdo, como se nele estivesse encontrando aquilo que há muito procurava — sem ter sido capaz de encontrá-lo sozinho — e que a partir de então seria determinante, não apenas para minha tese de doutorado, já em curso, mas também na minha vida intelectual e acadêmica, bem como na grande maioria dos meus subsequentes escritos, pesquisas, cursos e palestras. O que talvez tenha motivado o professor Hugo Segawa a me considerar — não sei se merecidamente — em relação ao pensamento do Sérgio, como o "seu seguidor mais consistente". Aliás, e se a tanto faço jus, isto igualmente muito me honra.

Sei que o inédito e a originalidade não são, por si sós, nem necessariamente, critérios de valor. Entretanto este não é o caso, pois o conteúdo desta obra do Sérgio torna esses termos indissociáveis. Partindo de uma análise apoiada em conceitos formulados por Marx, incursiona igualmente com desenvoltura e pertinência por outros campos do saber, como aquele, por exemplo, de origem freudiana. E assim, constrói um marco teórico que nos permite conhecer a verdadeira natureza do projeto arquitetônico, representado sob a forma de desenho arquitetônico e o seu papel nas relações entre a concepção e a execução da arquitetura, tal como ela ocorre nos canteiros de obras das sociedades determinadas pelo modo de produção capitalista, bem como realiza uma profunda crítica da ideologia que tem a sua arquitetura como objeto, e que como tal mascara estas relações, escondendo, de forma consciente ou não, o seu inalienável e verdadeiro conteúdo.

"Com efeito", diz Sérgio, "o desenho de arquitetura é mediação insubstituível para a totalização da produção sob o capital. Dados seus pressupostos habituais [...] é o desenho a partir de lá elaborado que orientará o desenvolvimento da produção. Nesse primeiro emprego, conta pouco o que se queira chamar de qualidade ou adequação, ou ainda o fato comum de ser continuamente adaptado a novos parâmetros, de fornecimento ou de venda, de financiamento ou de caricatura do que foi, há tempo já, o gosto. O que vale é que esse desenho fornece o solo, a coluna vertebral que a tudo conformará, no canteiro ou nas unidades produtoras de peças. Em particular — e é o principal — juntará o trabalho antes separado, e trabalho a instrumento [...] Neste momento, repetimos, não representam mais que uma forma particular do despotismo da direção capitalista."

Quanto às questões relativas à ideologia, vale a pena aqui lembrar o que a respeito afirma Marilena Chaui, na convicção de que o que ela diz será útil para que o leitor compreenda melhor não apenas a natureza desta mas também o contradiscurso ideológico produzido pelo Sérgio:

> Como sabemos, a ideologia não é apenas a representação do imaginário do real para servir ao exercício da dominação em uma sociedade fundada na luta de classes [...] A ideologia, forma específica do imaginário social moderno, é a maneira necessária pela qual os agentes sociais representam para si mesmos o *aparecer* social econômico e político, de tal sorte que esta aparência é o ocultamento ou a dissimulação do real. Fundamentalmente, a ideologia é um corpo sistemático de representações e de normas que nos ensinam a conhecer e a agir [...] nascida por causa da luta de classes e nascida da luta de classes, a ideologia é um corpo teórico (religioso, filosófico ou científico) que não pode pensar realmente a luta de classes que lhe deu origem [...] Na qualidade de corpo teórico e de conjunto de regras práticas, a ideologia possui uma coerência racional pela qual precisa pagar um preço. Esse preço é a existência de "brancos", de "lacunas" ou de "silêncios" que nunca poderão ser preenchidos sob pena de destruir a coerência ideológica. O discurso ideológico é coerente e racional porque entre suas "partes" ou entre suas "frases" há "brancos" ou "vazios" responsáveis pela coerência. Assim, ele é coerente não *apesar* das lacunas, mas *por causa* ou *graças* às lacunas. Ela é coerente como ciência, como moral, como tecnologia, como filosofia, como religião, como pedagogia, como explicação e como ação apenas porque não diz tudo e não pode dizer tudo. Se dissesse tudo, se quebraria por dentro.

São estes brancos, estas lacunas, estes vazios contidos no discurso ideológico arquitetônico que Sérgio enfrenta, revelando-os e preenchen-

Apresentação à edição brasileira de 2004

do-os, sobretudo no tocante à divisão e à organização do trabalho inaugurada com a introdução da manufatura no universo da produção da arquitetura, destacando nesta as então intrínsecas relações existentes entre o canteiro e o desenho, como o próprio título do livro revela. E assim o fazendo, as consequências sobre este discurso são aquelas apontadas por Marilena Chaui, isto é, ele o quebra por dentro.

Sérgio rompe com o fetiche que envolve e transfigura o projeto arquitetônico, nos moldes ditados pelas relações de produção capitalistas, e que é de natureza muito semelhante àquele apontado por Marx relativo às mercadorias e às relações entre elas, tal como comparecem na ideologia: relações entre coisas e não como relação entre os distintos trabalhos nelas objetivados: "é somente, dizia Marx, uma relação social determinada dos homens que se reveste aqui para eles sob a forma fantástica de uma relação das coisas entre elas". Através deste fetichismo somos, portanto, colocados diante de uma aparente e falsa metamorfose de uma relação social em uma relação entre coisas. "No mundo da produção mercantil, as relações de produção não são imediatamente visíveis, tangíveis. Elas são encobertas, mascaradas, e aparecem aos olhos dos seres humanos apenas sob uma forma fantástica, materializando-se nas mercadorias. Estas mercadorias, produtos do trabalho humano, adquirem uma vida autônoma, porque elas parecem dotadas de propriedades objetivas, intrínsecas. Elas se transformam em fetiches."

É esta a ideia que os mais variados e sutis discursos ideológicos arquitetônicos nos transmitem, por exemplo, através dos livros e revistas de arquitetura, nos quais nos são mostrados os desenhos ou projetos e as correspondentes edificações já construídas, nos levando a crer que estamos diante, tão somente, da relação entre estas duas coisas; como se o projeto elaborado pelo arquiteto tivesse, por si só, gerado a arquitetura nele representada através dos desenhos. O tempo e o espaço da produção material, da ação humana que reuniu e/ou transformou a matéria bruta no canteiro de obras, só em raríssimos casos comparece e, quando ocorre, é muito mais no sentido meramente ilustrativo do que como objeto da análise que revelasse a sua verdadeira natureza e a dos diversos trabalhos que aí comparecem, ao mesmo tempo reunidos e divididos. Ocultamento que se faz necessário, para que os vazios e os interditos constitutivos do discurso ideológico se mantenham e assim desempenhem o seu papel, auxiliando na reprodução das relações de produção que o canteiro, quando estudado como o faz Sérgio, nos revela em toda a sua crueza e violência.

Aliás, sobre questões desta ordem, me parece oportuno relembrar o que afirmava, no século XVIII, o jesuíta Marc-Antoine Laugier, no seu então prestigioso *Essai sur l'architecture*:

A Arquitetura é, de todas as artes úteis, aquela que demanda os talentos mais distinguidos e os conhecimentos mais extensos. É necessário talvez tanto de gênio, de espírito e de gosto para fazer um grande Arquiteto, quanto para formar um Pintor e um Poeta de primeira ordem. Seria um grande erro acreditar que aqui existe apenas a atividade mecânica: que tudo se limita a cavar as fundações, a erguer os muros; o todo, segundo regras, cuja rotina supõe apenas olhos habituados a observar o prumo, e mãos feitas para manejar a colher de pedreiro. Quando se fala da arte de construir, montes confusos de entulhos, pilhas imensas de materiais disformes, andaimes perigosos, um medonho jogo de máquinas, um exército de operários sujos e miseráveis; é tudo o que se apresenta à imaginação do vulgar, é a aparência pouco agradável de uma Arte, cujos misteriosos engenhos, percebidos por pouca gente, excitam a admiração daqueles que a penetram.

Não há dúvidas de que os arquitetos, críticos e historiadores seguiram e seguem à risca as recomendações de Laugier. Ignorando o que ocorre no canteiro de obras, a não ser no sentido de melhor conhecê-lo para melhor dominá-lo, mas jamais no sentido de revelar a verdadeira e cruel situação a que nele está submetido o "exército de operários sujos e miseráveis", ao qual se referia o francês, com desprezo. Sérgio faz exatamente o oposto, não se importando, antes pelo contrário, em ser considerado "vulgar", no conceito de Laugier, pondo a nu o verdadeiro significado da sua "aparência pouco agradável", revelando-nos a sua essência, colocando questões e dando respostas a perguntas que a imensa maioria daqueles que tratam com arquitetura evita ou está impedida de formular, dados os limites ou pressupostos de sua ideologia, que, como as demais, "é o conjunto mais ou menos coerente de representações coletivas cuja principal função social é a de justificar a prática de um grupo determinado", segundo as expressões de Raymond Ledrut. Certamente por isso o conteúdo deste livro do Sérgio, com frequência, faz-me lembrar do poema de Bertolt Brecht, "Perguntas de um trabalhador que lê", aqui transcrito na íntegra:

Apresentação à edição brasileira de 2004

Quem construiu a Tebas de sete portas?
Nos livros estão nomes de reis.
Arrastaram eles os blocos de pedra?
E Babilônia várias vezes destruída?
Quem a reconstruiu tantas vezes?
Em que casas da Lima dourada moravam os construtores?
Para onde foram os pedreiros, na noite em que a Muralha da
    China ficou pronta?
A grande Roma está cheia de arcos do triunfo.
Quem os ergueu?
Sobre quem triunfaram os Césares?
A decantada Bizâncio tinha somente palácios para seus
    habitantes?
Mesmo na lendária Atlântida os que se afogavam gritaram
    por seus escravos na noite em que o mar a tragou.

O jovem Alexandre conquistou a Índia.
Sozinho?
César bateu os gauleses.
Não levava sequer um cozinheiro?
Felipe da Espanha chorou, quando sua Armada naufragou.
Ninguém mais chorou?
Frederico II venceu a Guerra dos Sete Anos?
Quem venceu além dele?

Cada página uma vitória.
Quem cozinhava o banquete?
A cada dez anos um grande homem.
Quem pagava a conta?

Tantas histórias.
Tantas questões.

Confesso que, antes de lê-lo, tomei conhecimento deste poema através de Carlo Ginzburg, que se utiliza de parte dele, no prefácio a seu livro *O queijo e os vermes*: "No passado", diz ele, "podia-se acusar os
historiadores de querer conhecer somente as 'gestas dos reis'. Hoje, é claro, não é mais assim. Cada vez mais se interessam pelo que seus predecessores haviam ocultado, deixado de lado ou simplesmente ignorado.

'Quem construiu a Tebas das sete portas?' — perguntava o 'trabalhador que lê' de Brecht. As fontes não nos contam nada daqueles pedreiros anônimos, mas a pergunta conserva todo o seu peso".

Gostaria de poder concordar plenamente como o que diz Ginzburg. Infelizmente sinto-me impedido, ao menos no que tange às teorias e historiografias arquitetônicas, pois nestas, salvo raríssimas exceções, como este livro do Sérgio, a ideologia dos seus autores continua a referir-se tão somente, se não às "gestas dos reis", ao menos às "gestas dos arquitetos", ocultando, deixando de lado ou simplesmente ignorando a pergunta do "trabalhador que lê". E, se isto ocorre, certamente é porque ela continua conservando todo o seu peso. Retornando ao livro do Sérgio, e nos atendo então às técnicas arquitetônicas, muito embora não seja a sua intenção aí tratá-las profundamente, a não ser nos seus aspectos mais diretamente vinculados ao desenho, enquanto instrumental técnico utilizado para a produção, ele, no entanto, nos faz ver — como outros também já fizeram, não especificamente para o caso da arquitetura — que a técnica, se por um lado é um instrumento da ação dos homens sobre a natureza, transformando-a e dando-lhe uma forma útil, elemento há muito tempo integrante do trabalho humano, tal como o descreveu Marx, ela tem sido e será sempre, no universo determinado pela luta de classes, um eficiente e indispensável instrumento de poder. Instrumento da ação e do controle de alguns homens sobre outros homens; transformando-se assim em técnica de dominação e parte do despotismo que caracteriza a organização do trabalho integrante do modo de produção dos bens materiais em tais circunstâncias.

Como sublinha Herbert Marcuse, ao referir-se à técnica e o seu uso em sociedades como a nossa,

> [...] não é apenas a aplicação que dela se faz, mas também a própria técnica que é domínio — sobre a natureza e sobre os homens — um domínio metódico, científico, calculado, previsível. Os objetivos e os interesses particulares do domínio não são "adicionais" nem ditames que vêm de algum lugar ao lado da técnica. Entram na própria construção do sistema técnico. Pois a técnica é um projeto social e histórico. A sociedade projeta o que ela e seus interesses dominantes decidem fazer dos homens e das coisas.

Relembro igualmente o que afirma Michel Freyssenet:

[...] é de propósito que nós não escrevemos: utilização capitalista das máquinas, pois esta formulação tende a fazer crer que as máquinas são de certa forma neutras em relação à sua utilização. O que nós queremos mostrar, ao contrário, é que a concepção mesmo das máquinas é ditada pela utilização capitalista que será feita, isto é, pelo modo de exploração da força de trabalho.

E ao dito por Marcuse e Freyssenet, acrescento o que afirmava Foucault:

Fala-se, frequentemente, das invenções técnicas do século XVIII — as tecnologias químicas, metalúrgicas etc. — mas erroneamente nada se diz da invenção técnica desta nova maneira de gerir os homens, controlar suas multiplicidades, utilizá-las ao máximo e majorar o efeito útil de seu trabalho e suas atividades, graças a um sistema de poder suscetível de controlá-los.

E como foi fundamental a influência do pensamento marxista sobre o Sérgio, e não apenas quando ele escrevia "O canteiro e o desenho", transcrevo também, somando-se às citações anteriores, uma passagem de Marx, retirada da sua obra máxima, O *capital*:

Sendo, ao mesmo tempo, processo de trabalho e processo de criar mais-valia, toda a produção capitalista se caracteriza por o instrumental de trabalho empregar o trabalhador e não o trabalhador empregar o instrumental de trabalho. Mas essa inversão só se torna uma realidade técnica e palpável com o maquinário. Ao se transformar, o instrumental se confronta com o trabalhador durante o processo de trabalho como capital, trabalho morto que domina a força de trabalho viva, a suga e a exaure. A separação entre as forças intelectuais do processo de produção e o trabalho manual e a transformação delas em poderes de domínio do capital sobre o trabalho se tornam uma realidade consumada, na grande indústria fundamentada na maquinaria. A habilidade especializada e restrita do trabalhador individual, despojado, que lida com a máquina, desaparece como uma quantidade infinitesimal diante da ciência, das imensas forças naturais e da massa de trabalho social, incorporadas ao sistema de máquinas e formando com ele o poder do patrão.

É nesta realidade, em boa parte descrita pelas várias citações das quais acima me utilizei, que se constitui e evolui o desenho arquitetônico, como instrumental de trabalho a serviço do capital; e tudo aquilo que nelas foi dito sobre as técnicas é perfeitamente adequado e corresponde ao papel do projeto arquitetônico feito pelos arquitetos, e que comparece no canteiro sob uma das tantas formas sensíveis do capital aí se fazer presente, isto é, através das pranchas com os desenhos técnicos que orientam, tanto quanto possível, integralmente a produção, desempenhando então um papel de natureza muito semelhante àquele descrito por Marx, no que tange às máquinas, ou seja, "formando com ele o poder do patrão"; mas também, é preciso que se diga, o poder do arquiteto, conforme bem o destaca Philippe Potié, seguindo integralmente a trilha aberta pelo seu mestre Sérgio:

> O poder do arquiteto é o poder de representação do desenho cuja capacidade de antecipação materializa a força. Armado do desenho, [o arquiteto] se torna o senhor do canteiro, posto que possui o meio de "representar" para cada um a sua tarefa. Antecipando-se sobre cada um dos gestos produtivos, ele os priva de autonomia e a organização corporativa do trabalho cai em seu poder.

A leitura do livro do Sérgio nos revela tudo isto, com riqueza de detalhes, mostrando que

> [...] o desenho de representação do objeto a construir, ordem de serviço, não é coisa de sempre. Ele está ligado por essência ao modo de produção capitalista. Sua constituição, seus pressupostos, sua extensão, são determinados pelas injunções deste sistema [...] as etapas de sua história evoluem, subordinadas à história das relações de produção capitalistas — e particularmente no canteiro.

Ademais, diz Sérgio, referindo-se à forma manufatureira que ainda hoje domina a organização do trabalho no canteiro:

Apresentação à edição brasileira de 2004

A ausência de objetivação mecânica na manufatura, do aparelhamento cuja aparência sugere à nossa credulidade o rigor da razão, não facilita a confusão procurada entre técnica de dominação e técnica de produção. O arbitrário do comando e a exploração tendem a transparecer, ao contrário do que se passa na indústria. O rosto frio do maquinário não pode iludir lá onde os meios de produção são de carne.

Sérgio rompe igualmente com o fetiche relativo à técnica associada à produção arquitetônica, quando neste seu livro, mas, sobretudo num artigo sugestivamente intitulado "O concreto como arma", trata do emprego do concreto armado como técnica construtiva, largamente utilizada na chamada arquitetura moderna. Neste particular, e antes de nos reportarmos ao que ele afirma, seria pertinente e útil lembrarmos algo dito por Oscar Niemeyer: "A forma plástica evoluiu na arquitetura graças às técnicas novas e aos materiais novos que lhe deram aspectos diferentes e originais". Conhecendo-se sua obra, é possível afirmar que ele estava pensando, sobretudo, no concreto armado. E é igualmente sobre este que se manifestou o professor Paulo Santos, nos termos em que aqui transcrevo:

> O movimento moderno na arquitetura do Ocidente teve raízes na Europa no último quartel do século XVIII, com estruturas de ferro. Raízes também nos Estados Unidos, um século depois, com estruturas igualmente de ferro. Mas só adquiriu corpo de doutrina, novamente na Europa, nas décadas de 1920-30 e 1930-40, já então com estruturas de concreto armado. Um e outro tipos de estruturas foram produtos da Revolução Industrial, sobre a qual assenta toda a arquitetura moderna.

Sérgio não ignora as profundas relações existentes entre as técnicas, os materiais e a "forma plástica" arquitetônica; nem tampouco deixa de reconhecer, antes pelo contrário, a importância do concreto armado na história da arquitetura moderna. Mas ele não os trata tão somente, ou até mesmo principalmente, como questões de natureza técnica e estética, com as acepções que normalmente as ideologias conferem a estas expressões. Ele rompe com o fetichismo, faz um contradiscurso ideológico, mostra que todos estes termos envolvem conteúdos que não são, social e economicamente, "neutros", e os trata como historicamente ligados às relações de trabalho e produção arquitetônicas. É isto que encontramos nas suas análises sobre a gênese e o uso do concreto armado:

> O concreto — este material dominante da arquitetura moderna — realiza o sonho perseguido desde o gótico pela direção dos trabalhos, que é imediatamente processo de dominação e exploração: o rapto total dos meios de produção, a absorção de todo o *savoir-faire* pelo "*savoir*". Ele marca a passagem do ofício qualificado à "qualificação profissional" — isto é, ao treinamento para a realização de uma tarefa tornada radicalmente heterônoma. Ele realiza o desejo secreto da estereotomia "científica": a abolição de todo o sinal de autonomia no canteiro.

Em boa medida e sob muitos aspectos, embora de forma nele não explícita e talvez até mesmo de maneira não intencional, o conteúdo deste livro do Sérgio, a meu juízo, faz-se herdeiro de dois pensadores do século XIX que considero oportuno relembrar. Refiro-me ao John Ruskin que escreveu *A natureza do gótico* e a William Morris. Aliás, em relação a este último, reiteradas vezes Sérgio manifesta não apenas a sua admiração, mas também uma grande identidade conceitual relativa ao campo das artes. Ainda recentemente, numa entrevista concedida a uma revista brasileira de arquitetura, ele não poderia ter sido mais claro a respeito:

> Eu utilizo sempre uma definição de arte de William Morris, designer e pensador do século XIX. Arte é a manifestação da alegria no trabalho, apesar da contradição nas palavras, pois trabalho vem de *tripalium*, um instrumento de tortura. E essa alegria não é possível sem liberdade. Então, arte é a manifestação do trabalho livre, no qual o autor tem diante de si o material específico de seu ofício e define, sem influência estrangeira, o que fazer.

Julgo igualmente pertinente relacionar o que diz Sérgio neste seu livro e o que escreveu Lucio Costa, em 1951, no ensaio intitulado "Muita construção, alguma arquitetura e um milagre":

> A técnica tradicional do artesanato, com os seus processos de fazer manuais, e, portanto, impregnados de contribuição pessoal, pois não prescindiam no pormenor, da iniciativa, do

Apresentação à edição brasileira de 2004

engenho e da invenção do próprio obreiro, estabelecendo-se assim certo vínculo de participação efetiva entre o artista maior, autor da concepção mestra da obra, e o conjunto dos artífices especializados que a executavam — os artesãos — foi bruscamente substituída pela técnica da produção industrializada, onde o processo inventivo se restringe àqueles poucos que concebem e elaboram o modelo original, não passando a legião dos que o produzem de autômatos, em perene jejum de participação artística, alheios como são à iniciativa criadora. Estabeleceu-se, desse modo, o divórcio entre o artista e o povo: enquanto o povo artesão era parte consciente na elaboração e evolução do estilo da época, o povo proletário perdeu contato com a arte.

Mas se estas transformações ocorreram, tal como as descrevia Lucio Costa, é preciso igualmente que se diga que, no campo da arquitetura, por elas foram responsáveis muitos dos arquitetos tidos por ele como paradigmáticos, entre estes, e muito particularmente, Le Corbusier. Não se pode esquecer ou ocultar o conteúdo do seu discurso quando ele se referia ao canteiro de maneira impositiva: "[...] os canteiros devem ser usinas com o seu estado-maior e suas máquinas, suas equipes taylorizadas". Ora, até mesmo quem conhece pouco as características da organização do trabalho segundo os moldes propostos e implantados por Taylor, sabe bem que para ele, conforme sublinha, entre outros, Robert Linhart, "o processo ideal [...] é aquele no qual tudo aquilo que no curso da produção reclamasse um esforço de reflexão, por mínimo que fosse, seria de competência dos representantes da direção — o operário perfeito não sendo mais do que um executante descerebrado [...]". E é este processo, e a sua forma de realização na produção da arquitetura, que Sérgio disseca e revela, enfatizando o papel fundamental e específico que o desenho aí desempenha:

> O desenho, diz ele, é um instrumento do qual se serve aquele que não espera a participação lúcida do operário — mesmo se o canteiro dela não pode se dispensar. Ele não espera porque não quer, e não pode — ou ele não serviria ao capital. Em essência, pois, ele é forma de direção de energias e habilidades consideradas *a priori* como imbecis.

Isto posto, e que eu saiba, sublinhe-se que o professor Lucio Costa tratou das questões acima lembradas apenas no seu ensaio aqui referido — e tão somente numa pequena parte dele —, pois sobre elas antes jamais havia se manifestado, assim como não o fez depois. Impôs-se o silêncio, o mesmo que encontramos na quase totalidade dos demais historiadores e críticos de arquitetura, não apenas no Brasil. Como se o seu conteúdo — e de fato isto é verdade —, contivesse algo de insuportável de ser conscientemente admitido, recorrendo-se então, via de regra, como reverso da mesma medalha, à racionalização, no sentido freudiano do termo:

> [Racionalização] designa o processo de inventar razões para atos e ideias que têm origem em motivos que o racionalizador procura esconder de si e dos outros [...]. Assim, os atos de racionalização resultam da repressão do pensamento na área da consciência: uma emoção ou intenção desagradável se oculta do eu e é substituída por um sucedâneo mais aceitável. Essa versão racionalizada da ideia ocultada serve tanto para esconder o próprio ato de ocultar como para camuflar o conteúdo do que é ocultado [...].

Aliás, o silêncio tem caracterizado igualmente a maneira como se tem comportado a grande maioria dos arquitetos, críticos e historiadores da arquitetura, diante do que Sérgio afirma, sobretudo neste livro, mesmo que algumas poucas vozes por vezes se manifestem, enfatizando a existência do mesmo e alguns aspectos essenciais do seu conteúdo. Mas mesmo entre estas, o que com maior frequência se observa são apenas alusões ou referências ao mesmo, sem um posicionamento crítico a respeito, seja no sentido de refutá-lo ou reforçá-lo. Os limites impostos pela falsa consciência (ideologia) e os a ela associados interesses dos grupos sociais que se vinculam à arquitetura como *cosa mentale*, acabam quase sempre por se impor, excluindo-o do universo das discussões ou até mesmo não reconhecendo, por via do ocultamento, sequer a sua existência, dado o desconforto que para estes representa a realidade por ele revelada. Em tais circunstâncias, e para este grupo, mais cômodo — é o mínimo que se pode dizer — do que enfrentá-lo ou assumi-lo intelectualmente, é ter em relação a ele uma atitude muito próxima daquela sob a qual se aplica o conceito de renegação que encontramos na teoria freudiana:

Apresentação à edição brasileira de 2004

Modo de defesa que consiste numa recusa, pelo sujeito, a reconhecer a realidade de uma percepção traumatizante [...]. [Assim], desviado o eu da realidade, a prova da realidade é afastada, as fantasias desejantes [...] podem penetrar no sistema [das percepções] e, a partir daí, são reconhecidas como uma realidade melhor.

Sublinhe-se ainda que este livro do Sérgio não se enquadra, pelo seu escopo, na categoria dos livros normalmente considerados como de história ou de teoria da arquitetura, *stricto sensu*; não é tampouco um livro sobre a história do desenho arquitetônico, mas sim uma obra teórica sobre este. O que não significa, em absoluto, afirmar que aspectos relevantes destas histórias, e das concernentes historiografias e teorias, nele não estejam presentes. Inclusive por uma questão metodológica, certamente na sua maior parte herdada do marxismo, onde é impossível refletir (teorizar) sobre algo de natureza social fazendo abstração da sua história, ou seja, das suas formas concretas de existência historicamente determinadas. Sendo igualmente impossível, no caso, teorizar sobre o desenho arquitetônico, como parte inerente a uma dada produção arquitetônica, ignorando o produto material dela resultante. Ademais, veja-se como comprovação do que afirmo, no tocante às teorias arquitetônicas, as pertinentes e substantivas críticas feitas por Sérgio às ideias que Philippe Boudon expressa no seu livro *Sur l'espace architectural: essai d'epistémologie de l'architecture*.

Igualmente, quando Sérgio fala da história do desenho arquitetônico, e relembra que este sofreu alterações significativas no século XVI, ele está associando estas mudanças às histórias da arquitetura, das ideias e das práticas arquitetônicas que caracterizaram o Renascimento. E sabe-se que estas histórias particulares, tratadas muitas vezes de maneira totalmente separadas umas das outras — até mesmo por renomados historiadores e críticos — no fundo se consubstanciam numa só. E os seus principais aspectos, com seus respectivos conteúdos, indissociáveis entre si, foram determinados pelas significativas mudanças que ocorreram no mundo do trabalho relativo à produção da arquitetura, particularmente, no caso, aquelas que dizem respeito à divisão entre o trabalho intelectual e o trabalho manual. Divisão indispensável para todos aqueles que, a partir de então, reivindicavam para si a condição de arquiteto, distinto e oposto ao artesão mestre de obras; e para a arquitetura a condição de arte liberal, portanto, igualmente distinta e oposta à arte mecânica. E é como parte intrínseca desta história da arquitetura e do arquiteto que as novas funções então necessariamente atribuídas ao desenho arquitetônico o mudam substancialmente, conferindo-lhe a forma e o significado compatíveis com as condições requeridas pelo domínio da manufatura. Condição necessária, para usarmos conceitos marxistas, ao início da realização, no campo da arquitetura, da subordinação formal do trabalho ao capital, tal como o conteúdo do trabalho do Sérgio nos induz a ver. E isto faz parte — e como — da nossa história da arquitetura, nos últimos seis séculos, malgrado o seu óbvio não reconhecimento pelas historiografias e as teorias escritas integralmente sob a égide da ideologia.

À guisa de conclusão, enfatize-se ainda que, muito embora a ele não se restrinja, nem o privilegie, o Renascimento é o período histórico que Sérgio toma como aquele no qual se manifestam, pela primeira vez, e já relativamente desenvolvidos, os elementos constitutivos do conteúdo das análises e formulações constantes deste seu livro. E assim, coerente com as mesmas, não poderiam faltar, como objeto da crítica do que aí se inaugurava, as duas figuras exemplares daquela prática e daquela ideologia forjadas a partir de então e indissociáveis entre si. Refiro-me a Brunelleschi e a Alberti. O primeiro com a construção da famosa cúpula de Santa Maria dei Fiori e o segundo com o seu tratado *De Re Aedificatoria*:

> Instalação da manufatura no canteiro, separação do desenho para dominá-lo, ascensão da mais-valia (absoluta e relativa), homogeneização euclidiana do espaço, diferenciação social e artística final do arquiteto não são somente fenômenos contemporâneos: como numa perspectiva, seu ponto de confluência é o Duomo, o novo centro de Florença. A única coisa que falta, a difração de tudo isso por um discurso "humanista", não tarda: em breve, Alberti ocupa o vazio.

Estava-se na Itália, mais precisamente em Florença, berço do Renascimento, e vivia-se aí então a época dominada pelos Médici.

Porto Alegre, julho de 2004

A estética da separação[1]

Vincent Michel

"Ana Anta", diz um verso famoso de El Hallaj: "Eu sou tu."[2]

A leitura das teses de *O canteiro e o desenho* lança uma luz especial sobre a história da arquitetura desde o Renascimento. Traz perspectivas novas à crítica em arquitetura e à experimentação. Confronta teoria estética e filosofia política.

Pintor, arquiteto e professor, Sérgio Ferro, brasileiro condenado ao exílio pela ditadura que assolava seu país, construiu, durante trinta anos, uma obra a um só tempo singular e plural, ainda que sobreviver à tortura, ao aniquilamento de seus próximos, ao fracasso de tantas batalhas, seja penoso.

É como homem da prática, engajado e coletivo que o autor iniciou, construiu e consolidou as teses agora apresentadas em sua totalidade pela primeira vez ao público francófono.

A primeira parte do livro foi publicada no Brasil, em 1976, com o título *O canteiro e o desenho* e constitui a base dos cursos sobre a teoria da arquitetura ministrados pelo autor na Faculdade de Arquitetura e Urbanismo da Universidade de São Paulo.

Os capítulos sobre o canteiro foram publicados em francês na revista do Laboratório Dessin/Chantier (nº 3, 1983) criado na escola de arquitetura de Grenoble. Os capítulos sobre o desenho foram traduzidos para esta edição completa de *O canteiro e o desenho*.

---

[1] Prefácio a *Dessin/Chantier* (Paris, Éditions de la La Villette, 2005), edição francesa de *O canteiro e o desenho*. Tradução de Eloísa Araújo Ribeiro.

[2] Poeta místico sufi do século X, famoso no mundo muçulmano.

A última parte do livro tem uma introdução do próprio Sérgio Ferro. Passados trinta anos, ele fala como um velho professor ao fim de uma longa jornada de trabalho.[3]

Nem prefácio, nem apresentação, nem dedicatória. O texto de *O canteiro e o desenho*, manifesto e capital, soma de um trabalho compartilhado, anuncia que "uma outra via que não aquela das misérias (humana, plástica, social) é possível... para a arquitetura de hoje também", salienta Sérgio Ferro na segunda parte.

Alguns, à espreita de novidades e sensíveis à propaganda ambiente, não vendo a hora de serem lidos, afirmarão que a realidade descrita pelo autor evoluiu muito. Pouco importa. O real persiste. Qualquer que seja o número de gruas e de equipamentos de elevação, qualquer que seja o grau de pré-fabricação prévia dos componentes, em arquitetura, o processo de fabricação não é objetivado pela máquina. Por conseguinte, há o essencial e a verdade trazidos à luz por Sérgio Ferro: o centro nevrálgico da produção arquitetônica é a manufatura.

Os próprios princípios da manufatura e do corpo produtivo que a anima[4] são imensamente bem descritos em uma língua sem concessão, por um ser que também é, e antes de tudo, um trabalhador manual, um pintor, um artista visual.

Ninguém pode afirmar, a não ser os fanáticos da ontologia, que a arquitetura se enquadra em um único e mesmo *continuum* histórico desde a Idade da Pedra ou do Bronze.[5]

A paisagem do século XX, no sentido de Ernst Jünger,[6] construída maciçamente de concreto para a habitação e para as obras de arte, de aço para a indústria, sobressaindo-se com o vidro tanto na transparência quanto na marca, tudo o que, vago a bel-prazer, o conceito de modernidade autoriza de impreciso, de falacioso, de magnificência, são os primeiros indicadores.

---

[3] Publicada neste volume com o título "Sobre *O canteiro e o desenho*". (N. do O.)

[4] A tese inspira-se aqui em *Le Corps productif* (com Didier Deleule, Paris, Repère-Mame, 1972), leitura feita por François Guéry do capítulo IV de *O capital*.

[5] Só a arquitetura de terra possibilita hoje examinar, num único e mesmo *continuum*, a história da arquitetura, mas faz isso não ao se referir à figura do arquiteto, e sim, antes, à arquitetura entendida como a arte do gênio coletivo. Cf. os trabalhos do laboratório CRATerre, em Grenoble.

[6] Ernst Jünger, *Le Travailleur*, Paris, Christian Bourgois, 1989.

Prefácio à edição francesa de 2005

A figura do arquiteto, tal como ela se constitui com o Renascimento, aflora da separação do saber e do fazer, do artesanato e da arte, resulta de uma ruptura profunda inaugurada pelo capitalismo nascente.

Capitalismo multiforme e onipresente, imprimindo seu modo operatório ao conjunto dos territórios, inclusive a China, como mostram as mutações urbanas presentes nesse país no início do século XXI.

A pesquisa de Sérgio Ferro é o oposto de um debate pretensioso de ideias acerca e em torno da arquitetura. O pesquisador vai direto ao cerne da questão e, como um bom hegeliano, começa primeiro permanecendo por muito tempo junto a seu objeto.

Desse modo, ler *O canteiro e o desenho* é ver o mundo de modo diferente e entender como o valor é produzido; é pôr fim à obviedade da trilogia vitruviana (*soliditas*,[7] *utilitas*, *venustas*). É desdenhar as belas almas, é a vontade inconsolável, irreparável e perseguida, a vontade de beleza em arquitetura, a arquitetura proposta como a arte suprema do gênio coletivo.

Sérgio Ferro não é mais filósofo do que Hannah Arendt.[8] Como só ela, ele investiga e conhece seu meio. Estamos longe, no entanto, do ritmo lancinante de *Construir, habitar, pensar*, de Heidegger, o autor imprescindível de tantos predecessores em busca dos fundamentos da dupla arquitetura/filosofia. Aqui, a realidade do trabalho nunca é negada, o humano demasiado humano persevera.

Um trabalho entendido não apenas sob o ângulo de sua exploração no sentido de Marx, mas, antes, no sentido que essa palavra ganha na famosa conferência de William Morris, *Art Under Plutocracy*:[9] a arte compreendida como expressão do prazer (da alegria) no trabalho. Nessa acepção própria a um trabalho autônomo (nem forçado, nem heterônomo), o conceito de trabalho é bem diferente.

O autor tem o dom do desenho. Quando criança, ele desenha e se destaca nessa arte como os maiores do Renascimento, sobretudo Michelangelo, por quem se apaixona, com quem rivaliza e cuja poesia o assombra.

Atire-se, leitor, neste livro, como se erguesse a cabeça em busca da pedra angular, mesmo que isso signifique experimentar o terror sentido

---

[7] Ou *"firmitas"*, como adotado no livro.

[8] Anne Amiel, *La Non philosophie de Hannah Arendt*, Paris, PUF, 2001.

[9] Tradução disponível na revista *Dessin/Chantier*, nº 2.

por Jonas no afresco pintado no teto da capela Sistina. Compreenda a história incessantemente repetida que conduz do canteiro ao desenho e reciprocamente até chegar a defender que outro mundo é possível.

O autor é difícil, a questão oscila entre escuridão e claridade. Está datado. Houve muito progresso desde então. Outra bibliografia teria sido possível... Contudo. Muitos comentários acabam com o texto original e é melhor ler na língua e no próprio texto de Saussure, no enunciado original presente o que é a dupla articulação da linguagem. Além disso, é preciso ler Sérgio Ferro, o que ele escreve e nos diz da mão que pensa — reunindo para sempre o gesto e a palavra, devolvendo ao futuro toda a anterioridade que lhe é devida.

É preciso ler *O canteiro e o desenho* com o zelo extremamente constante do pedreiro, ter olhos de carpinteiro, entender o corte do vidraceiro, apropriar-se da arte de manejar do encanador, ter a paciência do eletricista e ter experimentado a resistência da mão de obra.

O autor das teses de *O canteiro e o desenho* é produtor, pintor, ou seja, é também um trabalhador manual. O exemplo de seu trabalho de arquiteto poderia ter sido dado por Walter Benjamin em seu ensaio pouco conhecido "O autor como produtor".[10] Poderíamos dizer de Sérgio Ferro que ele pinta na mesma medida que pensa e constrói e surge, de repente, como renascendo do Renascimento.

Eles eram três, Flávio, Rodrigo e Sérgio, todos alunos de Artigas, um "Le Corbusier brasileiro", arquiteto da famosa Faculdade de Arquitetura e Urbanismo da Universidade de São Paulo. Ele ensina nessa universidade sem muros onde nossos heróis estudam. A universidade participa então da construção de Brasília, contribui e pode se orgulhar de colaborar com essa utopia. Ao mesmo tempo, a ditadura endurece. Acontecem as primeiras prisões, Artigas é um dos presos.

Não há verdadeiras ameaças comunistas, nessa época, como salienta a CIA em seus relatórios.[11] Só que os ideais que o comunismo veicula são fáceis de serem compreendidos para quem observa o abismo crescente entre o enriquecimento de alguns, a miséria de outros tantos. Os debates se acirram na esquerda dentro da universidade. A situação se agra-

---

[10] Walter Benjamin, *Essais sur Bertolt Brecht*, Paris, Maspéro, 1969. [Publicado no Brasil em Walter Benjamin, *Obras escolhidas I. Magia e técnica, arte e política*, trad. Sérgio Paulo Rouanet, São Paulo, Brasiliense, 1985.]

[11] Noam Chomsky, *Responsabilités des intellectuels*, Paris/Montréal, Agone/Comeau-Nadeau, 1998.

Prefácio à edição francesa de 2005

va. É uma ditadura com rosto a descoberto que emoldura a realização de Brasília, magnífico pássaro visto do céu (belo desenho de Lucio Costa), mas inferno de Dante na terra (um canteiro de obras extremamente penoso, violento, injusto).

É grande a cumplicidade entre a velha guarda encarnada por Artigas, de um lado, e seus alunos. Mas esses últimos preferem se engajar em outro caminho, mais próximo das análises que sua geração faz do funcionamento do canteiro e dos desafios urbanos que resultam da favelização.

Sim, é nessa época e nessa América Latina onde Brasília está sendo construída que, para o desenho harmonioso, símbolo de um ideal democrático moderno, se organiza um dos canteiros mais difíceis do século XX. Trabalhadores chegam de todo o Brasil: exército de camponeses esfomeados conduzidos à proletarização, deportados para esse planalto central e deserto do país; trabalham num ritmo exaustivo debaixo de um sol escaldante. O alojamento precário e a refeição são tirados de um magro pagamento que não os deixa sair daquele lugar.

Uma testemunha, que estava na prisão com Sérgio Ferro, conta ter visto operários desesperados se jogarem debaixo das esteiras das escavadoras. Quando acabam as obras, as moradias ficam com os novos privilegiados. Os trabalhadores são convidados a ir morar nas cidades-satélites que estão se formando, a mais de 100 km do centro da nova capital. As favelas são proibidas no perímetro do novo poder. Os militares venceram.

Em várias cidades do país, são organizados atentados em reação à violência do regime.

Em São Paulo, mais de trinta casas e três escolas são construídas por jovens arquitetos. Exploram uma maneira radicalmente diferente de fazer arquitetura. Mas eles são presos, interrogados, tratados com dureza. Alguns canteiros seguem em frente comandados pelos operários.

As obras resistiram admiravelmente ao tempo. Continuam sendo habitadas e ainda hoje revelam uma arquitetura notável, que responde à renovação dos modos de vida: uma arquitetura inovadora no plano tecnológico e de rara qualidade plástica.

O sobrenome de Flávio é Império; o de Rodrigo, Lefèvre; e o de Sérgio, Ferro. O último dá aulas na escola de arquitetura de Grenoble, de 1972 a 2003. Contribui muito para fazer dessa a pioneira que conhecemos na área da pesquisa em *design*, arquitetura e urbanismo.

A Escola Nacional Superior de Arquitetura de Grenoble estava devendo oferecer ao público francófono um testemunho da obra realizada.

No exílio, Sérgio Ferro deve renunciar à prática do projeto de arquitetura (ele explica o motivo na segunda parte do livro); milita constantemente para que um campo seja aberto à experimentação. Faz alguns experimentos com seus alunos, e outros em torno da construção de seu ateliê de pintura em Grignan.

Redige o programa de pesquisa do projeto fundador dos Grands Ateliers, de L'Isle-d'Abeau.

Da repentina beleza da primeiríssima obra,[12] ao desenho tão perfeito do museu dedicado ao Lava-pés,[13] podemos sentir com o livro a mesma emoção que a de descobrir o manuscrito das "Teses sobre a filosofia da história", legado por Walter Benjamin. O anjo da história existe.

Na escola de Grenoble, Sérgio Ferro tem a mesma postura de um Espinosa escrevendo a Ética: exilado, ferido, valendo-se do interesse que suscita junto a seus alunos, seduzido pela mistura de beleza e liberdade, esse saber crescente e sem concessão: o homem que ele encarna. Ser professor é isso também.

É o inferno da prisão já denunciado por Foucault, o povo da arte solicitado por Deleuze, e é o que é tão fácil de aprender que Derrida faz compreender: desconstruir.

Cada um deles tem ressonâncias nas pesquisas de Sérgio Ferro. Como observa George Steiner, o gênio da desconstrução nunca alcançará o da construção. O que caracteriza o autor de O canteiro e o desenho, para além do fornecimento de um aparelho crítico eficiente, é sua capacidade de criar.

Hoje, quando só a norma ressoa, efígie de tristes medidas de segurança, em um mundo onde o trabalho está em crise, é provável que a sociedade precise de outros arquitetos.

Sem alguns servidores da causa pública perdidos num mundo de burocratas,[14] sem esses poucos funcionários fora do absurdo, no Ministério das Relações Exteriores ou no Ministério da Cultura, que aprenderam muito com o ódio de Vichy, com o equívoco da colaboração e com o mérito da Resistência, sem alguns militantes políticos esclarecidos de direita ou de esquerda, sintonizados com a aspiração dos povos em res-

---

[12] Casa Bernardo Issler, de 1962, em Cotia (SP).

[13] Cf. Projeto de museu, prancha com fotografias em cores, em Sérgio Ferro, *Jeudi de la Passion*, Barbizon, L'Éntrée des Artistes, 1997, p. 2.

[14] Expressão utilizada por Theodor W. Adorno acerca de Walter Benjamin.

Prefácio à edição francesa de 2005

gatar sua história, seu direito e a capacidade de participar do futuro, não haveria nem essa voz, nem esse avanço científico, tampouco este livro teria sido possível.

Agradeço calorosamente essas pessoas das sombras; em primeiríssimo lugar Jean-Pierre Halévy, já falecido, e tantos outros que devem permanecer anônimos.

La Nuit des prolétaires,[15] trazida à luz da história por Jacques Rancière, clama, é justo, outra partilha do sensível. Viver de modo duradouro é o que proclama a divisa dos Canuts durante a Comuna de Lyon na Croix-Rousse: "Viver trabalhando ou morrer combatendo".

Este livro também lembra o quadro dos fuzilados pintado por Goya, quer ser um gesto de amizade para o mundo operário, sujeito à tarefa, e para o qual deve tender todo esforço de educação. Para ele vai nosso reconhecimento pelo movimento que constituiu em prol dos direitos universais.

Há determinadas ideias que não servem a nenhum poder externo.

É assim a obra *O canteiro e o desenho*.

"Ana Anta", diz um verso famoso de El Hallaj...

---

[15] Jacques Rancière, *La Nuit des prolétaires: archives du rêve ouvrier*, Paris, Fayard, 1981. Cf. também *Le Partage du sensible*, do mesmo autor. [Eds. bras.: *A noite dos proletários: arquivos do sonho operário*, trad. Marilda Pedreira, São Paulo, Companhia das Letras, 1988, e *A partilha do sensível: estética e política*, trad. Mônica Costa Netto, São Paulo: Editora 34/EXO Experimental, 2005.]

Apresentação a *Dessin/Chantier*[1]

Pierre Bernard

Gostaria de agradecer aos professores da área de Materialidade por me receber aqui no Ateliê de Projeto. Quando lhes propus apresentar este livro, não foi apenas porque faz parte da bibliografia da área de Materialidade da École Nationale Supérieure d'Architecture et de Paysage de Lille ou mesmo por ser regularmente citado em teses de PFE [Projets de Fin d'Études] ou HMONP [Habilitation à la Maîtrise d'Oeuvre en son Nom Propre] (inclusive as dos ADE [Architectes Diplomés d'État], de alunos que não estudaram aqui). O verdadeiro motivo é que pude constatar que os alunos que tiveram a coragem de iniciar sua leitura tropeçaram em trechos difíceis e me deram claramente a impressão de não terem chegado ao fim do livro. Compreendo. O texto de O *canteiro e o desenho* é de fato denso e por vezes intrincado. O que vou apresentar dele é necessariamente redutor, pois há múltiplos desenvolvimentos, às vezes em linguagem coloquial, e que retomam o fraseado singular de Sérgio Ferro. Às vezes, ao contrário, tais desenvolvimentos chegam ao hermetismo — amigo de Hermes — da linguagem escrita que as citações de Hegel, em particular, não desvendam muito para aqueles que não são iniciados na filosofia.

Conheço grande parte deste texto há cerca de 35 anos e continuo a dissecá-lo, depois de tê-lo deixado de lado durante mais de quinze anos após obter meu diploma. Posso atestar, de forma muito simples, o quanto ele requer de atenção e perseverança quando sentimos que há algo importante ali. O que proponho não é o equivalente a uma ficha de leitura. O meu objetivo é levá-los a ler este livro e mesmo de fazê-los compreen-

---

[1] Texto concebido originalmente como guia de leitura de *Dessin/Chantier* (Paris, Éditions de la La Villette, 2005), edição francesa de O *canteiro e o desenho*, para os alunos do Atelier du Domaine Matérialité em 2019. A tradução é de Eloisa Araújo Ribeiro. (N. do O.)

der que é preciso lê-lo várias vezes. Por isso, vou antes tentar descrever as determinações deste livro e o seu movimento interno, dando algumas chaves para facilitar a abordagem.

Esta introdução à leitura de O *canteiro e o desenho* está organizada em quatro partes:

1. A estrutura do livro está ligada a uma história política.

2. O objetivo geral do livro: é um ensaio de teoria crítica da arquitetura a partir das suas condições de produção, do modo como é feita.

3. Dois temas centrais do livro: a manufatura e o desenho como forma de tipo zero.

4. Finalmente, o último tempo, o da superação, desenvolvido em ensaio posterior, intitulado "Sobre O *canteiro e o desenho*", de 2003.

1. A ESTRUTURA DO LIVRO ESTÁ LIGADA A UMA HISTÓRIA POLÍTICA

O livro O *canteiro e o desenho* — publicado em francês sob o título *Dessin/Chantier* em 2005 — foi escrito em várias etapas. Para ser exato, em três momentos, e isso é perceptível, mas o primeiro texto só aparece em filigrana na primeira parte. Esse primeiro texto, cuja tradução não dispomos em francês, começa nos anos 1960 no Brasil, num clima de efervescência de ideias e também no contexto de uma intensa atividade de construção da qual Sérgio Ferro participou. Ele construiu vários prédios em Brasília antes mesmo de se formar (no segundo ano da faculdade de arquitetura) e conviveu com Niemeyer, com quem durante algum tempo compartilhou o compromisso com o Partido Comunista Brasileiro.

Foi depois das experiências do canteiro de obras de Brasília que Ferro começou realmente o seu trabalho de escrita e investigação no âmbito da Faculdade de Arquitetura e Urbanismo da Universidade de São Paulo. O que ele vê no canteiro de obras de Brasília é uma exploração desenfreada e uma miséria orquestrada e policiada. É óbvio que a enorme distância entre as posições progressistas e modernistas de Niemeyer ou de Artigas, o professor que o marcou, e as realidades da produção da construção civil, o levaram a distanciar-se e até mesmo a elaborar uma posição crítica diante das contradições da história brasileira da época.

Havia, por um lado, uma aspiração compartilhada por toda a sociedade em relação à mudança social e ao desenvolvimento do país, com forte influência intelectual da esquerda, e, por outro, um compromisso com as exigências do capitalismo, que industrializa o país e promete efeitos de escoamento dessa nova riqueza para as classes mais pobres.[2]

Existe, portanto, uma primeira redação a partir de 1963, e podemos dizer que ela está necessariamente ligada às circunstâncias e ao clima político regional, mas já é muito teórica. Será publicada tardiamente, em 1976, no Brasil, e lançará as bases de uma questão e de um *corpus* muito influenciado pela leitura de Marx, que perpassa todo o livro. Paralelamente, Ferro e dois outros arquitetos, Rodrigo Lefèvre e Flávio Império, criam o grupo o grupo Arquitetura Nova para testar outra forma de produzir arquitetura. Serão essencialmente casas, bem características por seus métodos de construção. Uma informação: o grupo Arquitetura Nova é convidado de honra da Bienal de Orléans, que acontece até 19 de janeiro de 2020 e onde as maquetes e os projetos dessas casas estão expostos.

Segunda redação. Uma ditadura militar assume o poder no Brasil em 1964. A juventude toma posições mais radicais. Sérgio Ferro é preso no final de 1970. Ao ser libertado, ele pede e consegue exílio político na França, onde é acolhido pela escola de arquitetura de Grenoble em 1972. Foi nesse novo contexto universitário, no âmbito do laboratório Dessin/Chantier, que Ferro inicia uma nova redação e um aprofundamento do texto em francês. Esse texto constitui a primeira parte do livro *O canteiro e o desenho*. É enriquecido teoricamente, sendo "permeável" ao clima intelectual francês dos anos 1970 e não apenas determinado pelo contexto brasileiro. Enfrenta a questão da produção arquitetônica e do lugar que nela ocupamos. Esse texto foi escrito simultaneamente com o texto sobre o Convento de la Tourette, de Le Corbusier, publicado em 1987 e objeto de uma redação coletiva no laboratório Dessin/Chantier da escola de Grenoble.[3]

Terceira redação. O texto da segunda parte do livro circula e suscita muitas críticas. É redigido um novo texto, intitulado "Sobre *O canteiro e o desenho*", de 2003.[4] Esclarece as noções-chave e esboça acréscimos que globalmente definiriam os contornos de outra prática.

---

[2] Para mais informações, cf. Sandra Fiori, "Sérgio Ferro au prisme d'une histoire brésilienne", *Cahiers de la Recherche Architecturale Urbaine et Paysagère*, nº 2, set. 2018.

[3] Sérgio Ferro, Chérif Kebbal, Philippe Potié e Cyrille Simonnet, *Le Corbusier: le Couvent de la Tourette*, Marselha, Parenthèses, 1987.

[4] Constitui a segunda parte de *Dessin/Chantier*.

Apresentação a *Dessin/Chantier* de 2019

O canteiro e o desenho resulta assim de um processo de escrita que se estende por quarenta anos. Isso dá a Sérgio Ferro a oportunidade de elaborar, voltar, verificar, ampliar, confirmar e até corrigir seus argumentos. No entanto, algumas das formulações podem parecer datadas. Um colega benevolente, que não levou a cabo a leitura do livro, me disse que tinha se deparado com uma espécie de "arqueologia do saber". Que seja. Vamos ficar na companhia de Michel Foucault, e admitamos que é preciso acrescentar a ele uma genealogia: a de um saber em permanente construção, cuja melhor crítica consistiria em submetê-lo à prova de nossas realidades de produtores.

2. O OBJETIVO GERAL DO LIVRO

Depois de sua experiência, que sabemos ter perturbado a ideia do engajamento do arquiteto com perspectiva "progressista", Sérgio Ferro se propõe a assentar as noções preliminares de uma teoria crítica da arquitetura que seria formulada a partir do modo como é feita, ou dos processos que envolvem sua fabricação: ou seja, o que ela envolve em termos de técnicas, de modalidades de organização do trabalho e de relações entre os atores do processo da construção. Em outras palavras, Ferro lança as bases de uma teoria que seria enunciada a partir da forma de produção da arquitetura e de suas relações de produção, tudo isso sob o modo de produção capitalista que conhecemos há vários séculos. É fácil compreender que a forma de produção e as relações de produção serão as chaves para a leitura do canteiro.

Poder-se-ia pensar que o arquiteto é um espectador de tudo isso. Ou que ele é simplesmente externo ao que condiciona os meios materiais e as formas de organização do trabalho. Sérgio Ferro inclui o lugar do arquiteto no bojo dessas relações de produção e, em particular, examina o papel do desenho no canteiro, desenho que é a essência do que fazemos e que marcou até mesmo, com sua renovação, a emergência do arquiteto moderno no Renascimento.

Articulação, portanto, dos "nossos atributos" e da forma de produção.

Para compreendermos o que Sérgio Ferro faz e não faz nesse livro, ressalto que, para produzir sua "teoria crítica", ele inverte o ponto de vista historiográfico. Ou seja, não parte dos prédios produzidos, mas da produção. Para que conste, o ponto de vista da historiografia comum ou da crítica arquitetônica foi elaborado — desculpem o resumo — na trilogia *forma, uso* e *qualidade construtiva*, no melhor dos casos, ou seja, a *venustas*, a *utilitas* e a *firmitas* vitruvianas. Acrescentemos que as abordagens da história moderna da arquitetura também insistirão em seus alcances simbólicos, sociais ou societais, ou até políticos — Manfredo Tafuri, por exemplo, é excelente nessas análises. Ferro não as ignora, mas constata que, apesar do seu interesse, essas abordagens fazem pouco-caso (ou nenhum) dessa produção como processo material e social.

O que continua a caracterizar essa pesquisa é o fato de se basear na experiência. A experiência precede a pesquisa e é concomitante a ela, considerado o contexto brasileiro. Ferro vai construir um *corpus* diferente do da história habitual para desenvolver o que a experiência envolve. Aliás, já que vocês são cada vez mais levados a praticar ou trabalhar com pesquisa, vale lembrar que esse *corpus* foi concebido para estruturar a questão e não para colocar uma questão num *corpus* preexistente e homogêneo.

Façamos um rápido percurso por esse *corpus*:

a. No topo de suas referências, Sérgio Ferro põe Kant (*Crítica da faculdade de julgar*) e Hegel (*Cursos de estética*). Duas obras de estética. "[...] a arte, para nós, não é senão a expressão do trabalho livre. Nada mais natural, portanto, que o estudo de um canteiro de obras, se for livre, seja feito a partir dos conceitos da estética".[5] Não nos enganemos. Se o campo é o da filosofia estética, a justificação lapidar dessas primeiras referências ressalta uma dimensão importante dessa pesquisa: ela não é neutra, a palavra *livre* soa duas vezes. A pesquisa de Ferro está inteiramente voltada para a emancipação do produtor, para o trabalho livre.

b. Essa referência à estética não impede Marx de estar no plano de fundo, com uma abordagem do trabalho através da economia em sentido amplo (relação capital-trabalho). É sobretudo o primeiro livro de *O capital* que será mencionado e que encontraremos em seguida.

c. Ao acrescentar a estética (que não interessa a Marx), Sérgio Ferro, cujo marxismo é heterodoxo, vai pender antes para a Escola de Frankfurt com um autor como Theodor W. Adorno e a sua *Dialética negativa*, por exemplo. (Para registro, alguns outros nomes que marcaram o pensamento dos anos de Frankfurt: Max Horkheimer, Walter Benjamin, Herbert Marcuse, Ernst Bloch. Na segunda geração, temos Jürgen Habermas,

---

[5] S. Ferro, *Dessin/Chantier*, *op. cit.*, p. 150. [Nesta edição, pp. 244-5.]

Apresentação a *Dessin/Chantier* de 2019

cujo *Mudança estrutural da esfera pública* também está nas bibliografias do mestrado na École Nationale Supérieure d'Architecture et de Paysage de Lille). A teoria crítica da Escola de Frankfurt, nos anos 1930, prolongou Marx distanciando-se dele — há mesmo quem veja nisso uma ruptura — pelo simples fato de ela atribuir à cultura um lugar decisivo na formação do sujeito. Defende-se a ideia de que, no capitalismo, a formação do sujeito não é tão alimentada pela cultura ou pela escola quanto pelas indústrias culturais que só existem para o mercado. Marx pensava que os processos de socialização ocorriam essencialmente na economia, ou seja, concretamente, nos locais de trabalho, em confronto direto com as técnicas de produção capitalistas. É claro que isso é o mais próximo do canteiro, mas não é suficiente para explicar que papel, na esfera "cultural", desempenhamos no edifício capitalista.

Para concluir em relação ao *corpus*, essa breve panorâmica permite-nos compreender o que sua construção toma de empréstimo ao método da Escola de Frankfurt: ao atualizá-lo nos anos 1980, Sérgio Ferro pratica o cruzamento das disciplinas, dos campos do saber, que ele apreende numa espécie de iluminação mútua, para compreender os processos de produção da arquitetura (a Escola de Frankfurt visava os da cultura).

Encontramos assim a filosofia, como vimos, a antropologia, a psicanálise, a economia, a semiótica e a linguística, a crítica social etc.

Para citar alguns nomes que vocês conhecem: Hegel *via* Leroi-Gourhan, Lacan, Barthes, Saussure, Peirce, Foucault, Gorz e muitos outros, e tantos outros...

O objetivo desses cruzamentos, repito, é sair de um campo historiográfico ou científico compartimentado, muitas vezes supostamente neutro, e se interessar por tudo o que permite compreender os processos, os procedimentos de socialização ou de autoridade que se encontram nas relações de produção, as técnicas construtivas ou intelectuais que operam no local de trabalho que é o canteiro de obras e na produção cultural que lhe é indissociável: o desenho de arquitetura tal como é hoje.

3. DUAS NOÇÕES COMPLEMENTARES:
A MANUFATURA E O DESENHO COMO FORMA DE TIPO ZERO

A manufatura é um tema central no livro de Sérgio Ferro. Deve ser entendida como forma de produção. O autor afirma que a produção da arquitetura é uma questão de manufatura.

Pierre Bernard

Se recordarmos o objetivo geral de *O canteiro e o desenho*, ou seja, compreender a arquitetura em termos do processo global de produção material que envolve relações de produção, o livro começa por afirmar que a arquitetura não existe sem um processo que a produz e que esse processo de produção é o do setor da construção.

Esse setor é caracterizado por empresas especializadas em diferentes ofícios — até mesmo uma grande empreiteira é um agrupamento de subempreiteiros especializados — e que se juntam momentaneamente no canteiro durante a construção de um prédio. O canteiro é, portanto, um conglomerado de trabalhadores oportunamente reunidos para realizar um trabalho que se caracteriza pela sua fragmentação. Bem observado, o canteiro apresenta "restos" de artesanato, aglomera graus de qualificação muito díspares que podem ir do *compagnon*[6] ao aprendiz, para nos atermos aos atores do fazer. Ao aprofundar a análise das características da produção material da construção e das relações de produção, Ferro identifica que se trata então de uma manufatura, embora essa forma seja mais conhecida por ter sido utilizada entre os séculos XVI e XVII. Sérgio Ferro introduz a noção de manufatura como um filtro que ele sobrepõe ao canteiro e o torna legível (com alguns desvios em relação à manufatura "histórica").

Tenhamos em mente, portanto, que a manufatura é a forma de produção que mais se assemelha ao canteiro, sua forma tendencial, por assim dizer. E, de fato, podemos reconhecer no setor da construção atual algumas das suas características que Marx havia assinalado no capítulo XIV, seção 4, de *O capital*:

a. O agrupamento de uma grande quantidade de trabalhadores (a quantidade é importante) sob a pressão de um mestre. Voltaremos a essa "pressão de um mestre". A construção é um setor de trabalho que diminuiu muito menos em número do que a maioria dos setores de produção industrial.

b. Uma cooperação baseada na divisão do trabalho. Já não se trata de uma simples cooperação, ou seja, a cooperação entre pares, em que a divisão do trabalho era livremente assumida diretamente por grupos de artesãos no período medieval, por exemplo. Ferro critica o termo coope-

---

[6] A palavra aqui tem um sentido mais específico do que o genérico "camarada" ou "colega". Segundo o dicionário *Le Robert*, *compagnon* é "em determinadas corporações de artesãos, a pessoa que terminou seu aprendizado e ainda não é mestre". (N. do O.)

Apresentação a *Dessin/Chantier* de 2019

ração e chega a dizer que se trata de uma anticooperação, uma vez que a divisão do trabalho instaurada na manufatura isola fragmentos de trabalho cuja razão de estar juntos escapa aos trabalhadores. Nos canteiros conhecemos bem essa incoerência, por vezes irritante, das diferentes ações dos operários que ignoram o trabalho vizinho.

c. Essa divisão do trabalho aplica-se a uma combinação de ofícios preexistentes — exceto para os que surgiram no século XX em torno do concreto, da eletricidade etc. — que são desagregados e simplificados ao ponto de se assemelharem mais a uma coleção de gestos estereotipados, passíveis de ser justapostos, e pobres em saber. Cada ofício é decomposto nas suas diferentes operações: Adam Smith (1723-1790), um dos pais do liberalismo, elogia essa decomposição do trabalho na manufatura de agulhas, que era nova na época. Constata que nada menos do que setenta a noventa operações passam por outras tantas mãos, enquanto anteriormente um único homem fabricava uma agulha. Essa maior fragmentação explica a noção de trabalhador parcelado, caracterizado pela incompletude, pela simplificação extrema do gestual, e, é óbvio, pela perda de controle do processo global.

A comparação com a construção atual pode parecer forçada. Não é o caso: eu disse que ainda existiam alguns resquícios de artesanato, mas que eles coexistiam com estados degradados do saber fazer, danificados, tornados acéfalos, por vezes dentro do mesmo ofício. Encontramos tais resquícios, por exemplo, no ofício de telhador, que ainda se beneficia de um saber fazer substancial, e a degradação desse saber fazer é mais óbvia no ofício de estucador: a placa de gesso fez desaparecer por completo a *modelagem* do gesso. Esse saber fazer acabou (conheci os seus últimos momentos quando comecei a trabalhar). No seu lugar surgiu o gesto limitado, mas preciso (hiperespecializado), do gesseiro. Essa imprecisão da necessidade do saber fazer, minimamente convocado, inutilizado a maior parte do tempo, ou substituído por uma gramática restrita aos gestos, é uma característica da manufatura. Sérgio Ferro faz várias descrições dela no capítulo "Cola e rachadura".[7] A memória da autonomia que esse saber fazer, a um só tempo convocado e atrofiado desperta, que levará o trabalhador a ser criticado por, em última instância, não o possuir, é uma fonte constante de hostilidade e também de resistência. Tanto que, uma

---

[7] S. Ferro, *Dessin/Chantier*, *op. cit.*, p. 32. [Nesta edição, p. 62.]

vez fora do canteiro, o montador de batente de portas de madeira poderá se encontrar na oficina de carpintaria da sua empresa, por exemplo, onde terá mais chance de ter uma prática artesanal (isto é válido em parte para a madeira, mas não para o alumínio ou o PVC, que surgiram com a forma de produção industrial).

Adam Smith já havia constatado esse fato nos numerosos setores manufatureiros de sua época, em especial nos têxteis. Para ele, portanto, a manufatura era uma forma inacabada — mesmo que tenha aumentado consideravelmente a produtividade —, já que a insubordinação recorrente resultava do estatuto ambíguo do saber fazer. Ao fazer referência a esse fato, Sérgio Ferro retoma de Marx o termo "subordinação formal", ou seja, parcial e não total. Ao contrário de Smith, claro, ele partirá, como veremos, desse caráter "formal" para desenvolver novas perspectivas. Apesar de seu "inacabamento", a consequência, ou antes, a finalidade dessa divisão do trabalho entre e no bojo dos ofícios é a redução do valor da força de trabalho.

d. Enfim, há uma noção muito importante após essa visão geral da decomposição/dispersão do saber fazer: a do trabalhador coletivo. O que é isso para Marx? É a combinação do grande número de trabalhadores parcelares interdependentes *em colaboração forçada*, que justifica a criação de mecanismos de controle e de comandos, sendo que esse mecanismo de interdependência na fábrica lhes escapa, ao contrário do artesão que se associa livremente e compartilha uma visão do trabalho com os seus pares. Eu disse no início desse capítulo que os trabalhadores parcelares eram reunidos "sob a pressão de um mestre". Esse "mecanismo" consiste no seguinte: uma relação social cujo laço é a pressão de um mestre e que se desdobra em múltiplas relações entre sujeitos marcados pela incompletude. Por mais simples que possa parecer, isso contém uma característica essencial que ultrapassa o mero mecanismo de autoridade: não há nada além da intersubjetividade como motor da produção. Ou seja, nada que seja exteriorizado num procedimento técnico tal como será a linha de produção no início do século XX — ou no comando das tarefas regulado por um algoritmo na Amazon. Na manufatura, ao contrário, o que reúne os trabalhadores parcelares e cria o trabalhador coletivo é subjetivo, não objetivado.

e. Sérgio Ferro retoma o tópico desse trabalhador coletivo, mas acrescenta que, hoje em dia, na arquitetura, esse sujeito coletivo é acéfalo, que o canteiro é heterônomo, ou seja, que lhe é alheio aquilo que realiza a coesão enquanto corolário da sua dispersão. Essa abordagem con-

Apresentação a *Dessin/Chantier* de 2019

densa grande parte da argumentação de *O canteiro e o desenho*.[8] Em vez de o mestre estar presente no local, é imposta uma lei do exterior.

Nesse ponto, uma dúvida deve ser resolvida: o arquiteto não encarna o mestre da manufatura. Ele está a uma distância respeitável, o seu saber não se funde com o fazer. Menos direto — mas igualmente imperativo, imagem, representação por antecipação, e não objeto — é o projeto que reúne o trabalhador parcelar na abertura de cada novo canteiro.

Aqui entra em jogo a segunda noção-chave: o desenho como forma de tipo zero. Sérgio Ferro insiste que o projeto tem a função de recompor, ou seja, de tornar eficaz a forma da manufatura, sem o que o movimento de dispersão do trabalhador parcelar — que já não tem o controle do processo de produção — conduz simplesmente a uma impossibilidade de produzir.

Juntem algumas empreiteiras num canteiro de obras e, sem um projeto, não pode haver produção.

Um projeto é composto de textos e gráficos. Sérgio Ferro não menciona os textos do CCTP (*Cahier des Clauses Techniques Particulières*): note-se simplesmente que o texto do projeto reintroduz, de maneira autoritária, a dispersão da produção em tarefas separadas. Se o projeto como um todo tem a função de espelho do corpo social fragmentado, o texto é auxiliar do desenho, que é o verdadeiro agente unificador, o mediador dos fragmentos produtivos. O desenho do projeto como evidente forma totalizadora é uma imagem, uma representação sujeita, também ela, a interpretações. Vemos isso todos os dias no canteiro. Aqui há o risco de que a reunião dos trabalhadores parcelares num trabalhador coletivo (a função desse desenho totalizador) possa se perder como fonte potencial de autonomia. O desenho deve então ser decomposto no mesmo número de representações parciais: iniciamos esse processo nos estudos preliminares detalhados. Mas é sobretudo na fase de "execução" que isso fica mais evidente: os planos — que na França são na maioria das vezes elaborados pelas próprias empreiteiras — focalizam num saber de ofício [*corps de métier*], ou até mesmo num conjunto de tarefas, à custa de uma perda de sentido: esses desenhos, que na maioria das vezes são totalmente descontextualizados (as obras vizinhas quase nunca aparecem) descrevem operações limitadas que podem ser transformadas em ordens

---

[8] *Idem, ibidem*, pp. 31, 42 repetida na p. 122 etc. [Nesta edição, respectivamente pp. 48, 86 e 89.]

simples, transmissíveis oralmente e enquadradas pela prescrição escrita: "o código perde generalidade, e, em degradações sucessivas, atingem os baixos da produção".[9]

Sérgio Ferro, centrando-se no desenho, que é o nosso, observa a sua modificação histórica na produção. A geometria descritiva de Gaspar Monge (1799) é uma chave para isso, precedida pela de Gérard Desargues, em 1639. Remontando mais no tempo, era o conjunto da codificação do desenho feita pelos tratados do Renascimento, e podemos recuar até a invenção da perspectiva no início do século XV.

Antes do Renascimento, o desenho era sugestivo. Sérgio Ferro cita, por exemplo, *L'Éducation technologique*, de Yves Deforge: "[o] desenho que 'sugeria globalmente alguns temas para reflexão' e onde 'tudo era possível' para o 'bom artesão'".[10] Com as transformações sucessivas que acompanharam o estabelecimento da manufatura até o século XIX, o desenho adquire uma nova vocação:

a. Mensurabilidade, homologia com o real (supressão da parte imaginária), *detalhamento de produção com o maior rigor*, sistematização implícita das operações, estereotipagem dos gestos, instrumento de controle. Seria interessante ler sobre as etapas sucessivas da digitalização do desenho ao longo dos últimos trinta anos até as pesquisas atuais de parametrização da concepção, que são parametrização da produção e que representam um passo decisivo desde Monge mediante a evolução de alguns códigos do desenho. Em uso, as práticas que induzem as inscrevem claramente na história da função subordinadora do desenho:

> Progressivamente, as representações se normalizam, certas homologias desaparecem em proveito de uma simbolização... arbitrária [...] A informação contida num desenho técnico é percebida da mesma maneira por todo sujeito possuidor dos diferentes códigos [...] Um desenho completo é uma ordem.[11]

b. Obviamente, a questão da posse desses códigos é central, sabendo que eles já não provêm do saber fazer, mas do saber cada vez mais espe-

---

[9] *Idem*, *ibidem*, p. 42. [Nesta edição, p. 77.]

[10] *Idem*, *ibidem*, p. 60. [Nesta edição, p. 103.]

[11] Yves Deforge, *L'Éducation technologique*, Paris, Casterman, 1970, pp. 108-11, *apud* S. Ferro, *Dessin/Chantier*, *op. cit.*, p. 41. [Nesta edição, p. 102.]

cialZado e preciso do perito separado, cabeça sem mãos... Já era assim com a invenção da estereotomia no Renascimento.

Sérgio Ferro faz, portanto, uma observação sobre o desenho que é desenvolvida longamente na primeira parte do livro. Seguem-se duas considerações:

a. O desenho arquitetônico constituiu-se progressiva e historicamente, ao longo dos últimos séculos, como desenho para a produção e não da produção, ou seja, tirado dela. Desempenha o papel de mediação, mas uma mediação subordinada para assegurar a ligação entre o capital e o trabalho, *mantendo seus extremos separados* (compreender a representação e fazê-lo). Um resumo muito claro é dado.[12] A sua função significante é essa, qualquer que seja o conteúdo do desenho. Ferro diz, portanto, que seja o que for que se desenhe, esse desenho é indiferente, vazio, neutro.[13] É uma forma institucional sem valor próprio, cuja função é reiterar as condições de uma ordem social. Claude Lévi-Strauss a chama de forma de tipo zero em *Antropologia estrutural*. O desenho como meio para realizar um projeto torna-se um fim. Inversão, portanto, do fim e dos meios. O que era considerado um meio é, de fato, um fim em si mesmo que se justifica pela extração de mais-valia.

b. Todos os recursos que invocam a composição e formam o discurso arquitetônico sobre o desenho tornam-se então máscaras desse fim (não são máscaras por natureza): as relações de escala, a proporção, as tramas, o ritmo, os equilíbrios dinâmicos ou estáticos (cheio-vazio), as disposições geométricas que produzem o efeito de um todo, fingem uma coesão livre ou mantêm a ilusão de uma razão puramente plástica (ou de uma pura razão plástica). Sérgio Ferro acrescenta, sem piedade, imperativos morais que são os da verdade pretensamente construtiva, que na maior parte das vezes se revelam pulverizações "éticas".

Essas duas considerações que sustentam a teoria crítica são obviamente muito difíceis de ouvir. Ferro insiste até mesmo na negação permanente que atravessa a história da arquitetura. Uma dupla negação, se olharmos com atenção: a um só tempo recusa da função do desenho no processo de produção e o "mascaramento" dessa função sob a roupagem de uma produção cultural que torna o "produto" edifício aceitável.

---

[12] S. Ferro, *Dessin/Chantier*, *op. cit.*, pp. 119-20. [Nesta edição, p. 136.]

[13] *Idem, ibidem*, p. 25. [Nesta edição, p. 223.]

Como se pode ver, essa análise bem argumentada e circunstanciada é devastadora, sobretudo quando não se leem os incisos, que não citei e que estão incluídos na parte intitulada "Lusco-fusco entre lusco e fusco". Notemos, na ocorrência, que, se, na França, não estamos habituados a uma crítica tão densa do trabalho intelectual e da produção cultural, ela era mais comum na Alemanha com a Escola de Frankfurt em particular. Foucault chamou a atenção para esse fato em 1983, em *Qu'est-ce que la critique?*.

Por isso, *O desenho e canteiro* foi e continua sendo um óbvio incômodo para os arquitetos. Tanto mais que se pode perguntar por que esse estado de coisas, essa forma de produção da manufatura e o papel atribuído a essa forma de desenho continuam a existir? O fato é que a manufatura foi ultrapassada historicamente pela forma de produção industrial, que "resolveu" a dupla questão (que, de fato, é apenas uma) a da insubordinação potencial dos trabalhadores e da intersubjetividade como motor da forma manufatureira. Por que, então, a construção não foi industrializada?

Pois bem, lembra-nos Sérgio Ferro, porque temos de levar em conta um fenômeno específico do modo de produção capitalista: a queda tendencial da taxa de lucro. A manufatura da construção gera uma maior quantidade de mais-valia do que outros setores de produção industrial (das armas aos automóveis, passando pela indústria farmacêutica etc.). Sendo um setor de mão de obra estável e com baixo peso de capital constante (máquinas etc.), a mais-valia extraída é elevada. Sérgio Ferro volta a citar o exemplo do Brasil, onde os esforços de industrialização da construção foram interrompidos (Oscar Niemeyer teria se preparado para projetar para essa forma de produção) a fim de que a construção permitisse acumular capital suficiente para apoiar os esforços de industrialização do país.

4. A superação: comentários

Há no texto de Sérgio Ferro uma acentuada negatividade, até mesmo uma inegável obscuridade. O capítulo "Lusco-fusco entre lusco e fusco" encerra, aliás, a primeira parte de *O canteiro e o desenho*, que corresponde à finalização dos primeiros escritos brasileiros após a aculturação em solo intelectual francês e europeu. Permitam-me reevocar o futuro possível de vocês como pesquisadores: sem negatividade, não há ho-

Apresentação a *Dessin/Chantier* de 2019

rizonte de transformação do que quer que seja, tampouco de reflexividade no sentido literal (retorno sobre si mesmo, sobre a sua própria condição). Precisamos conhecer o negativo que temos de negar.

O canteiro e o desenho não é bem recebido pelos arquitetos, que veem Sérgio Ferro como um inimigo da nossa profissão e, do mesmo modo, ainda hoje, ouço jovens arquitetos dizerem que o desenho é despótico, jovens que tiveram a coragem de se propor a ler este livro. Esquecendo que se trata apenas daquela forma de desenho, não de todo o desenho. Mas também posso testemunhar o que o próprio Sérgio Ferro diz, que os seus alunos na escola não desenhavam: "quando eu desenhava no ateliê, olhavam-me como um animal estranho, e até mesmo um pouco suspeito". E preciso lembrar que Ferro desenha com uma facilidade superior.

Na segunda parte, "Sobre *O canteiro e o desenho*", escrita entre 1990 e 2000, o autor imprime um rumo diferente ao movimento do livro. Oferece um esclarecimento e, poder-se-ia dizer, uma aurora para esse lusco-fusco:

a. Ativa um fundamento teórico de maneira mais explícita, o da superação: a *Aufhebung*, cara a Hegel e a Marx. Superação (destruição e conservação) da própria manufatura.

b. Descreve uma possível utilização do desenho. Trata-se de reinventar um *desenho da produção*, tirada dela mesma, e não *para a produção*, na sua função subordinadora. Os desenhos de Jean Prouvé são deste gênero. Olhando para eles, lembramo-nos de que foram realizados no escritório de desenho de onde se podia ver o ateliê de produção. Ferro acrescenta que a forma explícita e não fixa do desenho significaria se tornar disponível às mudanças inerentes ao canteiro, e de certa forma ao funcionamento interno da manufatura, cuja força motriz é a intersubjetividade constantemente recomposta. Formulei isso no artigo publicado no número 2 da revista *Criticat*, com as noções de imprevisível, de imponderável e, sobretudo, de imprescritível (o que se aplica ao desenho aplica-se a toda a prescrição, incluindo a escrita).

Essa abertura não esteve completamente ausente da primeira parte, mas à sombra de certo modo da crítica (necessária) da produção arquitetônica no seu todo (concepção e realização).

Nessa altura, proponho uma abordagem algo iconoclasta a *O canteiro e o desenho*: penso que é possível lê-lo ao contrário. Ou seja, é possível começar pela segunda parte e procurar na primeira, às avessas, a negatividade que torna necessário que ela seja superada. Dar à negatividade o seu valor de fermento e a sua função esclarecedora. Uma leitura não linear, portanto, antes iterativa ou em *loop* que se interpenetram mutuamente.

O paralelismo das duas partes permite essa leitura com facilidade, já que a segunda parte retoma a estrutura do enunciado da primeira.

Uma vez que insisti em duas noções centrais da crítica de Sérgio Ferro, a manufatura e a forma de tipo zero, retomarei apenas essas para mostrar como o movimento da *Aufhebung* pode ser caracterizado. A escrita de Ferro é límpida, rápida, é preciso lê-lo.

Para a manufatura, menciono alguns fragmentos:

> A manufatura — nascida, é claro, para o capital — traz em si o que lhe permitirá superar-se (no sentido da *Aufhebung*): tornar-se outra ao mesmo tempo em que se mantém. [...] É somente a prática capitalista (ou pseudossocialista) da manufatura da construção que implica o despotismo da direção. Imaginem: conforme o país, só há de 15 a 20 corpos de profissões para uma construção normal, às vezes menos que isso. Deixá-los formarem um coletivo autônomo (nada a ver com a desordem ou com o romantismo medievalizante: é autônomo o que tem sua necessidade em si — isto é, o que é simplesmente livre) não é sonho de intelectual. [...] o que não implica o desaparecimento do arquiteto, muito pelo contrário. É necessário apenas que ele saia de seu eu, que abandone a posição demiúrgica do criador diante de uma *hylé* [matéria-prima universal] pretensamente amorfa para chegar à posição de sujeito no espírito objetivo. Isto é, aqui, sujeito do que é objetivamente efetivo e ativo no corpo produtivo — o coletivo — seu saber, seu saber fazer e seus materiais. Ao invés de comandar em posição de necessário desconhecimento, pois seu pensamento é exterior, mergulhar na coisa e levá-la à existência da melhor maneira possível. É muito simples. Dominar é muito mais complicado.[14]

Para o desenho, possivelmente ultrapassando a forma de tipo zero, podemos também referir-nos a passagem um pouco mais abaixo. Cito-a, em modo menos sincopado:

---

[14] *Idem, ibidem*, p. 123. [Nesta edição, pp. 206-7.]

Apresentação a *Dessin/Chantier* de 2019

Isso reafirmado sem nenhuma restrição, é necessário reafirmar também que há um outro desenho. De modo esquemático, ele se caracteriza pela previsão (radicalmente racional, mas sensível, "humana", não é exclusivo) exaustiva dos passos de uma produção bem-sucedida e lógica — permanecendo aberto, entretanto, às modificações durante a realização. Desde o início, há uma dupla atenção em relação aos produtores: a seu saber acumulado historicamente — e a sua reação no presente. [...] É apenas através da manutenção rigorosa da racionalidade da mediação que a acumulação histórica e a universalização da experiência tornam-se possíveis.[15]

Sérgio Ferro chega mesmo a citar alguns arquitetos que souberam levar a concepção nesse sentido: olha com interesse para Frank L. Wright em Taliesin, para todos os Gaudí, um pouco para Niemeyer, Eduardo Torroja, Robert Maillart também, e sem dificuldade poderíamos acrescentar Jean Prouvé, André Ravéreau, Hassan Fathy, algumas obras de Mumbai, do chinês Wang Shu, e, perto de nós, Paul Bossard etc.

De fato, quando Ferro explica, na primeira parte, que *o desenho é um esqueleto em torno do qual o trabalho separado pode se sedimentar*,[16] isso não contém em si a dimensão despótica que lhe é atribuída. Para Ferro, é portanto necessário reencenar a manufatura: recusar a separação, procurar cada obra, cada sequência de trabalho, e até mesmo cada gesto em sua própria razão, para fazer dele o objetivo sempre provisório do conceber, do representar e talvez simplesmente do apresentar.

Assim, retirando as minas do terreno (com muitos outros desenvolvimentos), Sérgio Ferro pode aproximar-se do subcapítulo "Em direção a uma outra prática".

Começa com uma afirmação simples: *outra prática, feliz, dessa vez, da arquitetura... só pode visar a autonomia.* Compreendemos bem: a do trabalhador coletivo como conjunto de trabalhadores parcelares. A condição é importante: mudar as relações de produção.

O que fazer então com a manufatura, e que projeto?

Sérgio Ferro apenas aponta o caminho. Retomar os fundamentos da manufatura, mas de maneira diferente: *ela não está imobilizada no seu*

---

[15] *Idem, ibidem.*

[16] *Idem, ibidem*, p. 94. [Nesta edição, p. 154.]

tempo negativo.[17] Tem uma produtividade positiva, mas sempre entrelaçada com as suas técnicas de dominação: a análise deve ser permanente para desembaraçar o que emerge de uma e das outras a fim de inverter o que serve à heteronomia. Essa inversão pode ser efetuada por meio de um duplo movimento: as equipes do fazer concentram-se primeiro na sua especificidade em busca da sua própria razão, afirmando assim a sua particularidade nessa primeira fase, depois há uma negação dessa particularidade porque levar em conta o outro é possível. O trabalhador coletivo pode então existir e ser vivido de uma maneira que não é repulsiva (o que é o caso hoje).

Para compreender isso, é preciso repetir o que sabemos sobre o trabalhador coletivo: o trabalho no canteiro é o da reunião de uma quantidade de trabalhadores parcelares. Essa situação é o resultado de um princípio de divisão do trabalho, inclusive dentro do que eram os ofícios artesanais. Cada um desses trabalhadores parcelares é um sujeito com uma subjetividade, capacidades etc. O trabalhador coletivo, que é a reunião dos trabalhadores parcelares, não é uma pessoa física, mas um sujeito que totaliza as capacidades fragmentárias dos trabalhadores parcelares. Falamos do trabalhador coletivo como de um sujeito, do mesmo modo que podemos falar do corpo social. O trabalhador parcelar é um membro do trabalhador coletivo (a metáfora orgânica não deve ser mantida). A totalização das capacidades fragmentárias, mas também a subjetividade, identificam o trabalhador coletivo: aliás, vimos que só a subjetividade constitui o mecanismo de manufatura. A construção é uma ilustração perfeita desse fato. Parêntesis: acontece que essa ideia de trabalhador coletivo está muito em voga no momento. Os coletivos falam disso quando há um agrupamento de pessoas em torno de um objeto, que têm capacidades complementares, que acumulam as suas incompletudes para produzir algo. A subjetividade do trabalhador coletivo é o que permite chegar a um acordo entre os seus membros. *A priori*, não há negatividade nesse princípio, exceto quando esse acordo é suplantado por um órgão autoritário ou uma mediação externa e heterônoma. Marx:

> [...] o trabalhador coletivo possui agora todas as faculdades produtivas no mesmo grau de virtuosidade e as gasta do modo mais econômico possível, empregando os seus órgãos in-

---

[17] *Idem, ibidem*, p. 138. [Nesta edição, p. 229.]

Apresentação a *Dessin/Chantier* de 2019

dividualizados em trabalhadores ou grupos de trabalhadores especializados, do que em funções adequadas à sua qualidade.

Sérgio Ferro fala então do *Geist*, o espírito produtivo que pode circular entre os corpos produtivos. Observa ainda que a diáspora regressa enriquecida por sua multiplicidade.[18]

Isso só é possível se o projeto mudar. Cabe-lhe prefigurar a união das equipes diferenciadas, mas na forma de acumulação e não de uma unidade (prévia, simples, autoritária). A acumulação pressupõe, antes de tudo, a racionalidade exigente de cada modo operacional, material, ferramenta, forma, incluindo uma possível interpretação ou até mesmo otimização durante a fase do canteiro (o eco longínquo do desenho da manufatura em que *tudo é possível para o bom artesão*, mas transposto para o trabalho não qualificado). Há obviamente a questão da separação do tempo da concepção e da realização. Sérgio Ferro não responde a isso diretamente: anula essa separação sem mais delongas. Em vez disso, remete à experimentação que seria o único espaço possível tanto para a concepção como para a realização.[19] Nada pode ser feito nas condições da produção "normal".

O problema então é o seguinte: como pensar o nosso lugar nas relações de produção, e não *vis-à-vis* essas mesmas relações, como pede Walter Benjamin em "O autor como produtor", se isso só pode produzir uma prática fora das relações reais de produção. Sérgio Ferro leva-nos a um ponto em que traz a sua própria resposta.

Mas a questão fica em aberto, e esse é um dos grandes méritos do final do livro, que nos parece estar à procura de uma solução. Retomemos sua proposta: cabe a nós prefigurar obras coerentes com equipes determinadas, algo que a manufatura capitalista não proíbe, mas acrescentemos, por exemplo, que poderíamos aproveitar os momentos de incerteza dos estudos de execução (não totalmente codificados entre a suposta concepção acabada e os planos de ateliês e de síntese que são produzidos durante o canteiro). Esses estudos ditos de execução têm a oportunidade de fazer a amostragem de uma seleção de operações e de ordená-las numa lógica que apoiasse a lógica do fazer específico de um dado momento e de pessoas específicas. O objetivo desse parêntesis não é fazer

---

[18] *Idem, ibidem*, pp. 148-9. [Nesta edição, p. 231.]

[19] *Idem, ibidem*, p. 141. [Nesta edição, p. 233.]

uma proposta alternativa à de Sérgio Ferro, mas lembrar que convém analisar, de modo incansável, o que constitui a complexa trama do processo de produção. Portanto, o que seria importante nesse momento do canteiro — e estou apenas retomando *O canteiro e o desenho* — seria que a unidade, não colocada de antemão, mas adquirida por intermédio de uma reformulação do fazer, faça recuar o princípio da heteronomia da manufatura atual (a acefalia do trabalhador coletivo). A unidade na sua forma acumulada realiza-se por meio da livre cooperação de equipes especializadas. Uma unidade que passará ainda por uma representação (no mais das vezes, mas não absolutamente necessária) que conheça e reconheça as forças presentes e a possível expressão do seu saber fazer. Para não ceder à tentação de convocar a ideia nostálgica de artesanato, é interessante ver como Richard Sennett, em *Ce que sait la main*,[20] distingue alguns aspectos do componente "saber" de um saber fazer atual: explícito, tácito, prático etc.

Observemos com Sérgio Ferro a inversão: o projeto é resultado. Compreendamos então que o projeto não é (quase não é mais ou de forma nenhuma) o de uma totalidade preconcebida e prescrita, mas o de uma unidade realizada fazendo e se fazendo. O projeto é a forma concreta e material do objeto, correspondente, concordante, expressão da realização subjetiva do trabalhador coletivo.

Para terminar, há mais um ponto que eu gostaria de mencionar, que por si só poderia gerar muitos comentários:

Sérgio Ferro, nas últimas páginas de *O canteiro e o desenho*, volta a uma leitura semiótica dessa nova prática, baseada nas categorias de Charles S. Pierce, às quais ele faz uma torção para decifrar e, por conseguinte, refletir acerca da construção (já anunciada no comentário a propósito do trabalho na abóbada com a Arquitetura Nova[21]). Sublinhemos de passagem o *loop* que o livro faz, começando por uma crítica da historiografia comum para terminar com a proposta dessa ferramenta de leitura. Gostaria de destacar o que considero ser a questão: a passagem do índice à marca. Essa questão é de grande importância para Sérgio Ferro, a ponto de ele ter escrito outro livro sobre o assunto, chamado simplesmente *La Trace*. Para o autor, "o índice é a marca objetiva, específica,

---

[20] Richard Sennett, *Ce que sait la main: la culture de l'artisanat*, Paris, Albin Michel, 2010. [Edição francesa de *The Craftsman* (2008). (N. do O.)]

[21] S. Ferro, *Dessin/Chantier*, *op. cit.*, p. 136. [Nesta edição, p. 226.]

Apresentação a *Dessin/Chantier* de 2019

deixada necessariamente pelo processo de produção em seu produto".[22] Essa primeira definição não problematiza. Um pouco mais à frente: "o índice é marca, vestígio da produção — mas isso não significa que ele seja a forma efetiva da produção". Pior, dirá ele, é passível de ser desviado e desviado pela plástica (na forma de variações de texturas, por exemplo). Numa conferência dada por mim em 2012 nesta escola acerca da materialidade, insisti na dimensão indicial no que a construção poderia ter de significante. Considerei que a única possibilidade hoje era abrir espaço, e mais ainda de se predispor a receber a marca do trabalho nessa forma indicial, mesmo que isso signifique desviar-se do que foi concebido (notei que nenhuma concepção separada do fazer era capaz de pretender reger qualquer materialidade). Em outros termos, temos de continuar a explorar o caminho dessa passagem à marca em nossas condições atuais. O que diz Sérgio Ferro? "Isso aparece claramente na indicialidade — que se torna rastro. A marca do trabalho descreve, ao mesmo tempo, os meios aplicados e o esquema que o orienta, remete a um duplo passado, o do ato e o do pensamento determinante deste ato, sua conveniência recíproca."[23] Este devir do índice em marca é, de fato, um grande salto, imenso mesmo. A fé de Sérgio Ferro na razão é inabalável e é ela que sustenta esse arco magistral. Pensem nisso como um horizonte, aquilo para onde podemos nos voltar, algo que só pode aumentar seu apetite:

> Imagine-se a feliz manifestação de uma livre manufatura da construção: cada especialidade, cada corpo de profissão (cada "lado particular") colocando-se segundo sua liberdade e sua lógica própria mas afirmando, ao mesmo tempo, a necessidade do conjunto determinado pelo conceito central da manufatura — o corpo produtivo total — eis que está constituído o "belo objeto" arquitetural. O conceito ainda só subjetivo é o desse corpo simples, múltiplo em sua unidade dominante, na universalidade das particularidades dependentes, na convergência de todos os trabalhos: ele é o uno.[24]

---

[22] *Idem*, *ibidem*, p. 144. [Nesta edição, p. 236.]

[23] *Idem*, *ibidem*, p. 146. [Nesta edição, p. 239.]

[24] *Idem*, *ibidem*, p. 148. [Nesta edição, p. 242.]

Sobre o autor

Sérgio Ferro nasceu em Curitiba, em 1938, e foi, durante mais de quarenta anos, professor de História da Arte e da Arquitetura na Faculdade de Arquitetura e Urbanismo da Universidade de São Paulo (1962-1970) e na École d'Architecture de Grenoble (1972-2003). Foi também diretor do Laboratoire de Recherche Dessin/Chantier do Ministério da Cultura da França.

Em sua atividade de pesquisador seguiu o ensinamento de Flávio Motta: além dos procedimentos habituais da tradição universitária, a pesquisa deve incluir a experimentação prática. Assim, a maior parte de sua obra em arquitetura (associado com Flávio Império e Rodrigo Lefèvre), como em pintura, é constituída por experiências nas quais sua teoria, de fundamento marxista, é diversamente testada. A teoria conduz, entretanto, a resultados praticamente opostos nestas duas áreas, em função de seus posicionamentos diversos na produção social. Em consequência, os dois volumes de *Artes plásticas e trabalho livre* são o complemento em negativo de *Arquitetura e trabalho livre* (São Paulo, Cosac Naify, 2006; Prêmio Jabuti 2007 na categoria Ciências Humanas).

Tem pinturas em diversos museus internacionais e obra de arquitetura classificada como monumento histórico. É *Chevalier de l'Ordre des Arts et des Lettres*, nomeado pelo governo da França em 1992.

Publicou:

O canteiro e o desenho. São Paulo: Projeto, 1979 (ed. fr.: *Dessin/Chantier*. Prefácio de Vincent Michel. Paris: Éditions de la Villette/Collection École d'Architecture de Grenoble, 2005).

A casa popular/Arquitetura nova. São Paulo: GFAU, 1979.

Michelangelo: notas. São Paulo: Palavra e Imagem, 1981.

Le Couvent de la Tourette (com Chérif Kebbal, Philippe Potié e Cyrille Simonnet). Marselha: Parenthèses, 1987.

L'idée constructive en architecture (com Edoardo Benvenuto, Jean-Louis Cohen, Jean-Pierre Épron, Jacques Guillerme, Judi Loach, Robin D. Middleton, Jean-Marie Pérouse de Montclos, Antoine Picon, Philippe Potié, Bruno Queysanne, Pierre Saddy e Cyrille Simonnet). Paris: Picard, 1987.

Futuro/anterior. São Paulo: Nobel, 1989.

Arquitetura e trabalho livre. Organização de Pedro Fiori Arantes. Posfácio de Roberto Schwarz. São Paulo: Cosac Naify, 2006.

Artes plásticas e trabalho livre: de Dürer a Velázquez. São Paulo: Editora 34, 2015.

Michelangelo. Arquiteto e escultor da Capela dos Médici. São Paulo: Martins Fontes, 2016.

Construção do desenho clássico. Belo Horizonte: MOM Edições/Editora da Escola de Arquitetura da UFMG, 2021.

Artes plásticas e trabalho livre II: de Manet ao Cubismo Analítico. São Paulo: Editora 34, 2022.

Este livro foi composto em Sabon,
pela Franciosi & Malta, com CTP
e impressão da Edições Loyola em
papel Pólen Natural 80 g/m² da Cia.
Suzano de Papel e Celulose para a
Editora 34, em novembro de 2024.